Ute Harms/Franz X. Bogner (Hrsg.)

Lehr- und Lernforschung in der Biologiedidaktik
Band 5

Ute Harms/Franz X. Bogner (Hrsg.)

Lehr- und Lernforschung in der Biologiedidaktik

Band 5

„Didaktik der Biologie – Standortbestimmung und Perspektiven"

Internationale Tagung der Fachsektion Didaktik der Biologie im VBIO, Bayreuth 2011

StudienVerlag
Innsbruck
Wien
Bozen

© 2012 by Studienverlag Ges.m.b.H., Erlerstraße 10, A-6020 Innsbruck
E-Mail: order@studienverlag.at
Internet: www.studienverlag.at

Buchgestaltung nach Entwürfen von Kurt Höretzeder
Satz und Umschlag: Studienverlag/Roland Kubanda
Coverfotos: Kay Vollert, ARGUS/Das Foto, Sylke Hlawatsch, Klaus-Jürgen Hövener/Schering AG
Bearbeitung des Manuskripts: IPN Kiel/Ulrike Gessner-Thiel

Gedruckt auf umweltfreundlichem, chlor- und säurefrei gebleichtem Papier.

Bibliografische Information Der Deutschen Bibliothek
Die Deutsche Bibliothek verzeichnet diese Publikation in der Deutschen Nationalbibliografie; detaillierte bibliografische Daten sind im Internet über <http://dnb.ddb.de> abrufbar.

ISBN 978-3-7065-5137-3

Alle Rechte vorbehalten. Kein Teil des Werkes darf in irgendeiner Form (Druck, Fotokopie, Mikrofilm oder in einem anderen Verfahren) ohne schriftliche Genehmigung des Verlages reproduziert oder unter Verwendung elektronischer Systeme verarbeitet, vervielfältigt oder verbreitet werden.

Inhaltsverzeichnis

Vorwort   7

Juliane Grünkorn/Dirk Krüger
Entwicklung und Evaluierung von Aufgaben im offenen
Antwortformat zur empirischen Überprüfung eines
Kompetenzmodells zur Modellkompetenz   9

Juliane Orsenne/Annette Upmeier zu Belzen
Hands-On Aufgaben zur Erfassung und Förderung
von Modellkompetenz im Biologieunterricht   29

Eva Terzer/Christiane Patzke/Annette Upmeier zu Belzen
Validierung von Multiple-Choice Items zur Modellkompetenz
durch lautes Denken   45

Nicole Wellnitz/Jürgen Mayer
Beobachten, Vergleichen und Experimentieren:
Wege der Erkenntnisgewinnung   63

Monique Meier/Jürgen Mayer
Experimentierkompetenz praktisch erfassen –
Entwicklung und Validierung eines anwendungsbezogenen
Aufgabendesigns   81

Julia Schwanewedel/Jürgen Mayer
Modellierung von Bewertungskompetenz im Rahmen
der Evaluation der Bildungsstandards   99

Neele Alfs/Corinna Hößle
Ethisches Bewerten fördern – Ergebnisse einer qualitativen
Untersuchung zum fachdidaktischen Wissen von Biologielehrkräften
zum Kompetenzbereich Bewertung   117

*Christiane Konnemann/Muriel Nick/Sabine Brinkmann/
Roman Asshoff/Marcus Hammann*
Entwicklung, Erprobung und Validierung von
Erhebungsinstrumenten zur Erfassung von Kreationismus
und Szientismus bei deutschen SchülerInnen   133

Ralf Merkel/Annette Upmeier zu Belzen
Vernetzung im Bereich des fachdidaktischen Lehrerprofessionswissens
in der Ausbildung von Biologielehrern – Einsatz der Fallmethode   153

Gaitano Franke/Franz X. Bogner
Wie beeinflusst die Berücksichtigung von Alltagsvorstellungen
die situationsbezogenen Emotionen von Schülerinnen und Schülern
im Laborunterricht?   171

Svenja Affeldt/Jorge Groß/Dennis Stahl
Die Artansprache verstehen – eine evidenzbasierte Analyse
des Bestimmungsprozesses   185

Dagmar Hilfert-Rüppell/Dagmar Hinrichs/Maike Looß
Zeitlupenfilmen und -analysieren als neue Methoden
im naturwissenschaftlichen Unterricht – eine empirische Studie   203

Autorenverzeichnis   217

Vorwort

Dieser Band ist der fünfte in der Reihe „Lehr- und Lernforschung in der Biologiedidaktik", in der die Fachsektion Didaktik der Biologie im VBIO (FDdB) aktuelle Forschungsarbeiten veröffentlicht. In der vorliegenden Publikation findet sich eine Auswahl von Beiträgen der Internationalen Tagung der Fachsektion Didaktik der Biologie „Didaktik der Biologie – Standortbestimmung und Perspektiven", die im September 2011 an der Universität Bayreuth stattfand. Für das Begutachtungsverfahren stellten sich renommierte Fachdidaktiker/innen zur Verfügung.

Es ist beabsichtigt, die Bände der Reihe weiterhin in zweijährigem Rhythmus erscheinen zu lassen.

Wir danken folgenden Kolleginnen und Kollegen für die Begutachtung der Manuskripte:
- Prof. Dr. Susanne Bögeholz (Didaktik der Biologie)
- Prof. Dr. Franz X. Bogner (Didaktik der Biologie)
- Prof. Dr. Reinders Duit (Didaktik der Physik)
- Prof. Dr. Ulrich Gebhard (Didaktik der Biologie)
- Prof. Dr. Harald Gropengießer (Didaktik der Biologie)
- Prof. Dr. Marcus Hammann (Didaktik der Biologie)
- Prof. Dr. Alexander Kauertz (Didaktik der Physik)
- Prof. Dr. Michael Komorek (Didaktik der Physik)
- Prof. Dr. Dirk Krüger (Didaktik der Biologie)
- Prof. Dr. Andrea Möller (Didaktik der Biologie)
- Prof. Dr. Birgit Neuhaus (Didaktik der Biologie)
- Prof. Dr. Knut Neumann (Didaktik der Physik)
- Prof. Dr. Helmut Prechtl (Didaktik der Biologie)
- Prof. Dr. Bernd Ralle (Didaktik der Chemie)
- Prof. Dr. Tanja Riemeier (Didaktik der Biologie)
- Prof. Dr. Stefan Rumann (Didaktik der Chemie)
- Prof. Dr. Angela Sandmann (Didaktik der Biologie)
- Prof. Dr. Horst Schecker (Didaktik der Physik)
- Prof. Dr. Mirjam Steffensky (Didaktik der Chemie)
- Prof. Dr. Elke Sumfleth (Didaktik der Chemie)
- Prof. Dr. Annette Upmeier zu Belzen (Didaktik der Biologie)
- Prof. Dr. Claudia von Aufschnaiter (Didaktik der Physik)

Die Herausgeber

Juliane Grünkorn/Dirk Krüger

Entwicklung und Evaluierung von Aufgaben im offenen Antwortformat zur empirischen Überprüfung eines Kompetenzmodells zur Modellkompetenz

Zusammenfassung

Ziel dieses Forschungsprojekts ist die empirische Überprüfung eines Kompetenzmodells zur Modellkompetenz mit Aufgaben im offenen Antwortformat. Dieses Ziel kann mit Aufgaben erreicht werden, deren Antworten als Indikatoren für Modellkompetenz interpretiert werden können. Deshalb wurde nach der Entwicklung von 25 Aufgaben – für die Dimension *Modellbildung* – geprüft, inwiefern die gewählten Itemstämme für Schüler[1] plausibel sowie verständlich sind und inwiefern die Schülerantworten der jeweiligen Teilkompetenz und den drei Niveaus des Kompetenzmodells zugeordnet werden können. Dafür wurden die Aufgaben in zwei Teilstudien mit insgesamt N=1011 Schülern überprüft, ggf. optimiert und erneut getestet. Hinweise über die Verständlichkeit der Itemstämme bieten Schülerkommentare und -aussagen sowie Protokollnotizen aus den Testungen. Die Schüleraussagen wurden mit der qualitativen Inhaltsanalyse ausgewertet und ähnliche Schülerperspektiven über Modelle und Modellbildung zu Kategorien zusammengefasst. Die Ergebnisse der Untersuchungen zeigen, dass neun der entwickelten Aufgaben die oben genannten Kriterien erfüllen. Diese Aufgaben konnten somit Hinweise auf die inhaltliche Struktur des Kompetenzmodells geben: Bis auf zwei Schülerperspektiven zur Modellbildung (*Kein Testen von Modellen* und *Keine Änderung von Modellen*) werden mit dem Kompetenzmodell alle Perspektiven hinreichend beschrieben.

---

1 Aus Gründen der besseren Lesbarkeit wird das maskuline Genus für beide Geschlechter verwendet, meint aber die weibliche und die männliche Form gleichermaßen.

Abstract

The objective of this research project is to evaluate a model of the theoretical structure of model competence using open-ended test items. To achieve this aim, test items are required that can be interpreted as indicators for model competence. For this purpose, 25 test items for the dimension modeling were developed. In two studies (N=1011), they were tested for understandability of the item stems and whether the student answers can be assigned to a certain aspect and the three levels of the theoretical structure. Student answers and comments as well as protocols written during the testing procedure give valuable information on the understandability of the item stems. The student answers were analyzed using qualitative content analysis and similar students' conceptions of models and modeling were summarized in categories. The analysis of the data showed that nine of the developed test items meet the above mentioned requirements. These items were used to give initial indications of the content evaluation of the theoretical structure: The majority of student answers are consistent with the theoretical structure. However, additional facets of the theoretical structure (no testing of models and no changing of models) could be described and need to be considered.

Einleitung

In den Naturwissenschaften spielt die Kompetenz, in Modellen denken und mit Modellen reflektiert umgehen zu können, eine wichtige Rolle (Harrison & Treagust, 2000). Eine Vielzahl von Studien (u. a. Grosslight, Unger, Jay & Smith, 1991; Trier & Upmeier zu Belzen, 2009) zeigt jedoch, dass Schüler die Rolle von Modellen für den wissenschaftlichen Erkenntnisprozess kaum wahrnehmen. Zu ähnlichen Ergebnissen kommen die PISA-Erhebungen von 2000 und 2003 (u. a. Prenzel et al., 2004), die zeigen, dass Schüler Schwierigkeiten haben, mentale Modelle in Problemlösesituationen heranzuziehen. Anhand eines Kompetenzmodells zur Modellkompetenz (Upmeier zu Belzen & Krüger, 2010) können Lehrkräfte die Förderung von Modellkompetenz strukturieren. Dieses Kompetenzmodell ist in zwei Dimensionen – den *Kenntnissen über Modelle* und der *Modellbildung* – und fünf Teilkompetenzen unterteilt und beschreibt den reflektierten Umgang mit Modellen. Um Lehrkräften gesicherte Hinweise zur Förderung geben zu können, ist es notwendig, das Kompetenzmodell zur Modellkompetenz empirisch zu überprüfen (Klieme et al., 2003). In diesem Forschungsprojekt wird dies mit Aufgaben im offenen Antwortformat realisiert. Damit Schüleraussagen, die zu Aufgaben im offenen Antwortformat gegeben werden, als Indikatoren der jeweiligen Teilkompetenz interpretiert werden können (Hartig, Frey & Jude, 2007), muss zunächst überprüft werden, inwiefern die gewählten Itemstämme für Schüler plausibel sowie verständlich sind und inwiefern die Schülerantworten der jeweiligen Teilkompetenz und den drei Niveaus des Kompetenzmodells zugeordnet werden können. Dieser Artikel fokussiert auf Ergebnisse zur Entwicklung und Evaluierung von Aufgaben im offenen Antwortformat für die Dimension *Modellbildung*[2]. Infolgedessen wird eine inhaltliche Überprüfung dieser Dimension mit Blick auf die empirische Gültigkeit des Kompetenzmodells vorgenommen.

Theoretischer Hintergrund

Modellbegriff

Mit dem Begriff *Modell* werden verschiedene Objekte wie beispielsweise Diagramme, Spielzeugautos, Realobjekte (z. B. *Drosophila melanogaster*) sowie auch Formeln verbunden. Trotz dieses breiten Begriffsverständnisses kann eine Gemeinsamkeit formuliert werden: Sie sind Träger von Wissen und Ideen (Mahr, 2009; Stachowiak, 1973).

Nach Mahr (2009) wird ein Modell durch zwei Betrachtungsweisen charakterisiert: die Herstellungsperspektive (*Modell von etwas*) und die Anwendungsperspektive (*Modell für etwas*). Mahr (2009) beschreibt, dass eine bestimmte Idee bzw. Vorstellung über etwas in einem Modellobjekt vergegenständlicht werden kann. Somit ist das Modellobjekt das Resultat eines Herstellungsprozesses (*Modell von etwas*). Diese Herstellung ist dabei an einen konkreten Zweck gebunden. So haben Watson und Crick (1953) ihre Ideen zur Doppelhelix-Struktur der DNA in einem 3D-Modellobjekt vergegenständlicht und konnten damit u. a. Vorhersagen über die Chargaff-Verhältnisse der Basenpaare treffen (Giere, Bickl & Mauldin, 2006). Ausgehend von dem im Modellobjekt repräsentierten Inhalt kann dieses Modellobjekt demnach auch eingesetzt und angewandt werden, um etwas über das Original zu erfahren bzw. seine Vorstellung über das Original zu verändern (*Modell für etwas*; Mahr, 2009).

Schülervorstellungen zur Modellbildung

Van Driel und Verloop (2002, S. 1147) konstatieren in ihrer Studie, dass angehende Lehrkräfte Modelle in der Schule eher als Mittel zur Veranschaulichung

---

[2] Ergebnisse zur Dimension *Kenntnisse über Modelle* (Grünkorn, Upmeier zu Belzen & Krüger, 2011).

und weniger als Möglichkeit zur Vorhersage verstehen. Dieses Modellverständnis der Lehrkräfte beeinflusst nach Crawford und Cullin (2005, S. 310) dasjenige der Schüler. Vor diesem Hintergrund zeigen Interviewstudien von Grosslight et al. (1991) sowie Trier und Upmeier zu Belzen (2009), die Schüler offen zu Modellen und zur Modellbildung befragten, dass auch Schüler im Gegensatz zu Wissenschaftlern Modelle vorwiegend als Medien und weniger als Mittel zur Erkenntnisgewinnung verstehen und nutzen: Verbreitete Schülervorstellungen in diesen Interviewstudien zum *Zweck von Modellen* sind, Dinge oder Prozesse zu veranschaulichen bzw. zu erklären. Dabei betonen Schüler, dass Modelle vor allem als Hilfsmittel zum besseren Verständnis genutzt werden. Selten wird das Modell als Mittel zur Erkenntnisgewinnung herangezogen, mit dem Ideen bzw. Hypothesen untersucht werden können, um neue Erkenntnisse über das Original zu gewinnen (*purpose of models*; Grosslight et al., 1991, S. 806; *Zweck von Modellen*; Trier & Upmeier zu Belzen, 2009, S. 33). Auch bei der Frage, wie Modelle getestet werden können, überprüfen Schüler Modelle häufig aus der medialen Perspektive heraus, indem sie die Ähnlichkeit zwischen Modell und Original vergleichen (*purpose of models*; Grosslight et al., 1991, S. 807; *Testen von Modellen*; Trier & Upmeier zu Belzen, 2009, S. 33). Selten werden Modelle genutzt, um Ideen oder Hypothesen zu überprüfen (*purpose of models*; Grosslight et al., 1991, S. 807). Als Folge einer Testung von Modellen werden Änderungen am Modell vorgenommen. Ein Großteil der Schüler ist sich darin einig, dass Wissenschaftler Modelle ändern können (*changing a model*; Grosslight et al. 1991, S. 810). Vielfach wird das *Ändern von Modellen* mit neuen Erkenntnissen über das Original oder mit einer fehlerhaften Bauweise des Modells begründet. Nur wenige Schüler ziehen Modelle als Mittel zur Erkenntnisgewinnung in Betracht, so dass diese geändert werden, weil sich Hypothesen, die mit ihrer Hilfe aufgestellt und untersucht werden konnten, als nicht haltbar erwiesen haben (*changing a model*; Grosslight et al., 1991, S. 812f.; *Ändern von Modellen*; Trier & Upmeier zu Belzen, 2009, S. 33).

Theoretische Strukturierung von Modellkompetenz

Die theoretische Grundlage des Forschungsprojekts bildet ein Kompetenzmodell von Upmeier zu Belzen und Krüger (2010), das auf der Basis von empirischen Studien (z. B. Crawford & Cullin, 2005; Grosslight et al., 1991; Justi & Gilbert, 2003) sowie wissenschaftstheoretischer Literatur zu Modellen (u. a. Mahr, 2009) entwickelt wurde. Es differenziert zwei kognitive Dimensionen, die domänenübergreifendes und -spezifisches Wissen über Modelle enthalten (Leisner & Mikelskis, 2004): die Kenntnisse über Modelle mit den Teilkompetenzen *Eigenschaften von Modellen* und *Alternative Modelle* sowie die Modellbildung mit den Teilkompetenzen *Zweck von Modellen, Testen von Modellen* und *Ändern von Modellen* (Tabelle 1). Jede Teilkompetenz wird wiederum in drei Reflexionsniveaus beschrieben. Dieser Artikel fasst Ergebnisse zur Dimension *Modellbildung* zusammen, weshalb diese im Folgenden näher beschrieben wird: Beim *Zweck von Modellen* gehen Schüler der Frage nach, welchen Nutzen Modelle haben können. Dabei nehmen sie das Modell zur Beschreibung von etwas (Niveau I) bzw. zur Erklärung von Zusammenhängen im Original (Niveau II) wahr oder nutzen es, um Vorhersagen über das Original zu treffen (Niveau III). Beim *Testen von Modellen* wird beschrieben, wie Modelle überprüft werden können. Entweder wird nur das Modellobjekt getestet, indem beispielsweise die Widerstandsfähigkeit des verwendeten Materials geprüft wird (Niveau I) bzw. das Modell wird mit dem Original verglichen (Niveau II) oder es werden Hypothesen über das Original mit dem Modell untersucht (Niveau III). Das Ergebnis einer Testung kann dazu führen, dass Modelle verändert werden müssen. Gründe für das *Ändern von Modellen* sind Mängel direkt am Modellobjekt z. B. Fehler am verwendeten Material (Niveau I), neue Erkenntnisse über das Original (Niveau II) oder eine Hypothese, die dem Modell zugrunde liegt, und die bei der Anwendung des Modells falsifiziert wurde (Niveau III).

Tabelle 1: Struktur und Niveaus der Dimension Modellbildung (Upmeier zu Belzen & Krüger, 2010).

Teilkompetenz	Komplexität		
	Niveau I	Niveau II	Niveau III
Zweck von Modellen	Modellobjekt zur Beschreibung von etwas einsetzen	Bekannte Zusammenhänge und Korrelationen von Variablen im Ausgangsobjekt erklären	Zusammenhänge von Variablen für zukünftige neue Erkenntnisse voraussagen
Testen von Modellen	Modellobjekt überprüfen	Parallelisieren mit dem Ausgangsobjekt, Modell von etwas testen	Überprüfen von Hypothesen bei der Anwendung, Modell für etwas testen
Ändern von Modellen	Mängel am Modellobjekt beheben	Modell als Modell von etwas durch neue Erkenntnisse oder zusätzliche Perspektiven revidieren	Modell für etwas aufgrund falsifizierter Hypothesen revidieren

Fragestellungen und Hypothesen

Um ein Kompetenzmodell empirisch überprüfen zu können, müssen die dafür verwendeten Aufgaben das zugrunde liegende Konstrukt adäquat operationalisieren und eine Interpretation der Schülerantworten im Hinblick auf die Ausprägung der relevanten Kompetenz zulassen (Hartig et al., 2007). Für das Kompetenzmodell zur Modellkompetenz (Upmeier zu Belzen & Krüger, 2010) bedeutet dies, dass die folgende zentrale Fragestellung vor der empirischen Überprüfung des Kompetenzmodells untersucht werden muss:
(1) Inwiefern können die Schüleraussagen zu den entwickelten Aufgaben als Indikatoren für die entsprechende Teilkompetenz des Kompetenzmodells interpretiert werden?

Diese Fragestellung wird in Detailfragen untergliedert und dadurch überprüfbar:
(1.1) Inwiefern sind die gewählten Itemstämme für Schüler plausibel und verständlich formuliert?
(1.2) Inwiefern lassen sich die Schülerantworten auf die jeweilige Teilkompetenz beziehen?
(1.3) Inwiefern bilden sich die drei Niveaus der jeweiligen Teilkompetenz in den Schülerantworten ab?

Das Kompetenzmodell (Upmeier zu Belzen & Krüger, 2010) bildet die Grundlage der für jede Teilkompetenz entwickelten Aufgaben. Daher ist anzunehmen, dass die Aufgaben Modellkompetenz abbilden und ihre Bearbeitung vor diesem Hintergrund interpretiert werden kann. Die Aussagen zu den Aufgaben können dann als Indikatoren von Modellkompetenz angesehen werden, wenn die Aufgaben den Schülern der Zielgruppe (7.–10. Jahrgangsstufe) ein plausibles Modell bieten, die dazu gebotenen Informationen verständlich sind und die Fragestellungen Schülerantworten auslösen, die sich auf die jeweilige Teilkompetenz und deren Spektrum beziehen.

Ausgewählte evaluierte Aufgaben, die die oben genannten Kriterien erfüllen, wurden eingesetzt, um Hinweise auf die inhaltliche Struktur des Kompetenzmodells zur Modellkompetenz zu erhalten:
(2) Inwieweit werden mit der theoretischen Struktur des Kompetenzmodells die Schülerperspektiven zu Modellen und zur Modellbildung umfassend beschrieben?

Das Kompetenzmodell von Upmeier zu Belzen und Krüger (2010) basiert u. a. auf empirischen Studien von Crawford und Cullin (2005), Grosslight et al. (1991)

sowie Justi und Gilbert (2003). Daher wird erwartet, dass die identifizierten Schülerperspektiven zu Modellen und zur Modellbildung mit den dort beschriebenen Perspektiven übereinstimmen und entsprechend dem Kompetenzmodell zugeordnet werden können.

Untersuchungsdesign und Methodik

Entwicklung des Aufgabenpools

Mit Aufgaben im offenen Antwortformat kann die kognitive Facette von Modellkompetenz erfasst werden. Da Schülern mit einer offen gewählten Fragestellung die Möglichkeit gegeben wird, sich speziell auf das gezeigte Modell aber auch grundsätzlich über Modelle zu äußern, werden sowohl das konkrete (domänenspezifisch) als auch das abstrakte Wissen (domänenübergreifend) über Modelle in den Blick genommen (Leisner & Mikelskis, 2004). Über eine qualitative Evaluierung des Kompetenzmodells hinaus, die Trier und Upmeier zu Belzen (2009) in einer Interviewstudie durchgeführt haben, eignen sich Aufgaben im offenen Antwortformat für eine qualitative wie quantitative Überprüfung in einer größeren Stichprobe.

Für die Dimension *Modellbildung* wurden 25 Aufgaben im offenen Antwortformat – jeweils acht für die Teilkompetenzen *Zweck von Modellen* und *Testen von Modellen* und neun für die Teilkompetenz *Ändern von Modellen* – zu verschiedenen biologischen Inhalten entwickelt. Diese Aufgaben besitzen eine gemeinsame Struktur, die aus Itemstamm und Antwortformat besteht (Rost, 2004): Der Itemstamm liefert wesentliche Informationen zum behandelten Thema, zeigt das biologische Modell und schließt mit einer standardisierten Fragestellung (Tabelle 2). Er wurde so gewählt, dass ein Schüler je nach seiner Kompetenzausprägung plausibel auf allen drei Niveaus des Kompetenzmodells (Upmeier zu Belzen & Krüger, 2010) antworten kann. Für die Operationalisierung der Teilkompetenz *Zweck von Modellen* wurden vor allem Realobjekte als Modelle (z. B. Pflanzen in einer Schale als Wald-Modell) oder wie für die Teilkompetenzen *Testen von Modellen* und *Ändern von Modellen* technische Modelle (z. B. flugfähiges Libellen-Modell, flugfähiges Zanonia-Modell) genutzt. Diese lassen Perspektiven zu, die sowohl den Veranschaulichungsaspekt als auch die konkrete Anwendung der Modelle für Experimente verdeutlichen. Um den Einfluss von Lesekompetenz zu minimieren, ist der Itemstamm kurz gehalten.

Inwiefern der gewählte biologische Inhalt und die Modelle es ermöglichen, dass Schüler je nach ihrer Kompetenzausprägung plausibel auf allen drei Niveaus des Kompetenzmodells zur Modellkompetenz antworten, wurde vor der empirischen Erprobung der Aufgaben mit Experten der Didaktik der Biologie diskutiert. Gleichermaßen wurde überprüft, ob die Inhalte fachlich richtig und für die Zielgruppe (7.–10. Jahrgangsstufe) u. a. auch sprachlich geeignet sind (Neuhaus & Braun, 2007). Da diese Aufgaben zudem in Berliner Realschulen mit z. T. hohem Migrationsanteil eingesetzt werden, wurden sie von einer DaZ-Expertin auf ihre Verständlichkeit und potentielle sprachliche Schwierigkeiten geprüft.

Tabelle 2: Ursprüngliche standardisierte Fragestellungen für die Teilkompetenzen.

Teilkompetenz	Fragestellung
Zweck von Modellen	Beschreibe, welchen Zweck dieses Modell hat!
Testen von Modellen	Begründe, wie man überprüfen kann, ob das dargestellte Modell tauglich ist bzw. seinen Zweck erfüllt!
Ändern von Modellen	Begründe, was alles dazu führen könnte, dass das Modell verändert wird!

Stichprobe und Untersuchungsablauf

In zwei Teilstudien wurden die entwickelten Aufgaben überprüft, ggf. optimiert und erneut getestet. Die erste Teilstudie umfasste N=510 Schüler und die zweite Teilstudie N=501 Schüler (Tabelle 3).

Tabelle 3: Angaben zur Stichprobe der Teilstudien 1 und 2.

Schulart	Jgst.	n	Geschlechterverteilung			Alter				
			♀	♂	k. A.	min.	max.	M	SD	k. A.
1. Teilstudie										
R	7	246	117	127	2	12	16	12.94	.725	3
GY	10	264	137	126	1	14	17	15.82	.557	1
2. Teilstudie										
R	7	101	48	51	2	12	16	13.15	.870	5
R	9	159	80	79	0	14	18	15.37	.753	1
GY	8	75	41	33	1	13	16	14.11	.481	0
GY	9	166	89	77	0	12	17	14.46	.824	2

Anmerkungen: R=Realschule, GY=Gymnasium, k. A.=keine Angaben

In den Studien wurden Berliner Schüler unterschiedlicher Jahrgangsstufen und Schultypen befragt, um das Antwortspektrum in der Breite zu erfassen. Da ein Schüler nicht alle Aufgaben beantworten konnte, wurden die Aufgaben in beiden Studien auf jeweils zehn Testhefte verteilt, wodurch pro Aufgabe ca. 100 (1. Teilstudie) bzw. ca. 60 (2. Teilstudie) Bearbeitungen vorliegen. Die Bearbeitungszeit des Fragebogens betrug bei beiden Teilstudien eine Schulstunde (45 Minuten). Die Durchführung wurde mit Blick auf ihre Objektivität in einem Testmanual, das Informationen zum Forschungsprojekt, zu Aufgabenformaten und zur Testdurchführung beinhaltete, standardisiert (Neuhaus & Braun, 2007).

Evaluierung der entwickelten Aufgaben

Die Schüler wurden in beiden Teilstudien dazu aufgefordert, die im Itemstamm gezeigten Modelle, Begriffe oder Abbildungen, die sie nicht verstanden, zu kennzeichnen und zu kommentieren. Darüber hinaus wurden während der Testungen alle aufkommenden Fragen der Schüler sowie die Antworten der Testleiter protokolliert. Zusätzlich bietet die Passung zwischen Frageintention und Antwort über die Fragen und Kommentare der Schüler hinaus einen Hinweis darauf, ob die Aufgaben für die Schüler verständlich formuliert sind. So wurde bei der Auswertung der Schüleraussagen darauf geachtet, ob Schüler die Informationen aus dem Itemstamm nur wiederholen und ob Antworten in der jeweiligen intendierten Teilkompetenz ausgelöst wurden bzw. über alle Schüleraussagen hinweg das Spektrum dieser Teilkompetenz bedient wurde. Falls Verständnisprobleme auftraten, wurden problemerzeugende Begriffe oder Abbildungen ersetzt oder Zusammenhänge anders dargestellt und diese Aufgaben erneut getestet. Zur Verbesserung der Aufgaben wurden sprachliche Vorschläge von Schülern bzw. Testleitern genutzt, um eine bessere Anbindung an die Sprache des Schülers zu gewährleisten (Neuhaus & Braun, 2007). Aufgaben, die nur von wenigen Schülern beantwortet wurden, wurden nicht weiter verwendet.

Auswertung der Schüleraussagen

Die Antworten der Schüler wurden nach den Schritten der qualitativen Inhaltsanalyse (Mayring, 2010) computergestützt mit der Software MAXQDA ausgewertet. Die Schüleraussagen wurden transkribiert und sprachlich geglättet, ohne den Sinn zu verändern. Ähnliche Schüleraussagen einer Teilkompetenz wurden zunächst zu Kategorien zusammengefasst und diese mit dem Kompetenzmodell der Modellkompetenz verglichen, um zu überprüfen, inwiefern alle Schülerperspektiven hinreichend beschrieben werden. Da die Reliabilität und Objektivität der Auswertung bei einem offenen Antwortformat von besonderer Bedeutung sind (Hartig et al., 2007), wurden zusätzlich mindestens zwei unabhängige Kodierer – Experten aus der Didaktik der Biologie – eingesetzt, die mithilfe eines Kodierleitfadens ebenfalls Zuordnungen vornahmen. Da in der ersten Teilstudie vordergründig das Ziel verfolgt wurde, Kategorien zu identifizieren und zu beschreiben, wurde eine Cohens-Kappa Berechnung nur für die Zuordnungen der zweiten Teilstudie vorgenommen (Bortz & Döring, 2002). Bei unterschiedlichen Zuordnungen zwischen den Kodierern wurde diskutiert, bis ein Konsens erreicht wurde. Schüler konnten gleichzeitig in verschiedenen Kategorien bzw. Niveaus antworten. Die fachliche Richtigkeit der Schüleraussage bzw. die Kompetenz bezüglich der adäquaten Planung einer Untersuchung wurden bei der Auswertung nicht beachtet.

Ergebnisse

Verständlichkeit des Itemstamms

Die Analysen der Schülerkommentare und -aussagen sowie der Protokollnotizen zeigten bei den Aufgaben für die Teilkompetenz *Zweck von Modellen*, dass Schüler die Informationen aus dem Itemstamm vollständig wiederholten bzw. der Itemstamm zu viele und vor allem lenkende Informationen enthielt (Tabelle 4). So antworteten vor der Überarbeitung einer Aufgabe in der ersten Teilstudie nur 2 % der Schüler auf Niveau III. Dies ließ sich durch Informationen im Itemstamm erklären, die Niveau I und II in den Vordergrund stellten (Tabelle 4). Nachdem diese Informationen stark gekürzt wurden, antworteten in einer zweiten Teilstudie 17 % der Schüler auf Niveau III. Auch für alle weiteren Itemstämme dieser Teilkompetenz wurde so vorgegangen, weshalb einige biologischen Inhalte (z. B. Enzyme, Schwimmblase) aufgrund der nun fehlenden Informationen im Itemstamm zu schwierig wurden und daher nicht weiter genutzt werden konnten.

Tabelle 4: Ursprüngliche und optimierte Version der Informationen im Itemstamm für die Aufgabe Wald der Teilkompetenz Zweck von Modellen.

Ursprünglich	Optimiert
Anna muss in ihrer Biologie-Klasse einen Vortrag zum Thema Wald halten. Dazu hat sie ein Stück Wald als Modell des Waldes in eine Schale gesetzt und ihren Mitschülern mitgebracht.	Im Foto siehst du das Modell eines Waldes.

Bei Aufgaben für die Teilkompetenzen *Testen von Modellen* und *Ändern von Modellen* traten hauptsächlich Probleme mit den Fragestellungen auf. Beim *Testen von Modellen* antworteten Schüler teilweise wie folgt: „Man kann sehen, wie sich die Libelle in bestimmten Situationen verhält, z. B. bei starkem Wind" (F1:482). Da allerdings für Antworten in dieser Teilkompetenz vor allem die Art der Überprüfung und nicht nur der Zweck des Modells relevant ist, wurden die Begriffe *wie* und *überprüfen* durch eine zusätzliche Fettschreibung hervorgehoben. Bei einer Aufgabe, die diese Änderung beinhaltete, konnten in der zweiten Teilstudie 89 % (1. Teilstudie: 75 %) der Schüleraussagen den Kategorien dieser Teilkompetenz zugeordnet werden.

Schüler kommentierten häufig bei der Fragestellung der Teilkompetenz *Ändern von Modellen*, dass der Arbeitsauftrag nicht klar formuliert ist und sie den Teil *was alles dazu führen könnte* nicht verstehen (Tabelle 2). Da die durch den Testleiter gegebene Umformulierung zu *Nenne Gründe, warum dieses Modell verändert werden könnte!* besser verstanden wurde, wurde diese Fragestellung für die 2. Teilstudie übernommen. In dieser Teilstudie wurden nur reduziert Nachfragen gestellt und bei einer Aufgabe dieser Teilkompetenz konnten 79 % der Aussagen (1. Teilstudie: 71 %) den Kategorien zugeordnet werden.

Weiterhin gab es in allen Teilkompetenzen Aufgaben, deren biologische Inhalte für die Schüler zu schwierig waren und somit wenige Antworten in der jeweiligen Teilkompetenz auslösten. So wurde z. B. eine Aufgabe der Teilkompetenz *Zweck von Modellen* verworfen, weil neben 10 % nicht beantworteter Bearbeitungen zusätzlich bei 31 % der Schüler die Antwort nicht mit der Frage korrespondierte. Mit Blick auf alle drei Teilkompetenzen wurden aus den genannten Gründen 16 Aufgaben für folgende Studien nicht weiter verwendet.

Repräsentation der Teilkompetenzen

Die meisten identifizierten Kategorien, die verschiedene Perspektiven zur Modellbildung beschreiben, konnten den drei Niveaus der Teilkompetenzen *Zweck von Modellen*, *Testen von Modellen* und *Ändern von Modellen* des Kompetenzmodells zugeordnet werden.

Tabelle 5 präsentiert für die Teilkompetenz *Zweck von Modellen* ausgewählte Schüleraussagen pro Niveau. Schüler auf Niveau I (F2:299, Tabelle 5) sehen den Zweck von Modellen in der Darstellung des Sachverhaltes und beschreiben, was sie erkennen. Am Modell werden dabei keine Zusammenhänge zwischen verschiedenen Aspekten des Originals erkannt und beschrieben. In diesem Kontext bewerten Schüler die Modelle meist aus didaktischer Sicht und nehmen sie konkret als Hilfsmittel zum besseren Verständnis bei der Vermittlung wahr:

„Es soll […] ein Hilfsmittel zur Veranschaulichung sein, um es sich besser vorzustellen" (F2:163). Auch auf Niveau II können Schüler auf didaktischer Ebene antworten, also den Lerneffekt des Modells herausstellen (F2:197, Tabelle 5). Auf diesem Niveau zeichnen sich Schülerantworten vor allem darin aus, dass sie den Zweck von Modellen im Wiedererkennen, Nennen bzw. Erklären von Zusammenhängen zwischen verschiedenen Aspekten im Original sehen. Die Modelle werden genutzt, um bekannte Tatsachen wieder zu entdecken, aber nicht, um neue Erkenntnisse über das Original zu gewinnen. Letzteres ist ein Merkmal von Niveau III, bei dem Schüler eher eine wissenschaftliche Perspektive, weniger aber eine didaktische Sichtweise einnehmen. Der Zweck von Modellen wird auf diesem Niveau darin gesehen, Hypothesen bzw. Vermutungen über das Original zu überprüfen. Dabei werden Modelle als Instrumente zur Erforschung von Aspekten des Originals genutzt. Bei beiden Teilstudien verteilen sich die meisten Schülerantworten auf Niveau II (56 %/43 %), gefolgt von Niveau I (12 %/25 %). Nur wenige Schüler erkennen den Zweck von Modellen in der Überprüfung von Hypothesen (2 %/23 %).

Tabelle 5: Prozentuale Verteilung auf die drei Niveaus des Kompetenzmodells für die 1. (5 Aufgaben) und 2. Teilstudie (4 Aufgaben, κ=0,84) und prominente Schüleraussagen in der Teilkompetenz Zweck von Modellen. Die Werte repräsentieren das höchste erreichte Niveau (Niv.) der Schüler.

Niv.	1. Studie (n=513)	2. Studie (n=215)	Ankerbeispiele (Schülernummer)
I	12 %	25 %	„Dieses Waldmodell zeigt den Aufbau des Waldes." (F2:299)
II	56 %	43 %	„Dieses Modell soll den Schülern anschaulich machen, welche Pflanzen sich stärker/schwächer ausbilden. Dabei spielt Licht eine große Rolle. Wenn Pflanzen wenig Licht bekommen, werden sie nicht so gut wachsen." (F2:197)
III	2 %	23 %	„Dieses Waldmodell ist dazu da, um zu prüfen bzw. herauszufinden, welche Pflanzen zusammen wachsen können und ob die Erde dazu geeignet ist […]." (F2:187)

Tabelle 6 präsentiert die Ergebnisse für die Teilkompetenz *Testen von Modellen*. In dieser Teilkompetenz überprüfen Schüler auf Niveau I das Modell, indem sie beispielsweise (F2:213, Tabelle 6) eine Materialprüfung bezüglich der Beweglichkeit, Stabilität und Elastizität durchführen. Sie prüfen, ob das Material des Modells der Prüfung standhält bzw. ob es dabei beschädigt werden kann. Weiterhin testen Schüler auf diesem Niveau, ob die Modelle die grundlegenden Voraussetzungen erfüllen, um z. B. weitere Testungen durchführen zu können. So formuliert Schüler F1:4: „Als erstes sollte man prüfen, ob das Modell auch fliegen kann. Sonst ist das ganze Modell meiner Meinung nach nicht so gut." Schülerantworten auf Niveau II (F2:206, Tabelle 6) nehmen Bezug zum Original und überprüfen das Modell, indem sie die Eigenschaften (Struktur und/oder Funktion) des Originals mit denen des Modells vergleichen. Auf Niveau III der Teilkompetenz *Testen von Modellen* prüfen Schüler mit dem Modell Hypothesen/Vermutungen über das Original, um neue Erkenntnisse über das Original zu gewinnen, und beschreiben, wie sie diese Vermutung mit dem Modell untersuchen können (F2:294, Tabelle 6). Nach den prozentualen Verteilungen der Schülerantworten antworten ein Großteil der Schüler auf Niveau II (34 %/53 %), gefolgt von Niveau I (10 %/20 %). Niveau III (5 %/9 %) ist am seltensten vertreten.

Tabelle 6: Prozentuale Verteilung auf die drei Niveaus des Kompetenzmodells für die 1. (5 Aufgaben) und 2. Teilstudie (4 Aufgaben, κ=0,81) und prominente Schüleraussagen in der Teilkompetenz Testen von Modellen. Die Werte repräsentieren das höchste erreichte Niveau (Niv.) der Schüler.

Niv.	1. Studie (n=509)	2. Studie (n=245)	Ankerbeispiele (Schülernummer)
I	10 %	20 %	„Man sollte das Modell von einem Baum herunterfallen lassen und sehen, ob es danach immer noch relativ unbeschadet und stabil ist." (F2:213)
II	34 %	53 %	„Man kann das Modell auf seine Maße [und] sein Gewicht prüfen. Die Struktur des Modells muss mit der des Originals übereinstimmen, sonst passt es nicht." (F2:206)
III	5 %	9 %	„Man kann das Modell mehrere Male aus einem Hochhaus fallen lassen und den Flug beobachten. Fliegt das Samenmodell mehrere Meter weiter weg, kann man daraus schlussfolgern, dass sich die Zanonia-Pflanze weit verbreiten kann." (F2:294)

Prominente Schüleraussagen der Teilkompetenz *Ändern von Modellen* werden in Tabelle 7 präsentiert. Schülerantworten auf Niveau I begründen (F1:553, Tabelle 7) ein Ändern des Modells mit Fehlern am Material. Dabei äußern Schüler u. a. Kritik an der Stabilität oder Elastizität des Materials. Ähnlich wie bei der Teilkompetenz *Testen von Modellen* begründen einige Schüler ein Ändern des Modells damit, dass das Modell nicht die grundlegenden Voraussetzungen erfüllt, die es braucht, um z. B. weitere Untersuchungen daran durchführen zu können: „Wenn das Modell zum Fliegen ist, und es das nicht macht, müssen die Wissenschaftler gründlich daran arbeiten" (F2:496). Auf Niveau II beziehen sich Schüler in ihren Aussagen auf das Original und begründen ein Ändern des Modells entweder mit der mangelnden Passung des Modells mit dem Original oder mit neuen Erkenntnissen über das Original (F2:507, Tabelle 7). Wenden Schüler das Modell an, um ein Ändern des Modells zu begründen, antworten sie auf Niveau III. Dabei nutzen sie das Modell, um daran Daten zu gewinnen und um festzustellen, dass die Ergebnisse nicht mit den Ergebnissen am Original übereinstimmen. Ihre Hypothese über das Original, die implizit in den Antworten enthalten ist, wird verworfen und das Modell muss verändert werden (F1:148, Tabelle 7). In dieser Teilkompetenz antworten die meisten Schüler auf Niveau II (53 %/45 %). Deutlich weniger Schüler antworten auf Niveau I (10 %/13 %) und Niveau III (0,2 %/2 %) wird kaum erreicht.

Tabelle 7: Prozentuale Verteilung auf die drei Niveaus des Kompetenzmodells für die 1. (5 Aufgaben) und 2. Teilstudie (5 Aufgaben, κ=0,81) und prominente Schüleraussagen in der Teilkompetenz Ändern von Modellen. Die Werte repräsentieren das höchste erreichte Niveau (Niv.) der Schüler.

Niv.	1. Studie (n=510)	2. Studie (n=285)	Ankerbeispiele (Schülernummer)
I	10 %	13 %	„Schlechte Materialien könnten dazu führen, dass das Modell verändert wird." (F1:553)
II	53 %	45 %	„Wenn neue Informationen über die Libelle da sind, muss man sie einbauen." (F2:507)
III	0,2 %	2 %	„Da man mit einem nachgestellten Modell viel mehr Dinge überprüfen kann, ändern sich Modelle. Da bekommt man dann vielleicht bei einer Testung heraus, dass etwas nicht so wichtig war, wie man gedacht hat und dann muss man seine Idee und sein Modell ändern." (F1:148)

Überprüfung der inhaltlichen Struktur des Kompetenzmodells

Ausgewählte evaluierte Aufgaben konnten Hinweise auf die inhaltliche Struktur des Kompetenzmodells geben. Für die Teilkompetenz *Zweck von Modellen* werden im Kompetenzmodell alle Schülerperspektiven umfassend beschrieben. In den Schülerantworten der Teilkompetenz *Testen von Modellen* wurde eine Perspektive identifiziert, die den drei Niveaus des Kompetenzmodells nicht zugeordnet werden konnte. Obwohl den Schülern Modelle präsentiert wurden, mit denen eine Anwendung bzw. Testung möglich und plausibel ist, äußerten einige wenige Schüler (1 %) ihre Ratlosigkeit diesbezüglich, was an Modellen zu überprüfen ist. Beispielsweise antworten sie: „Warum soll man denn dieses Modell testen? Meiner Meinung nach ist dies unnötig." (F3:71); „Ich habe leider keine Ahnung, wie und warum man das testen soll" (F2:185). Auch für die Teilkompetenz *Ändern von Modellen* wurde eine zusätzliche Kategorie identifiziert. Einige Schüler (4 %) beantworten die Frage nach Gründen für ein Ändern folgendermaßen: „Keine Ahnung, warum soll sich das Modell verändern. Das macht doch keinen Sinn" (F3:141). Solche Antworten zeigen, dass die Schüler keinen Grund darin sehen, Modelle zu ändern oder keine Ideen haben, warum Modelle verändert werden sollten.

Diskussion

Die Ergebnisse der Teilstudien zeigen, dass davon auszugehen ist, dass neun von 25 entwickelten Aufgaben Antworten zulassen, die als Indikatoren für Modellkompetenz interpretiert werden können (Hartig et al., 2007). Diese Aufgaben bieten ein plausibles Modell, verfügen über nachvollziehbare Informationen zum Thema sowie über verständliche Fragestellungen für Schüler der Zielgruppe (7.–10. Jahrgangsstufe, Realschule und Gymnasium) und lösen Schülerantworten aus, die sich auf die jeweilige Teilkompetenz und die drei Niveaus des Kompetenzmodells (Upmeier zu Belzen & Krüger, 2010) beziehen. Die vorgenommenen Änderungen an den Aufgaben könnten dazu beigetragen haben, dass die Aufgaben im offenen Antwortformat von den Schülern besser verstanden wurden, wodurch vermehrt Aussagen den Kategorien der jeweiligen Teilkompetenzen zugeordnet werden konnten. Die Werte von Cohens Kappa liegen bei den drei Teilkompetenzen der zweiten Teilstudie zwischen $\kappa=0{,}81$ und $\kappa=0{,}84$ und sind als gut einzuschätzen (Bortz & Döring, 2002, S. 277). Die Verteilungen der Schüleraussagen auf die drei Niveaus der Teilkompetenzen *Zweck von Modellen* (Tabelle 5), *Testen von Modellen* (Tabelle 6) und *Ändern von Modellen* (Tabelle 7) sind mit den Befunden von Grosslight et al. (1991) sowie Trier und Upmeier zu Belzen (2009) vergleichbar: Ein überwiegender Teil der Schüler sieht den Zweck von Modellen darin, Objekte zu veranschaulichen und Zusammenhänge im Original zu erklären. Beim Testen von Modellen parallelisieren die Schüler vorrangig das Modell mit dem Original. Als Änderungsgründe werden die mangelnde Passung des Modells mit dem Original bzw. neue Erkenntnisse über das Original genannt. Schüler charakterisieren ein Modell somit mehrheitlich aus einer medialen Perspektive heraus. Die methodische Perspektive, bei der Modelle bei der Anwendung (Mahr, 2009) als Mittel zur Erkenntnisgewinnung angesehen werden, wird nur von wenigen Schülern erkannt (Grosslight et al., 1991; Trier & Upmeier zu Belzen, 2009). Geht man wie Crawford und Cullin (2005) davon aus, dass das Modellverständnis der Lehrkräfte das der Schüler beeinflusst, könnten diese prominenten Schülervorstellungen zur Modellbildung darauf hinweisen, dass Modelle als Mittel zur Voraussage und Generierung von Hypothesen selten im Unterricht eingesetzt werden und möglicherweise der Umgang mit und das Denken in Modellen kaum thematisiert werden (Van Driel & Verloop, 2002). Weiterhin sollte aber auch darüber reflektiert werden, inwieweit das Antwortverhalten der Schüler von dem gezeigten Modelltyp beeinflusst werden kann und dadurch entsprechende Ergebnisse erreicht werden. Diese Fragestellung wird in einer Studie von Krell, Upmeier zu Belzen und Krüger (2012, einger.) untersucht. Für die Teilkompetenz *Zweck von Modellen* beschreibt die Struktur des Kompetenzmodells (Upmeier zu Belzen & Krüger, 2010) hinreichend alle auftretenden Schülerperspektiven. Für die Teilkompetenzen *Testen von Modellen* und *Ändern von Modellen* konnten Schülerantworten in Kategorien beschrieben werden, die nicht in der Struktur des Kompetenzmodells (Upmeier zu Belzen & Krüger, 2010) abgebildet sind. Bereits die Studie von Grosslight et al. (1991) weist auf die Perspektive *Keine Änderung des Modells* hin. Bezüglich der Kategorie *Kein Testen von Modellen* werden in den Studien von Crawford und Cullin (2005), Grosslight et al. (1991) sowie Justi und Gilbert (2003) keine Hinweise gegeben. Allerdings kommt eine Studie von Hänsch und Upmeier zu Belzen (2012), die mit Hands-On Aufgaben Modellkompetenz erfasst, zu ähnlichen Ergebnissen. Zur Absicherung dieses Befundes wurden zusätzlich Aufgaben im dichotomen Antwortformat entwickelt, die den Aufgaben im offenen Antwortformat vorgeschaltet werden. Hier müssen Schüler grundsätzlich Stellung beziehen, ob Modelle getestet bzw. geändert werden können. Wenn sich diese weiteren Perspektiven als bedeutsam erweisen, muss dies bei einer Förderung von Modellkompetenz entsprechend berücksichtigt werden.

Ausblick

Um die Hinweise aus den vorgestellten Teilstudien zu überprüfen und das Kompetenzmodell zur Modellkompetenz (Upmeier zu Belzen & Krüger, 2010) inhaltlich zu konkretisieren und zu überprüfen, werden in einer weiteren Untersuchung je Teilkompetenz drei überprüfte Aufgaben im offenen Antwortformat eingesetzt. Ergänzend werden für die Teilkompetenzen *Alternative Modelle* (Grünkorn et al., 2011), *Testen von Modellen* und *Ändern von Modellen* je drei Aufgaben im dichotomen Antwortformat vorgeschaltet. Zudem ist geplant, auf der Basis des entwickelten und überprüften Kategoriensystems, geschlossene Aufgabenformate zu konstruieren, mit denen Modellkompetenz diagnostiziert werden kann.

Dank

Wir bedanken uns bei der Deutschen Forschungsgesellschaft für die Unterstützung des Projekts und bei den Gutachtern für ihre wertvollen Anregungen zu diesem Manuskript.

Literaturverzeichnis

Bortz, J., & Döring, N. (2002). *Forschungsmethoden und Evaluation für Human- und Sozialwissenschaftler*. Heidelberg: Springer.

Crawford, B., & Cullin, M. (2005). Dynamic assessments of preservice teachers' knowledge of models and modelling. In K. Boersma, H. Eijkelhof, M. Goedhart, & O. Jong (Eds.), *Research and the Quality of Science Education* (pp. 309–323). Dordrecht: Springer.

Giere, R. N., Bickl, J., & Mauldin, R. F. (2006). *Understanding scientific reasoning* (5. Aufl.). Toronto: Thomson Wadsworth.

Grosslight, L., Unger, C., Jay, E., & Smith, C. L. (1991). Understanding models and their use in science: conceptions of middle and high school students and experts. *Journal of Research in Science Teaching, 28*(9), 799–822.

Grünkorn, J., Upmeier zu Belzen, A., & Krüger, D. (2011). Design and test of open-ended tasks to evaluate a theoretical structure of model competence. In A. Yarden & G. S. Carvalho (Eds.), *Authenticity in Biology Education: Benefits and Challenges. A selection of papers presented at the VIIIth Conference of European Researchers in Didactics of Biology (ERIDOB) Braga, Portugal* (pp. 53–65). Braga Portugal: CIEC Universidade do Minho.

Hänsch, J., & Upmeier zu Belzen, A. (2012, März). *Hands-On Aufgaben zur Erfassung und Förderung von Modellkompetenz.* Vortrag auf der 14. Frühjahrsschule der Fachsektion Didaktik der Biologie, Bremen.

Harrison, A. G., & Treagust, D. F. (2000). A typology of school science models. *International Journal of Science Education, 22*(9), 1011–1026.

Hartig, J., Frey, A., & Jude, N. (2007). Validität. In H. Moosbrugger (Ed.), *Testtheorie und Fragebogenkonstruktion* (pp. 136–163). Heidelberg: Springer Medizin.

Justi, R. S., & Gilbert, J. K. (2003). Teachers' views on the nature of models. *International Journal of Science Education, 25*(11), 1369–1386.

Klieme, E., Avenarius, H., Blum, W., Döbrich, P., Gruber, H., Prenzel, M. Reiss, K., Riquarts, K., Rost, J., Tenorth, H.-E., & Vollmer, H. J. (2003). *Zur Entwicklung nationaler Bildungsstandards.* Bonn: BMBF.

Krell, M., Upmeier zu Belzen, A., & Krüger, D. (2012). Analysis of Students' Understanding of Models and Modelling in Biology Education: Empirical Evaluation of a Theoretical Structure. Zur Veröffentlichung eingereicht.

Leisner, A., & Mikelskis, H. F. (2004). Erwerb metakonzeptueller Kompetenz durch ein systematisches Lernen über Modelle. In A. Pilon (Hrsg.), *Zur Didaktik der Physik und Chemie. Beitragsband zur Tagung in Berlin 2003* (S. 120–122). Münster: LIT Verlag.

Mahr, B. (2009). Information science and the logic of models. *Software and Systems Modeling, 8*, 365–383.

Mayring, P. (2010). *Qualitative Inhaltsanalyse: Grundlagen und Techniken* (11., aktualisierte und überarb. Aufl.). Weinheim: Beltz.

Neuhaus, B., & Braun, E. (2007). Testkonstruktion und Testanalyse – praktische Tipps für empirisch arbeitende Didaktiker und Schulpraktiker. In H. Bayrhuber, D. Elster, D. Krüger & H. J. Vollmer (Hrsg.), *Forschungen zur Fachdidaktik: Bd. 9. Kompetenzentwicklung und Assessment* (S. 135–164). Innsbruck: Studienverlag.

Prenzel, M., Baumert, J., Blum, W., Lehmann, R., Leutner, D., Neubrand, M, Pekrun, R., Rolff, H.-G., Rost, J., & Schiefele, U. (Eds.). (2004). *PISA 2003. Ergebnisse des zweiten internationalen Vergleichs. Zusammenfassung.* Zugriff am 30. Oktober. 2001, von http://www.ipn.uni-kiel.de/pisa/Zusammenfassung_2003.pdf

Rost, J. (2004). *Lehrbuch Testtheorie – Testkonstruktion.* Bern: Huber.

Stachowiak, H. (1973). *Allgemeine Modelltheorie.* Wien: Springer.

Trier, U., & Upmeier zu Belzen, A. (2009). Die Wissenschaftler nutzen Modelle, um etwas Neues zu entdecken, und in der Schule lernt man einfach nur, dass es so ist. – Schülervorstellungen zu Modellen. In D. Krüger, A. Upmeier zu Belzen, S. Hof, K. Kremer, & J. Mayer (Eds.), *Erkenntnisweg Biologiedidaktik 8* (pp. 23–37). Kassel: Universitätsdruckerei.

Upmeier zu Belzen, A., & Krüger, D. (2010). Modellkompetenz im Biologieunterricht. *Zeitschrift für Didaktik der Naturwissenschaften, 16*, 41–57.

Van Driel, J. H., & Verloop, N. (2002). Experienced teacher's knowledge of teaching and learning of models and modelling in science education. *International Journal of Science Education, 24*(12), 1255–1277.

Watson, J. D., & Crick, F. H. C. (1953). Molecular structure of nucleic acids. A structure for desoxyribose nucleic acid. *Nature, 171*(4356), 737-738.

Juliane Orsenne/Annette Upmeier zu Belzen

Hands-On Aufgaben zur Erfassung und Förderung von Modellkompetenz im Biologieunterricht

Zusammenfassung

Das Ziel der vorliegenden Untersuchung ist, auf Basis gängiger wissenschaftlicher Theorien und Schülervorstellungen zu Modellen sowie biologiedidaktisch relevanter Theorien zum Lernen spezifische Angebote zur Förderung von Modellkompetenz im Biologieunterricht zu entwickeln. Deren prozessbasierte Überprüfung erfolgt mithilfe des Kompetenzmodells der Modellkompetenz. Die spezifischen Lernangebote wurden in Hands-On Aufgaben integriert, bei deren Lösung Schüler[1] den Prozess wissenschaftlicher Modellbildung zur Generierung von Erkenntnissen durchlaufen. Die Schülervorstellungen zu Modellen werden dabei in Vermittlungsexperimenten erfasst, wobei sich Phasen zu den Lernangeboten mit Interviewphasen abwechseln. Die transkribierten und redigierten Schüleraussagen wurden thematisch kodiert. Dabei wurden sie in bereits durch offene Aufgaben erfasste Kategorien zu jeder Teilkompetenz von Modellkompetenz geordnet (Grünkorn & Krüger, 2012). Die Auswertung erfolgte hinsichtlich der Häufigkeiten der Schüleraussagen pro Teilkompetenz und Niveau, eines Vergleiches der Schülerantworten zwischen den verschiedenen Teilkompetenzen sowie einer Analyse von Einzelfällen. Die Ergebnisse der Pilotierung zeigen, dass Vorstellungen zu allen fünf Teilkompetenzen von Modellkompetenz während der Lösung der Hands-On Aufgaben erfasst werden können. Als erfolgreich für die Entwicklung von Schülervorstellungen ausgehend von der Sicht von Modellen als Medien hin zu Erkenntnismethoden haben sich bisher die Lernangebote Zeichnen und Konstruieren von Funktionsmodellen, die hypothetisch-deduktive Modellbildung, die Präsentation alternativer Modelle sowie einige Interviewfragen in Bezug auf auslösende Reflexionsprozesse erwiesen.

---

1 Aus Gründen der besseren Lesbarkeit wird das maskuline Genus für beide Geschlechter verwendet, meint aber die männliche und weibliche Form gleichermaßen.

Abstract

This study aims to design specific learning opportunities to foster model competence in biology class. The specific learning opportunities were developed based on scientific theories, student conceptions of models and important learning theories and were integrated into hands-on tasks. While solving these hands-on tasks, students needed to perform the process of scientific modeling to generate knowledge. A semi-structured interview was used to reveal student conceptions of models. Students' answers were assigned to the categories of a theoretical structure of model competence and frequencies per aspect and level were analyzed. In addition, student responses according to the five aspects of the theoretical structure were compared. Finally, individual cases were analyzed. Results showed that students expressed ideas regarding all five aspects of the theoretical structure of model competence. Drawing and designing functional models, the hypothetical-deductive way of modeling, the presentation of alternative models and certain interview questions could be identified as successful learning opportunities for students in terms of developing modeling competence. Students developed their conceptions of models from models as media to modeling as inquiry method.

Einleitung

Zunehmend fordern nationale und internationale Lehrpläne sowie Empfehlungen für den naturwissenschaftlichen Unterricht, dass Schüler ein Verständnis über die Natur wissenschaftlichen Wissens sowie dessen Produktion und Kommunikation erlangen (z. B. Millar & Osborne, 1998). Dieses Ziel kann durch den Umgang mit und die Reflexion über Modelle erreicht werden, die sowohl die Produkte der Wissenschaft als auch ihre Denk- und Arbeitsmethoden darstellen (z. B. Crawford & Cullin, 2004). Eine Schlüsselrolle nimmt dabei der Modellbildungsprozess als Erkenntnismethode für wissenschaftliche Phänomene mit Aktivitäten wie beispielsweise dem Testen und Ändern von Modellen ein (z. B. Schwarz & White, 2005). Diesbezüglich besteht Forschungsbedarf zu der Frage, auf welcher theoretischen Grundlage Lernangebote zu Modellen entwickelt und evaluiert werden können (Mendonça & Justi, 2011). Das theoretisch fundierte Kompetenzmodell von Upmeier zu Belzen und Krüger (2010) spezifiziert und strukturiert Modellkompetenz für deren Erfassung und Förderung. Fünf Teilkompetenzen beschreiben Fähigkeiten im Modellbildungsprozess sowie dabei angewendete individuelle Konzepte in jeweils drei Niveaus, die unterschiedliche Qualitäten des Reflektierens über Modelle beschreiben. Das Ziel der vorliegenden Untersuchung ist, auf Basis gängiger wissenschaftlicher Theorien und Schülervorstellungen zu

Modellen sowie biologiedidaktisch relevanter Theorien zum Lernen spezifische Angebote zur Förderung von Modellkompetenz im Biologieunterricht zu entwickeln und mithilfe des Kompetenzmodells prozessbasiert zu überprüfen. Es wird erwartet, dass Schüler ihre Vorstellungen zu Modellen durch diese spezifischen Lernangebote in Richtung einer epistemologischen Sichtweise von Modellen als Erkenntnismethode entwickeln. Erfolgreiche Angebote können dann in Unterrichtsvorschläge zur Modellkompetenz integriert werden.

Theoretischer Rahmen

Modellbildung als naturwissenschaftliche Erkenntnisgewinnung

Wissenschaftliches Arbeiten stellt eine Konstruktion von Modellen dar, die Konzepte der Wirklichkeit repräsentieren (Gilbert, 1991). Modelle sind demnach sowohl Produkt als auch Methode der Wissenschaft. Mithilfe von Modellen können Wissenschaftlerinnen und Wissenschaftler Hypothesen generieren, verifizieren oder falsifizieren (Crawford & Cullin, 2005). Der dabei ablaufende Prozess der Modellbildung stellt als Bestandteil naturwissenschaftlicher Erkenntnisgewinnung eine Form von Problemlösen dar (Mayer, 2007). In diesem Kontext wird Problemlösen als zielorientiertes Denken und Handeln in Situationen definiert, für deren Bewältigung keine routinierten Vorgehensweisen verfügbar sind (Funke, 2003). Im Folgenden wird der Ablauf wissenschaftlicher Modellbildung entsprechend des Rahmenmodells nach Justi und Gilbert (2002) sowie der theoretischen Struktur von Modellkompetenz nach Upmeier zu Belzen und Krüger (2010) beschrieben. Das Kompetenzmodell fasst Fähigkeiten im Modellbildungsprozess sowie dabei angewendete individuelle Konzepte in fünf Teilkompetenzen mit jeweils drei Niveaus zusammen, die unterschiedliche Qualitäten des Reflektierens über Modelle beschreiben.

Ausgangspunkt und leitend für den Modellbildungsprozess ist stets ein individueller Zweck (Abbildung 1). Dabei kann es sich entsprechend des ersten Niveaus der Teilkompetenz *Zweck von Modellen* um die Absicht, etwas zu beschreiben, handeln sowie auf dem zweiten und dritten Niveau um eine Erklärung oder Vorhersage von Zusammenhängen im Original. In Wechselwirkung von bereits bekannten Modellen sowie persönlichen Erfahrungen bildet das Individuum ein erstes gedankliches Modell. Für dieses können aufgrund der Existenz verschiedenster Modellobjekte, der Vielfältigkeit des Ausgangsobjekts oder der Existenz unterschiedlicher Hypothesen verschiedene Darstellungsformen gewählt werden (Niveau eins bis drei der Teilkompetenz *Alternative Modelle*). Diese alternativen

Modelle werden anschließend erst gedanklichen, dann realen Testungen unterzogen. Entsprechend der drei Niveaus der Teilkompetenz *Testen von Modellen* können sich diese Testungen allein auf das Modellobjekt, einem Vergleich mit dem Original oder die zugrundeliegenden Hypothesen beziehen. Im Falle von negativen realen oder gedanklichen Testungen wird das gedankliche Modell entweder geändert oder ganz verworfen, wobei der Modellbildungsprozess erneut vollzogen wird. Konkrete Gründe für das Ändern können entsprechend des ersten Niveaus der Teilkompetenz *Ändern von Modellen* Mängel am Modellobjekt und nach dem zweiten und dritten Niveau neue Erkenntnisse oder falsifizierte Hypothesen über das Original sein. Sollten die Testungen gedanklicher und gegenständlicher Modelle erfolgreich sein, erfüllen sie ihren Zweck und können hinsichtlich ihrer Eigenschaften evaluiert werden. Die Teilkompetenz *Eigenschaften von Modellen* beschreibt Einschätzungen bezüglich der Ähnlichkeiten zwischen Modell und Original dahingehend, ob es sich bei dem Modell um eine Kopie, eine idealisierte Repräsentation oder gar eine theoretische Rekonstruktion von Etwas handelt.

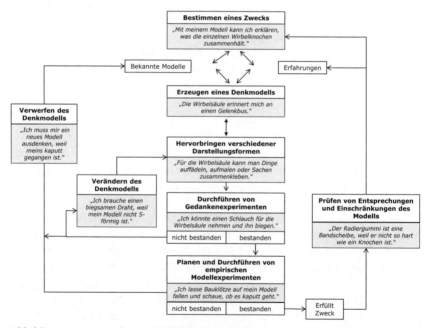

Abbildung 1: Prozess der Modellbildung (verändert nach Justi & Gilbert, 2002) mit grau hinterlegten Schüleraussagen einer Hands-On Aufgabe zum Kontext Wirbelsäule.

Förderung von Modellkompetenz durch Hands-On Aufgaben

Modellkompetenz beinhaltet in Anlehnung an Weinert (2001) neben der kognitiven Komponente auch die damit verbundenen motivationalen, volitionalen und sozialen Bereitschaften und Fähigkeiten zum erfolgreichen Lösen von Problemen. Die Ergebnisse von PISA 2000 und 2003 zeigen für den naturwissenschaftlichen Unterricht, dass es Schülern schwerfällt, in Problemlösesituationen in Modellen zu denken (Prenzel et al., 2004). Viele Studien belegen, dass Schüler den Zweck von Modellen vornehmlich darin sehen, etwas zu veranschaulichen und Modelle daher kaum als Mittel zur Erkenntnisgewinnung begreifen. Eine häufig genannte Begründung hierfür ist, dass im naturwissenschaftlichen Unterricht selten über den wissenschaftlichen Einsatz von Modellen reflektiert wird (z. B. Grosslight, Unger, Jay & Smith, 1991).

Gemäß dem Konstruktivismus und der Conceptual Change-Forschung bedarf es motivierender und engagierender Lernangebote zur Förderung von Modellkompetenz (Blumenfeld et al., 1991). Hands-On Aufgaben sind dadurch charakterisiert, dass sie zum praktischen Problemlösen mit verschiedensten Materialien anregen (Hamilton, Nussbaum, & Snow, 1997). Dabei kommen deklaratives und prozedurales Wissen, kommunikative und psychomotorische Fertigkeiten sowie affektive Aspekte, wie Interesse oder Motivation, zum Tragen (Ruiz-Primo & Shavelson, 1996). Hands-On Aufgaben werden damit der Forderung gerecht, dass bei der Erfassung und Förderung naturwissenschaftlicher Kompetenzen neben den kognitiven Aspekten auch das praktisch, manuelle Ausführen Berücksichtigung findet (Schecker & Parchmann, 2006). Die Chance von Hands-On Aufgaben, die zur problemorientierten Modellbildung anregen, besteht darin, dass vorhandene kognitive Strukturen abstrahiert und getestet werden und ein Prozess der Vorstellungsentwicklung erfolgen kann (Nersessian, 2002). Grundlegend dafür sind parallel stattfindende Reflexionsprozesse, bei denen angewendete Aspekte und Ideen beschrieben und diskutiert werden (Clement, 2000). Konkrete Hands-On Aktivitäten können dabei das Zeichnen und Konstruieren von Funktionsmodellen sein.

Problem- und Fragestellungen

Eine fächerübergreifende Analyse diverser Studien zu Fördermaßnahmen in Bezug auf das Denken über und den Umgang mit Modellen zeigt, dass diese bisher in großen Zeiträumen mit den Zielen der Konzeption von Unterrichtsstunden, dem Erlernen von Fachwissen sowie dem Umgang mit Computermodellen zu komplexen Systemen stattfinden. Zugrundeliegende Evaluationen erfolgen dabei meist produktbasiert und quantitativ[2]. In den meisten Fällen können keine Aussagen darüber getroffen werden, welche Lernangebote in welcher Weise auf Modellkompetenz wirken. Das Ziel der vorliegenden Untersuchung ist daher, auf Basis gängiger wissenschaftlicher Theorien und Schülervorstellungen zu Modellen sowie biologiedidaktisch relevanter Theorien zum Lernen spezifische Lernangebote zur Förderung von Modellkompetenz im Biologieunterricht zu entwickeln und prozessbasiert zu überprüfen. Grundlegende Fragestellungen sind dabei:

1) Inwieweit äußern Schüler bei der Lösung modellbildender Hands-On Aufgaben mit spezifischen Lernangeboten Vorstellungen zu den einzelnen Teilkompetenzen von Modellkompetenz?
2) Inwiefern können bei der Lösung modellbildender Hands-On Aufgaben Antwortmuster in den Schüleraussagen zwischen verschiedenen Teilkompetenzen von Modellkompetenz beobachtet werden?
3) Inwieweit entwickeln Schüler mithilfe der Lernangebote Zeichnen und Konstruieren von Funktionsmodellen Vorstellungen zu den Teilkompetenzen *Zweck* und *Eigenschaften von Modellen*?

Untersuchungsdesign und Methode

Der Untersuchung liegt ein experimentelles, qualitatives und prozessorientiertes Untersuchungsdesign zugrunde, um Aussagen über die individuelle Nutzung spezifischer Lernangebote und die qualitative Entwicklung von Vorstellungen in Bezug auf Modellkompetenz tätigen zu können (Sins, Savelsbergh, & van Joolingen, 2005). In einem ersten Schritt wurden der Prozess wissenschaftlicher Modellbildung nach Justi und Gilbert (2002) in eine standardisierte Hands-On Aufgabenstruktur überführt sowie spezifische Lernangebote zur Förderung des zweiten und dritten Niveaus aller fünf Teilkompetenzen von Modellkompetenz integriert (Upmeier zu Belzen & Krüger, 2010). Beispiele sind das Zeichnen und Konstruieren von Funktionsmodellen zur Entwicklung der Vorstellung, dass Modelle idealisierte Repräsentationen von etwas darstellen können (zweites Niveau der Teilkompetenz *Eigenschaften von Modellen*). Zur Validierung der Aufgabenstruktur erfolgten eine Expertendiskussion hinsichtlich der Passung mit dem Kompetenzmodell sowie eine sprachliche Prüfung bezüglich der Verständlichkeit von Fragen und Instruktionen. Zugrundeliegende Kontexte sind die Funktionsweise der Schwimmblase und der Wirbelsäule, eingebettet in einen schülernahen Kontext, um ein angeregtes Lösungsverhalten zu unterstützen (Brown, 1992). Im Rahmen der Pilotierung

---

2 Beispiele sind Jackson, Stratford, Krajcik, und Soloway (1996), Edelson (2001), Schwarz und White (2005), Schwarz et al. (2009) oder Mendonça und Justi (2011).

lösten eine Schülerin der Jahrgangsstufe sieben und jeweils ein Schüler der Jahrgangsstufen acht bis zehn eines Gymnasiums (n=4) einzeln zwei Hands-On Aufgaben in jeweils 90 Minuten. Die Wahl der Jahrgangsstufen erfolgte mit Blick auf die Bildungsstandards für den Mittleren Schulabschluss (KMK, 2005), die Modellkompetenz im Kompetenzbereich Erkenntnisgewinnung beschreiben.

Struktur der Hands-On Aufgaben

Die Hands-On Aufgaben zur Modellkompetenz bestehen strukturell aus verschiedenen mündlich oder schriftlich präsentierten Aufgabenstellungen, die dazu anregen, ein biologisches Phänomen durch den Bau eigener Modelle problemorientiert zu untersuchen (Abbildung 2). Zu Beginn jeder Aufgabe leiten die Schüler von dem präsentierten Phänomen selbstständig eine Frage ab. Das zur Hypothesengenerierung und Untersuchungsplanung notwendige Fachwissen wird auf einer Informationskarte präsentiert. Erste resultierende gedankliche Modelle werden anschließend mithilfe einer Zeichnung festgehalten (Gobert & Pallant, 2004). Daran schließt die konkrete modellbasierte Versuchsdurchführung mit Materialien einer Aktionsbox an, wobei Rückschlüsse zu den aufgestellten Hypothesen erfolgen. Am Ende jeder Aufgabe wird geprüft, ob die Schüler neue Informationen über das Original in das eigene Modell integrieren sowie über alternative Modelle reflektieren. Dieses hypothetisch-deduktive Vorgehen sichert die Qualität des wissenschaftlichen Verständnisses der Schüler über Modelle (Ruiz-Primo & Shavelson, 1996).

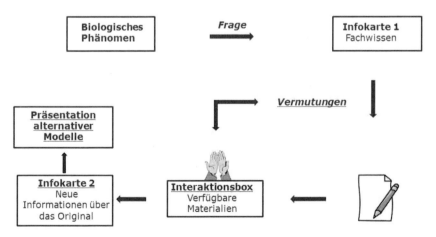

Abbildung 2: Struktur der Hands-On Aufgaben zur Modellkompetenz mit spezifischen Lernangeboten (unterstrichen).

Erfassung von Schülervorstellungen

Zur Erfassung von Schülervorstellungen zu Modellen und deren Entwicklung durch spezifische Lernangebote werden die Hands-On Aufgaben in Vermittlungsexperimente integriert. Dabei wechseln sich Phasen zu den Lernangeboten mit Interviewphasen ab (Komorek & Duit, 2004). Die Formulierung der Fragen ist dabei an die Untersuchung von Grosslight et al. (1991) gelehnt. Zur Vorbeugung einer Diskrepanz zwischen den vollzogenen Handlungen und den kognitiven Prozessen werden die Schüler während des Zeichnens der gedanklichen Modelle und der Konstruktion der gegenständlichen Modelle aufgefordert, ihre Vorstellungen zu artikulieren, welche dadurch reflektiert werden (Georghiades, 2004). Denkprozesse gelten als besonders gut artikulierbar während der Durchführung einer Handlung (Hamilton et al., 1997). Eine Instruktion hierzu ist im Vorfeld unabdingbar (Glaser, Raghavan, & Baxter, 1992).

Datenauswertung

Die transkribierten und redigierten Schüleraussagen des Lauten Denkens und der Interviews wurden mithilfe der Software MAXQDA nach Hopf und Schmidt (1993) thematisch kodiert. Grundlage dieses Auswertungsverfahrens ist theoretisches Vorwissen, das fallbezogen überprüft und gegebenenfalls weiterentwickelt wird. Im Projekt wurden die Schüleraussagen der Hands-On Aufgaben in bereits durch offene Aufgaben erfasste Kategorien zu jeder Teilkompetenz der theoretischen Struktur von Modellkompetenz geordnet (Grünkorn & Krüger, 2012). Die Zuordnung erfolgte durch zwei Kodierer unabhängig voneinander mit einer sich anschließenden diskursiven Validierung.

Um eine Aussage darüber zu treffen, inwieweit die Schüler Vorstellungen zu den einzelnen Teilkompetenzen von Modellkompetenz äußern, wurden die Schüleraussagen zunächst hinsichtlich ihrer Häufigkeiten pro Teilkompetenz und Niveau ausgewertet. Ein Vergleich der Schülerantworten zwischen den verschiedenen Teilkompetenzen lässt eventuelle Muster in den Schülerantworten erkennen. Zur Beantwortung der Frage, inwieweit die Schüler mithilfe der spezifischen Lernangebote Vorstellungen zu Modellen entwickeln, erfolgte eine Einzelfallanalyse jedes Schülers. Hierzu wurden „Codelines" ausgewertet, die eine fallorientierte Visualisierungsform in MAXQDA darstellen. Der transkribierte Text wird als fortlaufendes Bild seiner Codierungen dargestellt (Abbildung 3).

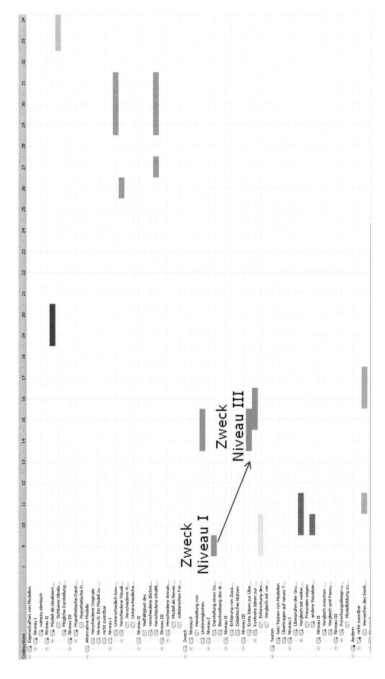

Abbildung 3: Die durch MAXQDA erzeugte Codeline stellt den transkribierten Text als fortlaufendes Bild seiner Codierungen dar (X-Achse: Textabschnitte; Y-Achse: Codes) und ermöglicht so einen Überblick über Entwicklungsverläufe von Modellkompetenz.

Ergebnisse und Diskussion

Reflexion von Modellkompetenz durch Hands-On Aufgaben

Die Hands-On Aufgaben regen die Schüler an, in den einzelnen Teilkompetenzen von Modellkompetenz zu reflektieren. Aus den Interviews und dem Lauten Denken wurden 135 Schüleraussagen generiert und den Kategorien der theoretischen Struktur von Modellkompetenz zugeordnet. Dabei zeigt sich, dass die Probanden vornehmlich auf dem ersten Niveau argumentieren, also auf der Ebene des Modellobjekts. Das ist zum einen damit zu begründen, dass das individuell gebaute Modell Ausgangspunkt der Argumentationen ist. In der Teilkompetenz *Alternative Modelle* beschreiben die Schüler beispielsweise Unterschiede zwischen ihrem Modell und anderen präsentierten Konstruktionsmöglichkeiten. Ebenso steht bei den Teilkompetenzen *Testen und Ändern von Modellen* das eigene Modell im Mittelpunkt der Argumentation. Zum anderen spielt besonders bei der Teilkompetenz *Zweck von Modellen* die Tatsache eine Rolle, dass Modelle im naturwissenschaftlichen Unterricht vornehmlich als Medien für Anschauungszwecke betrachtet werden (Treagust, Chittleborough, & Mamiala, 2002). Gleichzeitig führen die Hands-On Aufgaben zur Reflexion von Modellen als Mittel zur Erkenntnisgewinnung, da sich viele Schüleraussagen dem dritten Niveau von Modellkompetenz zuordnen lassen. Ein weiteres Potenzial der Hands-On Aufgaben besteht darin, dass die Schüler Modelle durch deren selbstständige Konstruktion als idealisierte Repräsentationen oder gar als theoretische Rekonstruktionen betrachten, da sich verhältnismäßig viele Schüleraussagen dem zweiten und dritten Niveau der Teilkompetenz *Eigenschaften von Modellen* zuordnen lassen.

Darüber hinaus gibt es Schüleraussagen, die als zusätzliche Perspektiven kategorisiert werden, da sie zwar annähernd einer Teilkompetenz, aber keinem Niveau zugeordnet werden können. Hierzu folgende Schüleraussage zur Teilkompetenz *Ändern von Modellen*:

> „[Mit meinem Modell] könnte ich jetzt beweisen, dass die Schwimmblase den Fisch an der Nähe der Wasseroberfläche hält und dass er nicht nach unten fällt ... Wenn es nicht schwimmt, würde ich ein neues Modell bauen. Ich würde vielleicht zwei, drei oder vier Modelle machen."

Dem Neuntklässler ist wichtig, dass sein Schwimmblasenmodell die grundlegende Voraussetzung erfüllt, an der Wasseroberfläche zu schwimmen. Interessanterweise würde er einen Fehler der Auftriebskraft nicht an dem bereits gebauten Modell korrigieren, was eine Zuordnung zum ersten Niveau der Teilkompetenz Ändern von Modellen erlauben würde. Der Schüler würde neue Modelle bauen, was im Prozess der Modellbildung nach Justi und Gilbert (2002) mit dem Verwerfen des alten Denkmodells einhergeht. Aussagen dieser Art wurden der Kategorie „Verwerfen des Denkmodells" als zusätzliche Perspektive der Teilkompetenz *Ändern von Modellen* zugeordnet.

Antwortmuster in den Schüleraussagen zwischen den Teilkompetenzen

Ein Vergleich der Schüleraussagen von Kategorien verschiedener Teilkompetenzen lässt wiederkehrende Antwortmuster während des Hands-On Modellbildungsprozesses erkennen. Zum einen spielt das *Funktionsprinzip der konstruierten Modelle* eine wesentliche Rolle in den Schüleraussagen zum Kompetenzmodell. Der Grund hierfür ist, dass die aufgestellten Hypothesen in Erklärungen von Funktionen gründen und Ergebnisse des Modellbildungsprozesses dementsprechend Funktionsmodelle sind. Die Schüler argumentieren beispielsweise auf dem zweiten Niveau der Teilkompetenz *Eigenschaften von Modellen*, dass Sichtbares eines Modelles idealisiert ist, das Funktionsprinzip jedoch zum Original ähnlich sein muss: „Modell und echte Schwimmblase ähneln sich (…) von der Aufgabe und manchmal auch von der Form stark, aber … von dem, was wir sehen, eher nicht so." Auch bei der Beschreibung von Unterschieden zwischen verschiedenen Modellobjekten auf dem ersten Niveau der Teilkompetenz *Alternative Modelle* stehen unterschiedliche Funktionsprinzipien der Modellobjekte im Fokus:

> „Es kann ja auch mal passieren, dass bei einem anderen Modell etwas ganz anderes ist. Es könnte auch runter sinken, ohne dass dieser Deckel da oben wäre. Man könnte ja theoretisch mehr wissen und mehr erfahren und das noch vorstellen, wieso das dann so ist."

Der letzte Teil dieser Schüleraussage verdeutlicht, dass die Begründung für alternative Modelle mit der Nennung eines Zwecks korrespondieren kann, der in diesem Falle der Erkenntnisgewinn ist. Das lässt sich entsprechend des Rahmenmodells der Modellbildung nach Justi und Gilbert (2002) adäquat erklären, wonach jedem einzelnen Modell ein individueller Zweck zugrunde liegt.

Ein weiteres auffälliges Muster in den Schülerantworten betrifft neben dem Funktionsprinzip des konstruierten Modells dessen *Bewertung*. Das lässt sich mit der Individualität des gesamten Modellbildungsprozesses begründen (Justi & Gilbert, 2002). Bei der Teilkompetenz *Eigenschaften von Modellen* bewerten Schüler auf dem dritten Niveau ihre hypothetischen Modelle hinsichtlich der Nähe zum Original oder dem Erreichen des Zwecks: „Also ich hätte [für die Wirbelsäule] schon etwas im Kopf, zum Beispiel einen Schlauch ... Den Schlauch [würde ich] zum Beispiel biegen und gucken, ob der jetzt kaputt geht. Aber die Wirbelsäule ist ja nicht so wie ein Schlauch." Andere Bewertungskriterien liegen der Teilkompetenz *Alternative Modelle* zugrunde, wobei auf dem ersten Niveau verschiedene Darstellungsmöglichkeiten hinsichtlich Ideenreichtum, Materialökonomie oder Anschaulichkeit eingeschätzt werden:

> „Und das [Sinkmodell] ... geht viel tiefer ... Ich finde, das ist eigentlich richtig klug, weil der wusste, dass in dieser Pipette Luft gefüllt ist ... Ich finde, das ist auch am logischsten, weil hier auch keine Beschwernis und weniger Materialien genommen werden mussten ... Das [Sinkmodell] ist anschaulicher als meins."

Das *Erkennen eines sozialen Aspekts* der Erkenntnisgewinnung mit Modellen stellt ein weiteres wiederkehrendes Muster in den Schülerantworten da, besonders auf dem dritten Niveau der Teilkompetenz *Alternative Modelle*: „[Es gibt verschiedene Modelle], damit man verschiedene Meinungen zu diesem Thema hat und sie damit auch vertreten kann, durch das Modell, was man hat." Während hier eine kommunikative Begründung für verschiedene existierende Modelle deutlich wird, spielen in anderen Schüleraussagen solidarische Begründungen eine Rolle: „[Es gibt verschiedene Modelle zur Wirbelsäule], weil es auch Menschen gibt, die zum Beispiel andere Überlegungen haben, die jetzt nicht mit meiner Überlegung übereinstimmen. Und wir helfen uns ja gegenseitig durch unsere Überlegungen." In Schüleraussagen dieser Art wird das von Schwarz und White (2005) beschriebene Metawissen zur Modellbildung erkennbar, wonach die Einbindung von Schülern in individuelle Modellbildungsprozesse zur Reflexion wissenschaftlichen Wissens führt. Dessen soziale und kulturelle Prägung (Lederman, 1992) ließe sich bei Schüleraussagen der beschriebenen Art während der Hands-On Aufgaben vertiefen.

Förderung von Modellkompetenz durch Hands-On Aufgaben

Während der Bearbeitung der Hands-On Aufgaben wurden die Probanden mit spezifischen Lernangeboten konfrontiert, deren Wirkungen auf die Schülervorstellungen mithilfe der Codelines analysiert wurden. Exemplarisch werden Wirkungen der Lernangebote Zeichnen und Konstruktion eines Funktionsmodells auf die Teilkompetenzen *Zweck von Modellen* und *Eigenschaften von Modellen* beschrieben.

Während des Aufzeichnens individueller gedanklicher Modelle werden fortwährend Ideen für eine mögliche Modellkonstruktion generiert. So beschreibt eine Siebtklässlerin: „Ich würde die Wirbelsäule als Modell bauen mit Knochen aus Plastik und dazwischen Radiergummis als Bandscheiben schieben. Damit kann ich zeigen, wie die Bandscheiben und Wirbelknochen aufeinanderliegen."
Die Schülerin nutzt ihr Modell zur Beschreibung der echten Wirbelsäule, antwortet also auf dem ersten Niveau der Teilkompetenz *Zweck von Modellen*. Das Aufzeichnen dieser neuen Konstruktionsideen führt zu Gedankenexperimenten, wie die gebildeten Hypothesen mit dem jeweiligen Modell überprüft werden könnten. Dabei zeigen sich Antworten auf dem dritten Niveau der Teilkompetenz *Zweck von Modellen*:

„Man könnte sehen, wozu das Modell noch alles nützen kann. Wenn man zum Beispiel Bandscheibe hat, ob die Bandscheibe kaputt geht. Oder dass die Knochen auf einmal aneinander reiben. Dafür kann man dann vielleicht eine Lösung finden. Ärzte könnten vielleicht etwas für Bandscheibe rausfinden oder was erfinden, was ähnlich wie eine Bandscheibe aussieht."

Durch die anschließende Konstruktion gegenständlicher Funktionsmodelle zur Überprüfung eigener Hypothesen entwickeln Schüler Vorstellungen vom ersten Niveau hin zum zweiten Niveau der Teilkompetenz *Eigenschaften von Modellen*. So beschreibt ein Zehntklässler vor der Modellkonstruktion die Nähe zwischen Modell und Original folgendermaßen:

„Ich würde ein Modell beschreiben als ein Abbild oder wie eine Kopie von etwas, was so in der Form existiert."

Durch den Konstruktionsprozess erkennt der Schüler, dass „… es natürlich nicht klappt, die Schwimmblase originalgetreu zu kopieren. Wichtig ist deswegen auch ein auf dem gleichen Prinzip basierendes Modell zu benutzen, wie zum Beispiel der Luftballon."

Zusammenfassend lässt sich sagen, dass der zeitliche und materielle Aufwand für die Entwicklung, Durchführung und Auswertung der Hands-On Aufgaben den durch Paper-Pencil Tests nicht umsetzbaren praktischen Aspekten zur Modellkompetenz gerecht wird. Als erfolgreich für die Entwicklung individueller Schülervorstellungen haben sich in dieser qualitativen, fallbezogenen Studie die Lernangebote Zeichnen und Konstruieren von Funktionsmodellen, die hypothetisch-deduktive Modellbildung, die Präsentation alternativer Modelle sowie einige Interviewfragen in Bezug auf auslösende Reflexionsprozesse erwiesen. Diese bezüglich der Entwicklung von Schülervorstellungen erfolgreichen Lernangebote können dann in die unterrichtliche Praxis integriert werden, um die Modellkompetenz der Schüler im Biologieunterricht zu fördern.

Ausblick

Für die Hauptstudie werden die Interviewfragen optimiert sowie Verständnisschwierigkeiten beseitigt. Zudem werden Ideen für neue Lernangebote in die bestehende Struktur der Hands-On Aufgaben integriert und für die Hauptstudie getestet. Zentral dabei ist die Präsentation eines wissenschaftlichen sowie halbfertigen Modells, um neue Reflexionsprozesse in Bezug auf Modellkompetenz anzuregen. Zudem wird es in der Hauptstudie um die Beantwortung der Frage gehen, inwieweit konkrete Konstruktionsprozesse von Modellen Schülervorstellungen zur Modellkompetenz beeinflussen. Dazu wird bei einer Kontrollgruppe das Zeichnen und Konstruieren von Modellen durch die Entwicklung eines gedanklichen Modells sowie durch Reflexionen zu modellbildenden Prozessen in einem Stummfilm ersetzt.

Literatur

Blumenfeld, P. C., Soloway, E., Marx, R. W., Krajcik, J. S., Guzdial, M., & Palincsar, A. (1991). Motivating project-based learning: Sustaining the doing, supporting the learning. *Educational Psychologist, 26,* 369-98.

Brown, A. L. (1992). Design Experiments: Theoretical and Methodological Challenges in Creating Complex Interventions in Classroom Settings. *The Journal of Learning Sciences, 2*(2), 141-178.

Clement, J. (2000). Model based learning as a key research area for science education. *International Journal of Science Education, 22*(9), 1041-1053.

Crawford, B. & Cullin, M. (2004). Supporting Prospective Teachers' Conceptions of Modeling in Science. *International Journal of Science Education, 26,* 1379-1401.

Crawford, B., & Cullin, M. (2005). Dynamic Assessment of Preservice Teachers' Knowledge of Models and Modelling. In K. Boersma, M. Goedhart, O. de Jong, & H. Eijkelhof (Eds.), *Research and the Quality of Science Education* (pp. 309-323). Springer.

Edelson, D. C. (2001). Learning-for-use: A framework for integrating content and process learning in the design of inquiry activities. *Journal of Research in Science Teaching, 38*(3), 355-385.

Funke, J. (2003). *Problemlösendes Denken*. Stuttgart: Kohlhammer.
Georghiades, P. (2004). Making pupils' conceptions of electricity more durable by means of situated metacognition. *International Journal of Science Education, 26*, 85–99.
Gilbert, S. W. (1991). Model building and a definition of science. *Journal of Research in Science Teaching, 28*(1), 73–79.
Glaser, R., Raghavan, K., & Baxter, G. P. (1992). *Cognitive theory as the basis for design of innovative assessment: Design characteristics of science assessments*. Los Angeles: University of California.
Gobert, J. D., & Pallant, A. (2004). Fostering Students' Epistemologies of Models via Authentic Model-Based Tasks. *Journal of Science Education and Technology, 13*(1), 7–22.
Grosslight, L., Unger, C., Jay, E., & Smith, C. (1991). Understanding Models and their Use in Science: Conceptions of Middle and High School Students and Experts. *Journal of Research in Science Teaching, 28*(9), 799–822.
Grünkorn, J., & Krüger, D. (2012). Entwicklung und Evaluierung von Aufgaben im offenen Antwortformat zur empirischen Überprüfung eines Kompetenzmodells zur Modellkompetenz. In U. Harms & F. X. Bogner (Eds.), *Lehr- und Lernforschung in der Biologiedidaktik. Didaktik der Biologie – Standortbestimmung und Perspektiven* (Band 5, pp. 9–27). Innsbruck: Studienverlag.
Hamilton, L., Nussbaum, M., & Snow, R. (1997). Interview Procedures for Validating Science Assessments. *Applied Measurement in Education, 10*(2), 181–200.
Hopf, C., & Schmidt, C. (1993). Zum Verhältnis von innerfamilialen sozialen Erfahrungen, Persönlichkeitsentwicklung und politischen Orientierungen. Dokumentation und Erörterung des methodischen Vorgehens in einer Studie zu diesem Thema. http://w2.wa.uni-hannover.de/mes/berichte/rex93.htm retrieved November, 14, 2011.
Jackson, S. L., Stratford, S. J., Krajcik, J., & Soloway, E. (1996). Making dynamic modeling accessible to pre-college science students. *Interactive Learning Environments, 4*(3), 233–257.
Justi, R. S., & Gilbert, J. K. (2002). Modelling, teachers' views on the nature of modelling, and implications for the education of modellers. *International Journal of Science Education, 24*(4), 369–387.
Komorek, M., & Duit, R. (2004). The teaching experiment as a powerful method to develop and evaluate teaching and learning sequences in the domain of non-linear systems. *International Journal of Science Education, 26*(5), 619–633.
Konferenz der Kultusminister der Länder in der Bundesrepublik Deutschland (KMK) (Eds.). (2005). *Bildungsstandards im Fach Biologie für den Mittleren Schulabschluss*. Beschluss vom 16.12.2004. München: Wolters Kluwer.

Lederman, N. (1992). Students' and teachers' conceptions of the nature of science: A review of the research. *Journal of Research in Science Teaching, 29*, 331–359.

Mayer, J. (2007). Erkenntnisgewinnung als naturwissenschaftliches Problemlösen. In D. Krüger & H. Vogt (Eds.), *Theorien in der biologiedidaktischen Forschung. Ein Handbuch für Lehramtsstudenten und Doktoranden* (pp. 178–186). Berlin: Springer-Verlag.

Mendonça, P. C. C., & Justi, R. (2011). Contributions of the Model of Modelling Diagram to the Learning of Ionic Bonding: Analysis of A Case Study. *Research in Science Education, 41*(4), 479–503.

Millar, R., & Osborne, J. (1998). *Beyond 2000: Science education for the future: a report with ten recommendations.* London: King's College.

Nersessian, N. J. (2002). The cognitive basis of model-based reasoning in science. In P. Carruthers, S. Stich, & M. Siegal (Eds.), *The Cognitive Basis of Science* (pp. 133–153). Cambridge: University Press.

Prenzel, M., Baumert, J., Blum, W., Lehmann, R., Leutner, D., Neubrand, M., Pekrun, R., Rolff, H.-G., Rost, J., & Schiefele, U. (Eds.). (2004). *PISA 2003. Der Bildungsstand der Jugendlichen in Deutschland – Ergebnisse des zweiten internationalen Vergleichs.* Muenster: Waxmann.

Ruiz-Primo, M. A., & Shavelson, R. J. (1996). Rhetoric and Reality in Science Performance Assessments: An Update. *Journal of Research in Science Teaching, 33*(10), 1045–1063.

Schecker, H., & Parchmann, I. (2006). Modellierung naturwissenschaftlicher Kompetenz. *Zeitschrift für Didaktik der Naturwissenschaften, 12*, 45–66.

Schwarz, C. V., & White, B. Y. (2005). Metamodeling knowledge: Developing students' understanding of scientific modeling. *Cognition and Instruction, 23*(2), 165–205.

Schwarz, C., Reiser, B., Davis, B., Kenyon, L., Acher, A., Fortus, D. et al. (2009). Designing a learning progression of scientific modeling: Making scientific modeling accessible and meaningful for learners. *Journal for Research in Science Teaching, 46*(6), 632–654.

Treagust, D. F., Chittleborough, G. & Mamiala, T. L. (2002). Students' understanding of the role of scientific models in learning science. *International Journal of Science Education, 24*(4), 357–368.

Upmeier zu Belzen, A. & Krüger, D. (2010). Modellkompetenz im Biologieunterricht. *Zeitschrift für Didaktik der Naturwissenschaften, 16*, 41–57.

Weinert, F. (2001). *Leistungsmessungen in Schulen.* Weinheim, Basel: Beltz.

Eva Terzer/Christiane Patzke/Annette Upmeier zu Belzen

Validierung von Multiple-Choice Items zur Modellkompetenz durch lautes Denken

Zusammenfassung

Für die empirische Überprüfung von Kompetenzmodellen werden Items in der Regel mit Blick auf ihre Abbildung der theoretischen Fundierung sowie ihre psychometrische Qualität ausgewählt. Inwiefern solche Items kognitive Prozesse in Bezug auf die relevante Kompetenz auslösen und inwiefern die Kompetenz zur Beantwortung der Items beiträgt, wird häufig nicht geklärt. Beide Punkte werden in der hier vorgestellten Studie als Kriterien für die Validität von Kompetenzitems und somit für die Qualität der Operationalisierung eines Kompetenzmodells untersucht. Mithilfe der Methode des lauten Denkens wurden während der Bearbeitung von Multiple-Choice Items zur Modellkompetenz die kognitiven Prozesse von Schülerinnen und Schülern erfasst und mit Blick auf die beiden genannten Kriterien analysiert. Die Methode erwies sich für Schülerinnen und Schüler des Gymnasiums als geeignet, um die Validität der Items zu prüfen. 40 von 45 Items wurden als valide eingestuft und können für die empirische Überprüfung der Struktur von Modellkompetenz eingesetzt werden.

Abstract

In order to examine a theoretical structure of competence, the fit between items and the theoretical background as well as the psychometric quality of the items are common criteria to create an item pool. The cognitive processes that underlie the decision for an answer option are usually not investigated. However, this is a criterion for the validity of items and, thus, for the quality of the operationalization. We used think-aloud protocols to categorize students' conceptions while dealing with multiple-choice items covering model competence. On this basis, we analyzed underlying cognitive processes. The protocols were found to be an adequate method to examine the item validity. We classified 40 out of 45 evaluated items as valid. This allows us to use them for the empirical evaluation of a theoretical structure of model competence.

Einleitung

Der Paradigmenwechsel im deutschen Bildungsbereich von der Input- zur Outcomeorientierung erfordert die zielbezogene Orientierung an Kompetenzmodellen. Diese bieten durch die Beschreibung von Kompetenzinhalten und -stufen sowie durch entsprechende fachbezogene Operationalisierungen in Aufgaben- und Testverfahren konkrete Anhaltspunkte für eine gezielte Förderung (Klieme et al., 2003).

Für die Naturwissenschaften bezieht sich eine wichtige Kompetenz auf das Verständnis von Modellen. Modelle spielen dort für die Erkenntnisgewinnung, Konsensbildung und Kommunikation eine zentrale Rolle (Boulter & Gilbert, 2000; Giere, 2004). Mit Blick auf die Partizipation an gesellschaftlichen Diskussionen und einem durch die Naturwissenschaften und Technik geprägten Alltag stellen Modelle somit einen relevanten Bereich für die Kompetenzmodellierung in dieser Domäne dar. Damit Lehrerinnen und Lehrer Modellkompetenz von Schülerinnen und Schülern diagnostizieren und gezielt fördern können, formulierten Upmeier zu Belzen und Krüger (2010) auf der Basis empirischer Studien (Crawford & Cullin, 2005; Grosslight, Unger, Jay & Smith, 1991; Justi & Gilbert, 2003) sowie wissenschaftstheoretischer Grundlagen (Giere, 2004; Mahr, 2008) ein Kompetenzmodell.

Aufbauend auf die Kompetenzmodellierung ist die empirische Überprüfung von Kompetenzmodellen notwendig. Die dafür benötigten Items werden in der Regel nach ihrer Abbildung der theoretischen Fundierung sowie ihrer psychometrischen Qualität ausgewählt. Ein zentrales Gütekriterium für Tests ist die Validität, die sich darauf bezieht, welche Interpretationen eines Tests legitim sind (Hartig, Frey & Jude, 2007). Angewendet auf die empirische Überprüfung von Kompetenzmodellen bedeutet dies, dass die Bearbeitungen der einzelnen Items als Indikatoren der entsprechenden Kompetenz interpretiert werden können. Dies ist der Fall, wenn die Items kognitive Prozesse in Bezug auf die relevante Kompetenz auslösen und diese zur Beantwortung der Items beitragen.

Aus diesem Grund ist die qualitative Validierung von Multiple-Choice Items zur Modellkompetenz Ziel der hier beschriebenen Teilstudie im Rahmen eines Projekts zur empirischen Überprüfung der Struktur von Modellkompetenz. Für die Validierung wurden je Teilkompetenz und Niveau drei Items, insgesamt 45, ausgewählt.

Theorie

Modelle

Der Begriff *Modell* wird im Alltag auf unterschiedliche Objekte angewendet. So gelten sowohl Spielzeugautos als auch Computersimulationen oder Laufstegmodels als Modelle. Objekte, die als Modelle aufgefasst und verschiedenen Bereichen zugeordnet werden, weisen keine gemeinsamen Eigenschaften auf, die sie als Modell auszeichnen (Stachowiak, 1973), gemeinsam ist ihnen aber, dass sie für einen bestimmten Zweck in einer bestimmten Situation als Modell aufgefasst und als solches eingesetzt werden (Mahr, 2008). Grundlegend werden Modelle als Träger von Vorstellungen und Medium von Ideen verstanden (Mahr, 2008; Stachowiak, 1973).

Auf diese Weise werden Modelle auch in der Wissenschaft verwendet. Dort dienen sie dazu, fokussiert zentrale Merkmale von Ausschnitten der Wirklichkeit zu rekonstruieren (Giere, 2004). Der Ausschnitt, der die Grundlage für die Modellierung bildet, wird als Original oder Ausgangsobjekt bezeichnet (Kattmann, 2006). Zentral für die Beziehung zwischen Modell und Original bzw. für die Auffassung von etwas als Modell ist der zweckgerichtete Transport von Vorstellungen (Mahr, 2008; Stachowiak, 1973). Bei der Modellbildung wird ein ausgewählter gedanklicher Inhalt vom Original auf das Modell übertragen. Er kann sich bei der zielgerichteten Anwendung des Modells verändern und beim hypothetischen Rückschluss auf das Original zu einer veränderten Vorstellung über das Original führen. Damit sind Modelle zugleich Abbilder bzw. Modelle von etwas, die das Original repräsentieren, als auch Vorbilder bzw. Modelle für etwas, die einen Informationsgewinn über das Original ermöglichen (Mahr, 2009; Stachowiak, 1973). Erst durch diese doppelte Beziehung zum Original wird etwas als Modell aufgefasst (Mahr, 2008). Damit wird die traditionell retrospektive Auffassung eines Modells als Abbild des Originals um eine prospektive Sicht erweitert.

Empirische Befunde zu und Strukturierung von Modellkompetenz

Schülerinnen und Schüler verfügen über Vorstellungen zu Modellen, die sich von den oben dargestellten wissenschaftlichen unterscheiden können. Dabei werden Vorstellungen als „subjektive, gedankliche Konstrukte" (Gropengießer, 2001, S. 31) verstanden.

Verschiedene Untersuchungen beschreiben Vorstellungen zu Modellen und Modellbildung und entwickeln dazu Kategorien (z. B. Crawford & Cullin, 2005;

Grosslight et al., 1991; Justi & Gilbert, 2003). Upmeier zu Belzen und Krüger (2010) führen diese Ansätze in fünf Teilkompetenzen der Modellkompetenz zusammen. Sie differenzieren dabei zwischen der Dimension *Kenntnisse über Modelle*, die Vorstellungen zu Eigenschaften von Modellen und alternativen Modellen umfasst (Teilkompetenzen Eigenschaften von Modellen und Alternative Modelle) sowie der Dimension *Modellbildung*, die kognitive Fertigkeiten im Modellbildungsprozess beinhaltet (Teilkompetenzen Zweck, Testen und Ändern von Modellen). Zur Definierung verschiedener Komplexitätsstufen formulieren Upmeier zu Belzen und Krüger (2010) unter Bezugnahme auf Mahr (2008) sowie die oben genannten Studien eine normative Graduierung der Teilkompetenzen in drei Niveaustufen.

Tabelle 1: Kompetenzmodell der Modellkompetenz (Upmeier zu Belzen & Krüger, 2010).

Teilkompetenz	Komplexität		
	Niveau I	Niveau II	Niveau III
Dimension: Kenntnisse über Modelle			
Eigenschaften von Modellen	Modelle sind Kopien von etwas	Modelle sind idealisierte Repräsentationen von etwas	Modelle sind theoretische Rekonstruktionen von etwas
Alternative Modelle	Unterschiede zwischen den Modellobjekten	Ausgangsobjekt ermöglicht Herstellung verschiedener Modelle von etwas	Modelle für verschiedene Hypothesen
Dimension: Modellbildung			
Zweck von Modellen	Modellobjekt zur Beschreibung von etwas einsetzen	Bekannte Zusammenhänge und Korrelationen von Variablen im Ausgangsobjekt erklären	Zusammenhänge von Variablen für zukünftige neue Erkenntnisse voraussagen
Testen von Modellen	Modellobjekt überprüfen	Parallelisieren mit dem Ausgangsobjekt, Modell von etwas testen	Überprüfen von Hypothesen bei der Anwendung, Modell für etwas testen
Ändern von Modellen	Mängel am Modellobjekt beheben	Modell als Modell von etwas durch neue Erkenntnisse oder zusätzliche Perspektiven revidieren	Modell für etwas aufgrund falsifizierter Hypothesen revidieren

In Bezug auf die Eigenschaften von Modellen können unterschiedliche Perspektiven auf die Beziehung zwischen Modell und Original eingenommen werden (Upmeier zu Belzen & Krüger, 2010). Modelle können als Kopien, als idealisierte Repräsentationen bzw. als theoretische Rekonstruktionen von etwas gesehen werden (*kinds of models – relationship*, Grosslight et al., 1991, S. 805; *nature*, Justi & Gilbert, 2003, S. 1375).

Für die Existenz alternativer Modelle sind verschiedene Gründe denkbar. Wird nur das Modellobjekt betrachtet, werden Unterschiede zwischen verschiedenen Modellobjekten wie z. B. Größe, Farbe oder Material als Begründung angeführt. Wenn das Modell als Modell von etwas gesehen wird, werden alternative Modelle damit erklärt, dass verschiedene Aspekte des Originals abgebildet werden. Die Niveau III zugeordnete Vorstellung bezieht sich darauf, dass mit Modellen verschiedene Hypothesen über das Original repräsentiert werden (Upmeier zu Belzen & Krüger, 2010).

In der Teilkompetenz Zweck von Modellen (Upmeier zu Belzen & Krüger, 2010) wird auf Niveau I der Zweck eines Modells in der Beschreibung, das heißt der Veranschaulichung von etwas gesehen. Als Modell von etwas erklärt ein Modell einen Zusammenhang im Original (Niveau II), als Modell für etwas wird es für Voraussagen über diesen Ausschnitt (Niveau III) verwendet (*purpose of models*, Crawford & Cullin, 2005, S. 316; Grosslight et al., 1991, S. 806; *use* und *prediction*, Justi & Gilbert, 2003, S. 1375).

In der Teilkompetenz Testen von Modellen wird deutlich, auf welche Weise Modelle geprüft werden (Upmeier zu Belzen & Krüger, 2010). Wird nur das Modellobjekt in den Blick genommen, handelt es sich lediglich um eine Prüfung des Modellobjekts bei der z. B. das Material mit Blick auf die Widerstandsfähigkeit überprüft wird. Eine weitere Perspektive ist das Parallelisieren von Modell und Original, bei dem die Passung mit der modellierten Realität geprüft wird. Bei der Erkenntnisgewinnung mit Hilfe von Modellen ist schließlich relevant, dass Hypothesen über das Original mit dem Modell überprüft werden (*validating/testing models*, Crawford & Cullin, 2005, S. 317; *purpose – testing*, Grosslight et al., 1991, S. 807).

Eine mögliche Folge des Testens ist das Ändern von Modellen. Hier können unterschiedliche Gründe angeführt werden, warum ein Modell verändert werden muss (Upmeier zu Belzen & Krüger, 2010): Dies kann ein grundlegender Fehler im Modellobjekt sein, z. B. im Material oder mit Blick auf die Funktionalität (etwa ein unbewegliches Funktionsmodell des Arms), ein neuer, nicht im Modell berücksichtigter Erkenntnisstand, z. B. aufgrund neuer Informationen über das Original durch verbesserte Mikroskope oder eine falsifizierte Hypothese als Grundlage des Modells wie das Tripelhelix-DNA-Modell von Pauling und Corey (*changing a model*, Crawford & Cullin, 2005, S. 316; Grosslight et al., 1991, S. 812; *time*, Justi & Gilbert, 2003, S. 1376).

Problemstellung

Die Aussagekraft der Daten zur empirischen Überprüfung von Kompetenzmodellen ist von der Validität und somit der Qualität der Operationalisierung der entsprechenden Kompetenz in Items abhängig. Mit Blick auf die Validität von Multiple-Choice Items zur Modellkompetenz ergeben sich folgende Fragestellungen:

1. Inwiefern können bei der Bearbeitung der Items bei den Schülerinnen und Schülern Vorstellungen zu Modellen identifiziert werden, die aufbauend auf andere empirische Studien dem Kompetenzmodell zugrunde gelegt wurden?

Da die Items ein Kompetenzmodell operationalisieren, das unter anderem auf den Studien von Crawford und Cullin (2005), Grosslight et al. (1991) sowie Justi und Gilbert (2003) beruht, ist anzunehmen, dass die Vorstellungen bei der Bearbeitung mit den dort gefundenen Vorstellungen zu Modellen übereinstimmen. Da das Kategoriensystem, das für die Codierung von Aufgaben in offenem Antwortformat zum hier zugrunde gelegten Kompetenzmodell entwickelt wurde (Grünkorn, Upmeier zu Belzen & Krüger, einger.), sich auf die gleiche theoretische Grundlage bezieht, ist es für die hier erhobenen Vorstellungen anwendbar.

2. Inwiefern kann die Bearbeitung der Items als Indikator für die angesteuerte Teilkompetenz und Niveaustufe von Modellkompetenz interpretiert werden?

Wenn die Items Vorstellungen in Bezug auf die relevante Kompetenz auslösen und die Schülerinnen und Schüler sie zur Beantwortung der Items heranziehen, ist es zulässig, ihre Bearbeitung als Indikator von Modellkompetenz anzusehen. Dies ist die Voraussetzung für die empirische Überprüfung des Kompetenzmodells (Upmeier zu Belzen & Krüger, 2010) mit diesen Items.

Methode

Lautes Denken

Für die empirische Überprüfung von Kompetenzmodellen ist es notwendig, Items als manifeste Indikatoren zur Erfassung eines latenten Konstrukts interpretieren zu können. Um die Legitimität dieser Interpretation zu prüfen, ist die Betrachtung der Antwortprozesse mit der Methode des lauten Denkens ein mögliches Verfahren (Hartig et al., 2007). Sie wird als Methode bewertet, die „[…] am ehesten und vollständigsten die Möglichkeit [bietet], die im Individuum ablaufenden Kognitionen zu erfassen" (Weidle & Wagner, 1994, S. 83). Die Probanden werden aufgefordert, alles laut auszusprechen, was sie während der Bearbeitung einer Aufgabe denken (Weidle & Wagner, 1994). Kognitionspsychologische Grundlage für diese Methode ist das Prozessmodell nach Ericsson und Simon (1993), das zwischen zwei Gedächtnisformen, dem Langzeit- und dem Arbeitsgedächtnis, differenziert (Baddeley, 2002)[1]. Informationen im Arbeitsgedächtnis sind im Gegensatz zu Inhalten im Langzeitgedächtnis direkt für weitere Verarbeitungsschritte wie die Verbalisierung zugänglich. Beim lauten Denken werden in Abgrenzung zur Introspektion, bei der es um die Beobachtung der eigenen Person und des eigenen Denkens geht, kognitive Prozesse unreflektiert und direkt während ihres Ablaufs wiedergegeben (Knoblich & Öllinger, 2006). Diese Form des lauten Denkens wird deshalb als Online-Verbalisierungsmethode bezeichnet, bei der die Inhalte des Arbeitsgedächtnisses unmittelbar zugänglich gemacht werden (Ericsson & Simon, 1993; Veenman, 2005). Dies ist ein entscheidender Vorteil im Vergleich zu retrospektiven Verbalisierungsmethoden wie dem Interview, in dem rekonstruiert wird, wie eine Aufgabe gelöst wurde. Beim lauten Denken entfallen Vergessens- und Inferenzprozesse, so dass es weniger fehleranfällig ist (Bannert, 2007).

Bei der hier vorgestellten Anwendung der Methode des lauten Denkens steht nicht im Vordergrund, wie Probandinnen und Probanden Kohärenzlücken in den Aufgaben füllen und über die Erweiterung ihres Wissens unter Verwendung des Vorwissens sowie der präsentierten Information reflektieren (Selbsterklärung, Lind, Friege, Kleinschmidt & Sandmann, 2004). Die Methode des lauten Denkens dient hier stattdessen dazu, nicht nur das Endergebnis einer Aufgabenbearbeitung, sondern vor allem die einzelnen Schritte der Informationsverarbeitung und die mit ihnen verbundenen Vorstellungen zu identifizieren (Bannert, 2007).

---

1   Ericsson und Simon (1993) sprechen in diesem Zusammenhang noch vom Kurzzeit- statt Arbeitsgedächtnis. Dies hat jedoch keine Auswirkungen auf die hier beschriebene Methode.

Datenerhebung und -auswertung

Leisner und Mikelskis (2004) unterscheiden domänenübergreifendes und -spezifisches Wissen über Modelle. Beide sind im Kompetenzmodell enthalten. Die 45 hier untersuchten Multiple-Choice Items fokussieren die konkrete Anwendung von Modellen[2].

Bereits bei der Entwicklung der Items wurde eine möglichst hohe Validität angestrebt. Dies geschah z. B. dadurch, dass Schülerantworten auf eine offene Version der Items für die Formulierung der Antwortmöglichkeiten verwendet und sämtliche Schlüsselwörter im Itemstamm ergänzt wurden. Darüber hinaus wurde durch eine Distraktorenanalyse (Lienert & Raatz, 1998) geprüft, inwiefern die Distraktoren möglichst gleich plausibel waren, um einem Vorgehen nach dem Ausschlussprinzip vorzubeugen. Zur Validierung der Items wurden Denkprotokolle von elf Schülerinnen und elf Schülern erhoben, von denen zwölf die zehnte Jahrgangsstufe eines Gymnasiums und zehn die siebte Jahrgangsstufe einer Sekundarschule (hier fast ausschließlich Schülerinnen und Schüler mit Deutsch als Zweitsprache) besuchten.

Für die Durchführung des lauten Denkens sind eine wertungsfreie, tolerante Atmosphäre und Anonymität wichtige Voraussetzungen (Bilandzic, 2005). Soziale Interaktion zwischen Versuchsleiterin und Proband wird vermieden, um eine Beeinflussung der kognitiven Prozesse so weit wie möglich einzuschränken. Der Proband führt deshalb eine Art Selbstgespräch, während die Versuchsleiterin im Hintergrund bleibt. Die Instruktionen sind nondirektiv, z. B. „Denke bitte laut", „Rede weiter" (Ericsson & Simon, 1993). Zu den Aufgaben werden keine Erklärungen gegeben, um auch diesen Einfluss zu vermeiden. Um das laute Denken zu routinisieren und die Hauptaufmerksamkeit auf die Primäraufgabe legen zu können, wird ein Aufwärmtraining mit Übungsaufgaben durchgeführt (Bilandzic, 2005).

Die Durchführung wurde an Schülerinnen und Schülern der zehnten Jahrgangsstufe (Gymnasium und Sekundarschule) pilotiert (Patzke, 2010). In dieser Pilotierung wurde ermittelt, wie möglichst umfassende Daten zu den Vorstellungen, die durch die Aufgabe bei den Schülerinnen und Schülern aktiviert werden, erhalten werden können. Es zeigte sich, dass die meisten auswertbaren Aussagen gewonnen werden konnten, wenn in einem ersten Schritt Itemstamm und Instruktion vorgelegt wurden und in einem zweiten Schritt die Antwortmöglichkeiten kommentiert wurden.

Die Denkprotokolle wurden nach der qualitativen Inhaltsanalyse (Mayring, 2010) ausgewertet. Die verwendeten Kategorien basieren auf dem System, das

---

2   Weitere Projekte zu Modellkompetenz nehmen das abstrakte Verständnis von Modellen (Moritz Krell, FU Berlin) sowie die Kombination beider Facetten (Juliane Grünkorn, FU Berlin) in den Blick.

Grünkorn et al. (2012, einger.) zur Auswertung von Aufgaben zur Modellkompetenz im offenen Antwortformat entwickelt haben. Dieses beinhaltet für die Teilkompetenzen Alternative Modelle sowie Ändern von Modellen zusätzlich zum Kompetenzmodell ein Niveau 0 (Grünkorn, Upmeier & Krüger, 2011; vgl. Grünkorn & Krüger, 2012). Schülerinnen und Schüler formulieren in diesen beiden Kategorien, dass Modelle nicht geändert werden müssen bzw. es keine alternativen Modelle gibt.

Der Codierleitfaden wurde zur Auswertung des hier vorliegenden Datentyps adaptiert und induktiv für den hier verwendeten Codierleitfaden ergänzt. Die neu definierten Kategorien beziehen sich auf die Beschreibung des Modellobjekts, die Bewertung des Modells, die Relevanz einer Antwortmöglichkeit für die Fragestellung, die Plausibilität einer Antwortmöglichkeit, die Aktivierung von Vorwissen sowie Ja/Nein-Antworten. Sämtliche Denkprotokolle wurden von den beiden erstgenannten Autorinnen unabhängig voneinander codiert. Die Übereinstimmung, in welche Kategorie die Aussagen eingeordnet wurden, und somit die Reliabilität der Codierung wurde über die Berechnung von Cohens Kappa geprüft (Wirtz & Caspar, 2002).

Ein Item wurde dann als valide eingestuft, wenn folgende Kriterien erfüllt waren:

- Die Schülerinnen und Schüler formulieren mit Bezug auf das Item Vorstellungen in der angesteuerten Teilkompetenz und Niveaustufe.
- Im Sinne einer Modellkompetenz fachlich angemessene Überlegungen sind mit einer fachlich richtigen Beantwortung verbunden sowie aus wissenschaftlicher Sicht nicht angemessene Überlegungen mit einer fachlich falschen Antwort. Mangelndes oder zusätzliches Fachwissen zu den biologischen Inhalten hat keine Auswirkungen auf die Beurteilung der Überlegungen. Stattdessen bezieht sich diese ausschließlich auf die Qualität der Vorstellungen zu Modellen und zur Modellbildung.

Wenn Schülerinnen und Schüler im Sinne einer Modellkompetenz fachlich richtig argumentieren und eine falsche Antwort ankreuzen oder umgekehrt bzw. ausschließlich andere Teilkompetenzen und/oder Niveaustufen ansprechen, wird die Aufgabe als nicht valide eingestuft, da die Lösung nicht vor dem Hintergrund des Kompetenzmodells interpretiert werden kann. Dies ist mit Blick auf dessen angestrebte empirische Überprüfung jedoch notwendig.

Ergebnisse

Die Codierung kann mit einem Cohens Kappa von κ=0,97 ($N_{codierte\ Schüleraussagen}$=505) als sehr reliabel eingeschätzt werden (Wirtz & Caspar, 2002).

Die Denkprotokolle der Schülerinnen und Schüler der siebten Jahrgangsstufe der Sekundarschule boten mit M=3,4 codierten Aussagen je Aufgabe (SD=1,4) deutlich weniger Anhaltspunkte für die Beantwortung der Fragestellungen als die der Schülerinnen und Schüler der zehnten Jahrgangsstufe des Gymnasiums mit M=9,1 codierten Aussagen je Aufgabe (SD=3,9). Im Hinblick auf die sprachlichen Schwierigkeiten und die damit einhergehende geringe Aussagekraft der Sekundarschul-Denkprotokolle beziehen sich die weitere Darstellung der Ergebnisse und deren Interpretation ausschließlich auf die Denkprotokolle der sechs Gymnasiastinnen und sechs Gymnasiasten (N=12).

Von den 45 untersuchten Multiple-Choice Items wurden 40 Items nach den obigen Kriterien als valide eingeordnet. Abbildung 1 zeigt in der dunkelgrau markierten Diagonale die Übereinstimmung von angesteuerter und von den Schülerinnen und Schülern formulierter Teilkompetenz und Niveaustufe.

Ein Beispiel für diese Übereinstimmung sind die Vorstellungen, die Schüler G2 zu einem Item zum Erklären von Zusammenhängen mit einem Modell (Zweck von Modellen, Niveau II) formulierte:

„Ich denke, damit [mit dem Speiseröhren-Modell] kann man den Weg der Nahrung im Zusammenhang mit den Muskeln und der Kontraktion, der Bewegung der Muskeln, erkennen. Wie sich die Muskeln bewegen, wann sie sich bewegen, wenn das Essen runter geht."

Er erklärte mit dem Modell demnach den Zusammenhang zwischen dem Transport der Nahrung und der Bewegung der Muskeln. Auch bei der Entscheidung für eine Antwortmöglichkeit dachte er in diesem Bereich:

„Das mit dem Transport erscheint mir am logischsten, weil, wenn sie [Person aus dem Aufgabenstamm] die Speiseröhre zusammenzieht, dann steuert sie das selbst und dann kann sie sehen, wie gut sich die Nahrung bei bestimmten Bewegungen transportieren lässt."

Die Aufgabe ist demnach als valide einzustufen. Im Gegensatz zu dieser Aufgabenbearbeitung formulierte Schülerin G12 als eigene Lösung dazu, was mit

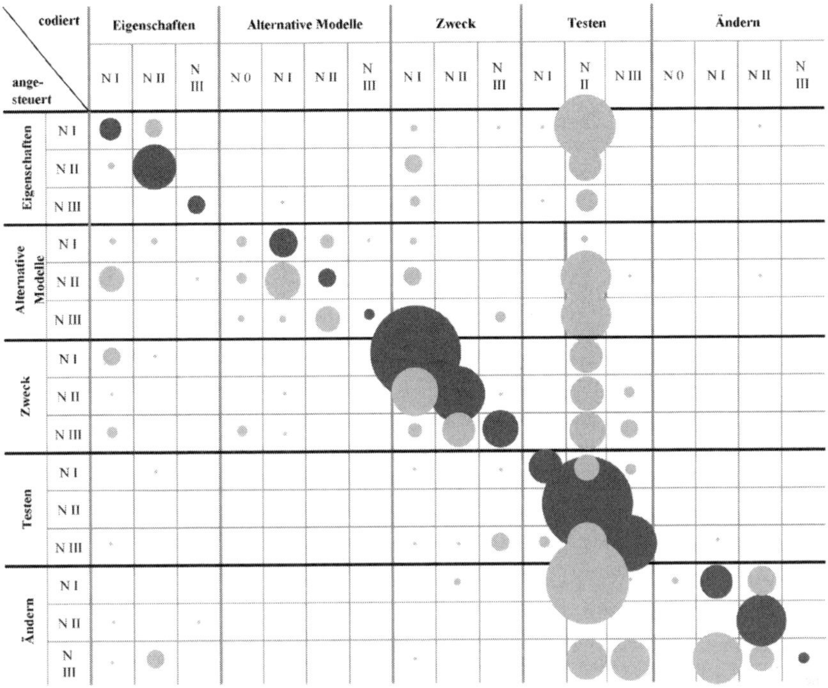

Abbildung 1: Übersicht über die Verteilung der Schüleraussagen ($N_{codierte\ Schüleraussagen}=505$). Die Zeilen entsprechen den angesteuerten Teilkompetenzen und Niveaustufen, die Spalten denen, in die die Schüleraussagen codiert wurden. Die Fläche der Kreise entspricht der Häufigkeit der Aussagen. Die dunkel markierten Kreise stellen die Aussagen dar, bei denen die mit dem Item angesteuerte Teilkompetenz und Niveaustufe mit den getroffenen Schüleraussagen übereinstimmen. Die hell markierten Kreise bilden Aussagen ab, die zu anderen Teilkompetenzen und/oder anderen Niveaustufen getroffen wurden.

einem Pflanzenzellenmodell veranschaulicht werden kann (Zweck von Modellen, Niveau I): „Ich würde (…) denken, dass er [Person aus dem Aufgabenstamm] die verschiedenen Teile der Pflanzenzelle zeigt und wie das Ganze aufgebaut ist, sozusagen 3D, dass man das noch einmal genauer sieht." Diese Lösung entspricht dem Attraktor. Bei der Auswahl einer Antwortmöglichkeit war sie jedoch irritiert:

„Entweder würde ich sagen, würde er zeigen, wie eine Pflanzenzelle aufgebaut ist (Antwort 3), aber ich glaube, das kann man auch anhand des Bildes [Abbildung des Originals] sehen. Deswegen würde ich eher sagen, dass er die Größenverhältnisse zeigen möchte wie in einer Pflanzenzelle."

Der Grund, warum sie einen Distraktor ankreuzte, war demnach die mangelnde Plausibilität des Modells – es veranschaulicht ihrer Einschätzung nach nicht wesentlich mehr als das Original. Dass das Modell im Gegensatz zu einer mikroskopischen Abbildung der Pflanzenzelle den dreidimensionalen Aufbau einer Pflanzenzelle zeigt, nahm sie trotzdem wahr. Obwohl sie über Vorstellungen zum Zweck von Modellen im Bereich von Niveau II und somit die Kompetenz verfügt, die diese Aufgabe erfassen soll, wählt sie eine im Sinne von Modellkompetenz fachlich nicht angemessene Antwortmöglichkeit aus. Diese Aufgabe wurde deshalb als nicht valide eingestuft und aus dem Itempool ausgeschlossen.

Die Schülerinnen und Schüler stellten zwischen den Teilkompetenzen häufig Bezüge her (Abbildung 1). Schülerin G10 antwortete auf den Aufgabenimpuls „Was kann man mit dem Roboter zeigen?" (Zweck von Modellen, Niveau I) zunächst mit einem Vergleich zwischen Modell und Original (Testen von Modellen, Niveau II). „Erst einmal fällt mir auf, dass der Roboter sehr menschenähnlich aussieht, auch die Bewegungen machen kann, wie es aussieht, und auch so weit eingeschränkt ist und so viel Freiheit hat wie der Mensch." Daraus leitete sie ab, was man mit dem Roboter zeigen kann:

„Man kann auf jeden Fall mit dem Roboter veranschaulichen, inwiefern sich der Fußballer oder der Mensch mit dem Ball und zu dem Ball bewegen kann, welche Freiheiten er hat, wie weit er z. B. seine Arme und seine Beine strecken kann."

Sie bezog sich außerdem auf die Teilkompetenz Eigenschaften von Modellen: „Dadurch, dass die Proportionen auch stimmen, kommt das schon ziemlich nahe an den Fußballspieler heran." Dies bildete die Grundlage für ihre Bewertung des Modells: „Das ist zwar jetzt nicht die Aufgabe, aber ich würde sagen, das ist ein gutes Modell. Man kann es gut damit veranschaulichen." Auch in der Reflexion der Antwortmöglichkeiten stellte sie eine Verbindung zwischen Parallelen zwischen Modell und Original und dem, was man mit dem Modell überhaupt veranschaulichen kann, her. Obwohl es sich um eine Aufgabe zum Zweck von Modellen, Niveau I, handelt, in der es um die Veranschaulichung von Aspekten des Originals mit einem Modell geht, bezog sie die Teilkompetenzen Testen von Modellen sowie Eigenschaften von Modellen ein. Das Item wurde dennoch als valide eingestuft, da zwar auch Vorstellungen in anderen als der angesteuerten Teilkompetenz und Niveaustufe formuliert wurden, sie aber bei der Lösung des Items vorwiegend dafür argumentierte, inwiefern das Modell etwas veranschaulicht.

Mit Blick auf Zusammenhänge zwischen den Teilkompetenzen fiel auf, dass das Testen von Modellen, Niveau II, in allen Items zu anderen Teilkompetenzen und Niveaus angesprochen wurde (Abbildung 1). Diese Schüleraussagen betrafen vor allem die Kategorie „Vergleich von Modell und Original". Bei der Bearbeitung der Items zum Testen von Modellen, Niveau II, sprachen die Schülerinnen und Schüler dagegen nur über die angesteuerte Teilkompetenz und Niveaustufe, und zwar fast ausschließlich (20 von 25 Aussagen) über die Passung von Modell und Original.

In den Denkprotokollen formulierten die Schülerinnen und Schüler siebenmal ohne Vorlage der Antwortmöglichkeiten eine Antwort, die dem Vorgehen in der angesteuerten Teilkompetenz und Niveaustufe entsprach, wählten aber dennoch einen Distraktor aus. Ein Beispiel dafür ist Schüler G8, der in seiner eigenen Lösung einer Aufgabe zum Zweck von Modellen, Niveau III, entsprechend dem Vorgehen in dieser Teilkompetenz und Niveaustufe eine Hypothese über Fische nannte, die er aus dem gezeigten Modellexperiment mit Fischmodellen ableitete: „Jana kann ableiten, dass die Jagdfische, die schnell sein müssen, oder schnelle Fische eher länglich und schmal geschnitten sind und langsame Fische dick sind." Die Formulierung dieser Hypothese ist im Sinne einer Modellkompetenz jedoch nicht angemessen, da sie nicht aus dem gezeigten Modellexperiment abgeleitet werden kann. Er entschied sich dann für den Distraktor „Die Geschwindigkeit von Fischen hängt vom Gewicht und von der Körperform ab." Es wird deutlich, dass er versuchte, anhand des Modells eine Hypothese abzuleiten und er diese Nutzung von Modellen somit abstrakt nachvollzieht. An diesem konkreten Beispiel gelang ihm dies aber nicht. Die im Sinne einer Modellkompetenz fachlich nicht angemessenen Überlegungen waren hier mit einer fachlich falschen Beantwortung verbunden. Darüber hinaus zielen die Items nicht auf das abstrakte Verständnis von Modellen, sondern auf deren konkrete Anwendung ab. Somit ist die Aufgabe als valide einzustufen. Auch andere Bearbeitungen dieser Aufgabe weisen nicht auf eine mangelnde Validität hin.

Diskussion

Die Denkprotokolle der Schülerinnen und Schüler, die die siebte Jahrgangsstufe einer Sekundarschule besuchten und mit Deutsch als Zweitsprache Schwierigkeiten hatten, führten nicht zu aussagekräftigen Ergebnissen. Da sie vielfach zentrale Begriffe sprachlich nicht verstanden und somit die Grundlage für eine adäquate

Bearbeitung der Aufgaben nicht gegeben war, sind diese Protokolle nicht sinnvoll auswertbar. Die Items sollten entsprechend nicht in dieser Zielgruppe eingesetzt werden. Insgesamt erwies sich das laute Denken als geeignete Methode, um die Qualität der Operationalisierung sowie die Einsetzbarkeit der Aufgaben zu prüfen, da Einblicke in die Vorstellungen, die Schülerinnen und Schüler zur Beantwortung der Aufgaben heranziehen, gewonnen und auf die theoretische Grundlage bezogen werden konnten.

Die Vorstellungen, die bei der Bearbeitung der Items formuliert wurden, lassen sich analog zu den Daten von Crawford und Cullin (2005), Grosslight et al. (1991), Grünkorn et al. (2012, einger.) sowie Justi und Gilbert (2003) kategorisieren. Somit scheint das Konstrukt, das mit diesen Items erfasst wird, an diese Untersuchungen zu Modellen anschlussfähig zu sein. Da die Schülerinnen und Schüler bei der Aufgabenbearbeitung nicht nur über Modelle reflektieren, sondern Vorstellungen in der jeweils angesteuerten Teilkompetenz und Niveaustufe formulieren, lassen sich die Items auf die jeweilige theoretische Grundlage beziehen.

Zu den Items wurden jedoch auch Vorstellungen aus verschiedenen und nicht nur den angesteuerten Bereichen formuliert. Diese Zusammenhänge wurden von Crawford und Cullin (2005), Grosslight et al. (1991) und Justi und Gilbert (2003) nicht festgestellt, werden aber von Grünkorn und Krüger (2011) ebenfalls gefunden. Darüber hinaus lassen sie sich aus der Theorie heraus erklären: Der Vergleich von Modell und Original, der von den hier befragten Schülerinnen und Schülern sehr häufig gezogen wurde, setzt beide in Beziehung. Dies entspricht der Sichtweise von Modellen als Modelle von bzw. für Originale (Mahr, 2008). An dieser Stelle wird dieses grundlegende Konzept bei der Bearbeitung der Items deutlich. Dies berührt nicht deren Validität, da eine Auseinandersetzung mit Modellen, wie sie in den verschiedenen Teilkompetenzen des Kompetenzmodells beschrieben wird, ohne diesen Bezug nicht sinnvoll möglich ist.

Der Befund, dass die Schülerinnen und Schüler in einigen Fällen über ein abstraktes Verständnis von Modellen verfügen, es aber in der konkreten Anwendung nicht umsetzen können, korrespondiert mit Ergebnissen einer Interventionsstudie von Leisner und Mikelskis (2004). Diese stellten fest, dass sie einen signifikanten Zuwachs im domänenübergreifenden Wissen über Modelle erzielen konnten, während sich ein weniger klares Bild mit Blick auf domänenspezifisches Wissen zu konkreten Modellen ergab. Diese Facetten von Modellkompetenz können demnach differenziert und getrennt voneinander erhoben und gefördert werden.

Fazit und Ausblick

Die Vorstellungen, die Schülerinnen und Schüler während der Bearbeitung der Multiple-Choice Items formulieren, lassen sich durch Kategorien zur Modellkompetenz beschreiben. Schülerinnen und Schüler beziehen in ihre Argumentation für den konkreten Umgang mit Modellen bzw. für die Sicht auf konkrete Modelle verschiedene Teilkompetenzen ein. Es stellte sich heraus, dass Schülerinnen und Schüler insbesondere den Vergleich von Modell und Original bei der Anwendung konkreter Modelle prominent mitdenken. Darüber hinaus verfügten sie in einigen Fällen über ein abstraktes Modellverständnis, ohne dies auf das jeweilige konkrete Modell anwenden zu können.

Bei 40 von 45 Items beziehen die Vorstellungen sich auf die angesteuerte Teilkompetenz und Niveaustufe, im Sinne einer Modellkompetenz fachlich angemessene Überlegungen sind mit fachlich richtigen Antworten bzw. fachlich nicht angemessene Überlegungen mit fachlich falschen Antworten verbunden. Diese Items werden somit als valide Indikatoren für Modellkompetenz eingeordnet.

Die Hinweise auf einen Unterschied zwischen einem abstrakten Modellverständnis und dessen Anwendung sowie die Prominenz des Vergleichs von Modell und Original sind für die Unterrichtsgestaltung relevant. Wenn Schülerinnen und Schüler den Vergleich von Modell und Original als Grundlage für die Reflexion über konkrete Modelle und deren Anwendung nutzen, sollte dies im Unterricht aufgegriffen werden, indem der Vergleich von Modell und Original explizit als Ausgangspunkt für die Thematisierung konkreter Modelle genutzt wird. Darüber hinaus sollte im Unterricht zwischen der Förderung eines grundlegenden Modellverständnisses und der Anwendung und Reflexion eines konkreten Modells unterschieden werden, da dies zwei Facetten von Modellkompetenz zu sein scheinen.

Mit Blick auf die Überprüfung des Kompetenzmodells von Upmeier zu Belzen und Krüger (2010) sollten die hier vorgestellten qualitativen Ergebnisse bei der empirischen Strukturierung von Modellkompetenz berücksichtigt werden. Dies betrifft zum einen die Rolle des Vergleichs von Modell und Original als Grundlage für die anderen Teilkompetenzen und Niveaustufen. Zum anderen können aus der Häufigkeit, mit der Vorstellungen in Teilkompetenzen und Niveaustufen genannt werden, Hypothesen zu Ladungsmustern und Zusammenhängen innerhalb des Kompetenzmodells im Rahmen von Strukturgleichungsmodellen abgeleitet werden.

Dank

Das hier vorgestellte Projekt wird im Rahmen der Nachwuchsförderung im Bereich Empirische Fundierung der Fachdidaktiken vom Bundesministerium für Bildung und Forschung gefördert.

Literatur

Baddeley, A. D. (2002). Is Working Memory Still Working? *European Psychologist*, 7(2), 85–97.

Bannert, M. (2007). *Metakognition beim Lernen mit Hypermedien: Erfassung, Beschreibung und Vermittlung wirksamer metakognitiver Strategien und Regulationsaktivitäten*. Münster: Waxmann.

Bilandzic, H. (2005). Lautes Denken. In L. Mikos & C. Wegener (Eds.), *Qualitative Medienforschung. Ein Handbuch* (1. Aufl., pp. 362–370). Konstanz: UVK Verl.-Ges.

Boulter, C. J., & Gilbert, J. K. (2000). Challenges and Opportunities of Developing Models in Science Education. In C. J. Boulter & B. C. Buckley (Eds.), *Developing Models in Science Education* (pp. 343–362). Dordrecht: Kluwer.

Crawford, B., & Cullin, M. (2005). Dynamic assessments of preservice teachers' knowledge of models and modelling. In K. Boersma, H. Eijkelhof, M. Goedhart, & O. Jong (Eds.), *Research and the Quality of Science Education* (pp. 309–323). Dordrecht: Springer.

Ericsson, K. A., & Simon, H. A. (1993). *Protocol analysis: Verbal reports as data* (Überarb. Aufl., 3. print.). *A Bradford book*. Cambridge, Mass.: MIT Press.

Giere, R. N. (2004). How models are used to represent reality. *Philosophy of Science*, 73, 742–752.

Gropengießer, H. (2001). *Didaktische Rekonstruktion des Sehens: Wissenschaftliche Theorien und die Sicht der Schüler in der Perspektive der Vermittlung*. Oldenburg: Didaktisches Zentrum.

Grosslight, L., Unger, C., Jay, E., & Smith, C. (1991). Understanding Models and their Use in Science: Conceptions of Middle and High School Students and Experts. *Journal of Research in Science Teaching*, 28(9), 799–822.

Grünkorn, J., & Krüger, D. (2011). *Empirische Überprüfung eines Kompetenzmodells zur Modellkompetenz mit offenen Aufgaben*. Vortrag auf der Internationalen Tagung der Fachsektion Didaktik der Biologie im Verband für Biologie, Biowissenschaften und Biomedizin in Deutschland, Bayreuth.

Grünkorn, J., & Krüger, D. (2012). Entwicklung und Überprüfung von offenen Aufgaben zur empirischen Überprüfung eines Kompetenzmodells zur Modellkompetenz. In U. Harms & F. X. Bogner (Eds.), *Lehr- und Lernforschung in der Biologiedidaktik. Didaktik der Biologie – Standortbestimmung und Perspektiven (*Band 5, pp. 9–27). Innsbruck: Studienverlag.

Grünkorn, J., Upmeier zu Belzen, A., & Krüger, D. (2011). Design and test of open-ended tasks to evaluate a theoretical structure of model competence. In A. Yarden & G. S. Carvalho (Eds.), *Authenticity in Biology Education: Benefits and Challenges. A selection of papers presented at the VIIIth Conference of European Researchers in Didactics of Biology (ERIDOB) Braga, Portugal* (pp. 53–65). Braga Portugal: CIEC Universidade do Minho.

Grünkorn, J., Upmeier zu Belzen, A., & Krüger, D. (2012, eingereicht). Qualitative Analysis of Students' Model Competence to Evaluate a Theoretical Structure.

Hartig, J., Frey, A., & Jude, N. (2007). Validität. In H. Moosbrugger (Ed.), *Testtheorie und Fragebogenkonstruktion,* (pp. 136–163). Heidelberg: Springer.

Justi, R. S., & Gilbert, J. K. (2003). Teachers' views on the nature of models. *International Journal of Science Education, 25*(11), 1369–1386.

Kattmann, U. (2006). Modelle. In H. Gropengießer (Ed.), *Fachdidaktik Biologie. Die Biologiedidaktik* (7. Aufl., pp. 330–339). Köln: Aulis-Verlag Deubner.

Klieme, E., Avenarius, H., Blum, W., Döbrich, P., Gruber, H., Prenzel, M., Reiss, K. et al. (2003). *Zur Entwicklung nationaler Bildungsstandards.* Bonn: BMBF.

Knoblich, G., & Öllinger, M. (2006). Die Methode des Lauten Denkens: The Method of Thinking Aloud. In J. Funke (Ed.), *Handbuch der allgemeinen Psychologie – Kognition* (pp. 691–696). Göttingen: Hogrefe.

Leisner, A., & Mikelskis, H. F. (2004). Erwerb metakonzeptueller Kompetenz durch ein systematisches Lernen über Modelle. In A. Pilon (Ed.), *Zur Didaktik der Physik und Chemie. Beitragsband zur Tagung in Berlin 2003* (pp. 120–122). Münster: LiT.

Lienert, G. A., & Raatz, U. (1998). *Testaufbau und Testanalyse* (6. Aufl.). Weinheim: Beltz, Psychologie Verl.-Union.

Lind, G., Friege, G., Kleinschmidt, L., & Sandmann, A. (2004). Beispiellernen und Problemlösen. *Zeitschrift für Didaktik der Naturwissenschaften, 10,* 29–49.

Mahr, B. (2008). Ein Modell des Modellseins: Ein Beitrag zur Aufklärung des Modellbegriffs. In U. Dirks & E. Knobloch (Eds.), *Modelle* (pp. 187–218). Frankfurt a. M.: Peter Lang.

Mahr, B. (2009). Die Informatik und die Logik der Modelle. *Informatik Spektrum,* 228–249.

Mayring, P. (2010). *Qualitative Inhaltsanalyse: Grundlagen und Techniken* (11., aktualisierte und überarb. Aufl.). Weinheim: Beltz.
Patzke, C. (2010). Validierung von Aufgaben zur Diagnose kognitiver Prozesse bei Schülerinnen und Schülern der 10. Jahrgangsstufe: Unveröffentlichte Wissenschaftliche Hausarbeit zur Ersten Staatsprüfung für das Amt des Studienrats.
Stachowiak, H. (1973). *Allgemeine Modelltheorie*. Wien: Springer.
Upmeier zu Belzen, A., & Krüger, D. (2010). Modellkompetenz im Biologieunterricht. *Zeitschrift für Didaktik der Naturwissenschaften, 16*, 41–57.
Veenman, M. V. J. (2005). The Assessment of Metacognitive Skills: What can be learned from multi- method designs? In C. Artelt & B. Moschner (Eds.), *Lernstrategien und Metakognition. Implikationen für Forschung und Praxis* (pp. 77–99). Münster: Waxmann.
Weidle, R., & Wagner, A. C. (1994). Die Methode des Lauten Denkens. In G. L. Huber & H. Mandl (Eds.), *Verbale Daten. Eine Einführung in die Grundlagen und Methoden der Erhebung und Auswertung* (2. Aufl., pp. 81–103). Weinheim: Beltz.
Wirtz, M. A., & Caspar, F. (2002). *Beurteilerübereinstimmung und Beurteilerreliabilität: Methoden zur Bestimmung und Verbesserung der Zuverlässigkeit von Einschätzungen mittels Kategoriensystemen und Ratingskalen*. Göttingen: Hogrefe.

Nicole Wellnitz/Jürgen Mayer

Beobachten, Vergleichen und Experimentieren: Wege der Erkenntnisgewinnung

Zusammenfassung

Charakteristische Methoden naturwissenschaftlicher Erkenntnisgewinnung sind das Beobachten, Vergleichen und Experimentieren, deren Verständnis explizit in den Bildungsstandards für das Fach Biologie gefordert wird. Die Ausrichtung der Unterrichtsinhalte auf naturwissenschaftliche Denk- und Arbeitsweisen verlangt die Elaborierung zugrundeliegender Kompetenzkonstrukte, da die in den Bildungsstandards benannten Anforderungen weder theoretisch verortet noch aus fachdidaktisch akzeptierten Kompetenzmodellen abgeleitet sind. In diesem Artikel[1] werden wissenschaftstheoretische und didaktische Theorien zur fachlichen Klärung herangezogen, um Fähigkeiten und Fertigkeiten beim Beobachten und Vergleichen biologischer Systeme und bei erfolgreicher Anwendung experimenteller Schritte differenziert beschreiben und methodenspezifische Teilfähigkeiten ableiten zu können.

Abstract

Observation, comparing and experimentation are characteristic methods of scientific inquiry. The National Educational Standards for biology explicitly call for the understanding of these methods. The requirements designated in the educational standards are neither grounded theoretically, nor derived from didactically accepted competence models. This is why the adjustment of the educational contents to scientific inquiry requires the elaboration of underlying competencies. In this article, scientific and didactical theories are consulted in order to describe and derive competencies for the

---

1 Das diesem Bericht zugrundeliegende Vorhaben wurde mit Mitteln des Bundesministeriums für Bildung und Forschung unter dem Förderkennzeichen 01 GJ 0862 gefördert. Die Verantwortung für den Inhalt dieser Veröffentlichung liegt beim Autor.

observation and comparing of biological systems and for the successful application of experimental steps.

Einleitung

In den Naturwissenschaften besitzt der Wechsel zwischen experimentellen Methoden, theoretischer Modellbildung und Modellanwendung einen hohen Stellenwert. In der Biologie sind zudem das Beobachten und Vergleichen biologischer Systeme, z. B. von Zellen, Organismen oder Ökosystemen, als weitere grundlegende Arbeitsweisen von Bedeutung. Neben dem Experimentieren wird deren Verständnis und Beherrschung explizit in den Bildungsstandards für das Fach Biologie gefordert (Sekretariat der Ständigen Konferenz der Kultusminister der Länder in der Bundesrepublik Deutschland, 2005). Welche Fähigkeiten und Fertigkeiten von den Schülerinnen und Schülern tatsächlich beim Beobachten und Vergleichen oder bei erfolgreicher Anwendung experimenteller Schritte benötigt werden, bleibt jedoch im Unklaren. Die in den Bildungsstandards benannten Kompetenzen sind weder theoretisch verankert und exakt beschrieben noch in empirisch überprüften didaktischen oder psychologischen Modellen verortet (Klieme et al., 2003; Köller, 2008). Insofern ist die Konkretisierung der in den Bildungsstandards benannten Anforderungen ein wesentlicher Schritt, um wissenschaftsmethodische Kompetenzen gezielt beschreiben, im Biologieunterricht vermitteln und fördern und letztendlich auch modellieren und messen zu können. Im Folgenden werden unter theoretischer und empirischer Anbindung methodenspezifische Teilfähigkeiten ausdifferenziert. Die so abgeleitete Binnenstruktur wissenschaftsmethodischer Kompetenz stellt die Grundlage für die Entwicklung eines zu dimensionierenden und zu graduierenden Kompetenzstrukturmodells naturwissenschaftlicher Erkenntnismethoden für das Fach Biologie dar.

Naturwissenschaftliches Beobachten

Der Terminus *Beobachten* ist vielfältig besetzt. Die Bedeutungsspanne reicht von der Wahrnehmung, der Alltagsbeobachtung, der unsystematischen oder systematischen Beobachtung bis hin zum Beobachten als Erkenntnismethode. Da zu Beginn und während des Forschungsprozesses selbst Beobachtungen stattfinden, wird das Beobachten oftmals lediglich als Teilkompetenz des Experimentierens verstanden (Greve & Wentura, 1997). Das Experiment wird häufig als *die* Methode der Naturwissenschaften bezeichnet, obwohl, besonders in der Biologie, die hypothesengeleitete Beobachtung biologischer Systeme von großer Bedeutung ist (Mayr, 1997).

Aus psychologischer und wissenschaftstheoretischer Sicht sind je nach Untersuchungsanliegen verschiedene Grade der Beobachtung zu unterscheiden, um Phänomene beschreiben, Hypothesen finden oder überprüfen zu können (Bortz & Döring, 2006). Dabei werden als Beobachtungen ausschließlich gerichtete oder selektive Wahrnehmungen verstanden, die mit einer gezielten Suche verbunden sind (Mahner & Bunge, 2000). Gegenstand der Beobachtung sind nur sinnlich oder apparativ zu erfassende Aspekte, die weder sprachlich vermittelt werden noch auf Dokumenten beruhen (Gehrau, 2002). Das bedeutet, dass Beobachtungen direkt, d. h. mit bloßen Sinnesorganen oder indirekt, d. h. unter Zuhilfenahme technischer Hilfsmittel (z. B. Mikroskop, Waage, Nachweismittel) zur Erweiterung der Sinnesorgane erfolgen können. Die sogenannte indirekte Beobachtung entspricht damit dem traditionellen Untersuchen und erfordert die adäquate Auswahl und korrekte Handhabung wissenschaftlicher Arbeitstechniken, um nicht direkt beobachtbare Zusammenhänge zu erfassen.

Die Beobachtung kann am Anfang einer wissenschaftlichen Bearbeitung zur Beschreibung eines Phänomens stehen, zur Formulierung einer Hypothese führen und insofern einen Vergleich, ein Experiment oder weitere Beobachtungen vorbereiten. Diese unsystematische Beobachtung (Alltagsbeobachtung) kann bei der Hypothesenbildung eine Rolle spielen, ist jedoch nicht geeignet, Erklärungs- und Begründungszusammenhänge zu generieren (Huber, 1999). Die Vorgehensweise obliegt keinem konkreten Beobachtungsplan und wird von individuellen Interessen, Spontaneität und Subjektivität geleitet (Bortz & Döring, 2006). Im Verlauf des Forschungsprozesses wird ebenfalls beobachtet und zwar als notwendige Voraussetzung der objektiven Beschreibung von Populationen oder Daten. Es werden beobachtbare Endzustände eines Messprozesses erfasst (Graßhoff, Casties & Nickelsen, 2000). Diese systematische Beobachtung verlangt die strikte Trennung zwischen der konkreten Beschreibung und der Interpretation des Beschriebenen. Es soll zunächst nur beobachtet, jedoch nicht gedeutet werden (Fisseni, 2004; Norris, 1984). Von der systematischen Beobachtung zur Datenbeschreibung ist die systematische Beobachtung als gezielte Erkenntnismethode zur Datenerhebung abzugrenzen (Bortz & Döring, 2006). Ziel ist die Erfassung korrelativer Zusammenhänge, die Beziehungen zwischen konkreten biologischen Systemen (z. B. Räuber – Beute), deren Merkmale, Strukturen und Funktionen (z. B. Form-Funktionsbeziehungen, räumliche Beziehungen) sowie deren zeitliche Änderungen (z. B. Metamorphose, Sukzession, Verhalten) betreffen. Die Prüfung dieser Zusammenhänge ist engen wissenschaftlichen Kriterien unterworfen, indem beobachtungsrelevante und unwesentliche Merkmale sowie Störgrößen berücksichtigt werden müssen (Greve & Wentura, 1997). Die systematische Veränderung verschiedener Variablen findet nicht statt. Demzufolge dürfen korrelative Zusammenhänge nicht als Kausalzusammenhänge gedeutet werden.

Zusammenfassend kann das Beobachten als Erkenntnismethode folgendermaßen beschrieben werden:

> **Beobachten** als naturwissenschaftliche Erkenntnismethode ist das planmäßige, systematische und zielgerichtete, an bestimmten Kriterien orientierte direkte oder indirekte Erfassen und Protokollieren von statischen oder dynamischen Systemeigenschaften zur Generierung von korrelativen Zusammenhängen.

In der Fachdidaktik wird der Förderung und Erfassung naturwissenschaftlicher Beobachtungskompetenz besonders im Vorschulbereich und im Sachunterricht der Grundschulen eine große Bedeutung beigemessen (Kohlhauf, Rutke & Neuhaus, 2011; v. Reeken, 2007). Trotz der frühen Förderung von Beobachtungskompetenz fühlen sich Lernende bei der Beobachtung von Organismen nicht herausgefordert, diese als Ausgangspunkt für zu formulierende naturwissenschaftliche Fragestellungen zu nehmen. Wenn Schülerinnen und Schüler direkt aufgefordert werden Hypothesen zu generieren, die mit einer systematischen Beobachtung überprüft werden können, geschieht dies häufig ohne ausreichende theoretische Begründung (Arnold, Wellnitz & Mayer, 2011). Die Durchführung von Beobachtungen erfolgt unsystematisch. Es werden keine wissenschaftlichen Kriterien eingehalten. Biologische Systeme werden lediglich beschrieben und keine zu messenden Merkmale festgelegt. Es werden mehrere Erkenntnisobjekte gleichzeitig beobachtet, ohne einen korrelativen Zusammenhang zwischen den Objekten herzustellen. Nur wenn strukturierte Beobachtungsbögen zur Verfügung gestellt werden, findet eine mehr oder weniger systematische Vorgehensweise statt (Oğuz & Yurumezoğlu, 2007).

Naturwissenschaftliches Vergleichen

Auch beim Begriff *Vergleichen* sind terminologische Unklarheiten zu konstatieren, die sich in der Verwendung desselben Terminus auf unterschiedlichen Bedeutungsebenen niederschlagen. Auf der einen Seite wird das Vergleichen als notwendiger Auswertungsschritt bei der Interpretation von Daten angesehen, indem diese einander gegenübergestellt, aufbereitet und analysiert werden. Auf der anderen Seite ist das Vergleichen eine weitere Methode der Erkenntnisgewinnung zur Generierung von Ordnungssystemen. Vergleiche sind an zweckgerichtete

Fragestellungen gebunden. Der Zweck kann sehr unterschiedlich sein. Es können beispielsweise Verwandtschaft, Angepasstheit oder Lebensgemeinschaften hinterfragt werden (Mayer, 1992). Aus Sicht der Logik wird das Vergleichen von Objekten als dreistellige Relation beschrieben, bei der mindestens zwei Vergleichsobjekte durch Festlegung eines Kriteriums zueinander in Beziehung gesetzt werden (Janich & Weingarten, 1999). Aus erkenntnistheoretischer Sichtweise vollzieht sich der Vergleich in vier Schritten: (a) Es bedarf zunächst eines Anstoßes zum Vergleichen, der durch ein Problem oder eine Fragestellung ausgelöst werden kann. (b) Aus der Analyse der Vergleichsobjekte werden zweckgerichtet die Vergleichskriterien abgeleitet und kategorisiert. (c) Der Vergleich wird durchgeführt. (d) Unterschiede und Gemeinsamkeiten werden dokumentiert und bewertet. Dabei wird geprüft, ob alle Vergleichskriterien berücksichtigt wurden (Eichberg, 1972). Aus fachdidaktischer Sichtweise müssen neben den Vergleichskriterien (z. B. Form) auch deren Ausprägungen (z. B. gelappt, ungeteilt) berücksichtigt werden, indem bei der Bildung von Gruppen nur die Ausprägungen eines Kriteriums verwendet werden. Nur diese Klassifikationssysteme werden als kriterienstet bezeichnet (Hammann, 2002). Je mehr Kriterien einem Vergleich zugrunde gelegt werden, desto elaborierter sind die ermittelten Ordnungssysteme (Hammann, 2005). Naturwissenschaftliches Vergleichen als Methode der Erkenntnisgewinnung kann dementsprechend folgendermaßen definiert werden:

> **Vergleichen** als naturwissenschaftliche Erkenntnismethode ist das planmäßige, systematische und zielgerichtete, an bestimmten Kriterien orientierte Erfassen von Merkmalen mindestens zweier biologischer Systeme oder Vorgänge mit dem Ziel der Generierung kriterienstet er Ordnungssysteme.

Beim Vergleichen von Organismen fällt es Lernenden schwer, Kriterienwechsel zu vermeiden. Es werden für die Erstellung von Ordnungssystemen verschiedene, nicht trennscharfe Kriterien herangezogen, indem gleichzeitig nach verwandtschaftlichen oder beschreibenden Merkmalen verglichen wird (Hammann & Bayrhuber, 2003). Diese kriterienunsteten Klassifikationssysteme ähneln den Ordnungssystemen, die innerhalb des Alltags Anwendung finden. Grundschüler bilden beim Vergleichen von Objekten vorrangig ein Ordnungssystem mit durchschnittlich zwei Gruppen nach einem übergeordneten Kriterium (George & Dietz, 1971), während Sekundarschüler innerhalb eines Ordnungssystems drei bis fünf Gruppen anlegen, die oftmals nicht trennscharf zueinander sind (Krüger & Burmester, 2005). Systematische Kriterien bleiben beim Vergleichen von Organismen zumeist unberücksichtigt (Ryman, 1974; Sonnefeld & Kattmann, 2002). Tiere werden vorrangig nach taxonomisch fernen Kriterien wie nach Lebensraum oder Fortbewegung geordnet, auch wenn zuvor biologisch-taxonomische Kategorien vermittelt wurden (Kattmann & Schmitt, 1996). Pflanzen werden in erster Linie nach dem Aussehen, z. B. nach der Wuchsform oder nach der Blattform, in zweiter Linie nach ihrer Nützlichkeit, z. B. für die Ernährung, geordnet (Krüger & Burmester, 2005).

Naturwissenschaftliches Experimentieren

Oftmals wird auf Lehrer- und Schülerseite jede praktische Tätigkeit im naturwissenschaftlichen Unterricht per se als Experimentieren bezeichnet. Dabei werden lediglich Nachweisreaktionen veranschaulicht oder es wird mit wissenschaftlichen Instrumenten gearbeitet (Wellington, 2002). Dies mag darin begründet sein, dass in der Regel in Schulleistungsstudien und ebenso in der fachdidaktischen und psychologischen Forschung, eine starke Fokussierung auf das Experimentieren erfolgt, was nicht ohne Kritik bleibt (v. Oostveen, Ayyavoo, Bencze & Corry, 2002).

In der Wissenschaftstheorie wird als Untersuchungsgegenstand von Experimenten die Überprüfung von kausalen Zusammenhängen beziehungsweise von Ursache-Wirkungs-Beziehungen verstanden (Graßhoff et al., 2000). Durch die Angabe seiner Ursachen wird ein Phänomen erklärbar gemacht. Dabei gilt zu berücksichtigen, dass der Erfassung von Wirkursachen (*causa efficients*) je nach zugrundeliegender Systemebene, z. B. in der Quantenphysik, gewisse Einschränkungen unterliegen.

Im Gegensatz zur Beobachtung oder zum Vergleichen werden intrusive Messungen vorgenommen, die eine kontrollierte Veränderung des zu untersuchenden Erkenntnisgegenstands und dessen Umgebung umfassen (Mahner & Bunge, 2000). Zwei Größen, die Einflussgröße (unabhängige Variable) und die Messgröße (abhängige Variable), sind von Bedeutung. Die Einflussgröße wird verändert um deren Auswirkung auf die zu erfassende Messgröße zu bestimmen. Um einen direkten Effekt der abhängigen Variablen messen zu können, müssen alle anderen Variablen, die nicht im Forschungsmittelpunkt stehen, kontrolliert werden (Kontrollvariablen, Störgrößen). Zur Erfassung kausaler Zusammenhänge sind dementsprechend mindestens ein Experimentalansatz (z. B. Pflanze mit Licht) und ein Kontrollansatz (z. B. Pflanze ohne Licht) erforderlich. Die Störvariablen (z. B. Wasserzufuhr) müssen bei beiden Ansätzen konstant gehalten werden. Bei Fragestellungen zu qualitativen Kausalprozessen wird überprüft, inwiefern ein bestimmter Faktor überhaupt in einem kausalen Zusammenhang zu einem anderen bestimmten Faktor steht. Quantitative Kausalprozesse betreffen hingegen die

Frage, wie sich verschiedene Werte eines Faktors auf die Werte eines anderen Faktors auswirken (Graßhoff et al., 2000).

Naturwissenschaftliches Experimentieren wird dementsprechend wie folgt beschrieben:

> **Experimentieren** als naturwissenschaftliche Erkenntnismethode ist der planmäßige, systematische und zielgerichtete sowie kontrollierte Eingriff in einen zu erforschenden naturwissenschaftlichen Ablauf, um durch Angabe seiner Ursachen ein Phänomen erklärbar zu machen, d. h. kausale Gesetzmäßigkeiten ableiten zu können.

In der fachdidaktischen Forschung sind Stärken und Schwächen beim Experimentieren sehr gut dokumentiert. Untersuchungen belegen, dass es Lernenden besonders schwer fällt, Fragestellungen zu einem naturwissenschaftlichen Phänomen zu erkennen oder zu formulieren, die mit einem experimentellen Design beantwortet werden können (Grube, 2011; Möller, Hartmann und Mayer, 2010; Prenzel et al., 2007). Oftmals werden sogenannte Warum-Fragen beziehungsweise „Low-Order Questions" entwickelt (Hofstein, Navon, Kipnis & Mamlok-Naaman, 2005, S. 797), z. B. „Warum nimmt die Zahl der Schwarzspechte zu?", ohne den ursächlichen Zusammenhang zu berücksichtigen (Grube, 2011, S. 38). Ähnliche Defizite sind zu konstatieren, wenn Lernende aufgefordert werden, zu einem experimentellen Design die passende Hypothese auszuwählen. Die einem Experiment zugrundeliegende Hypothese wird nicht identifiziert oder es werden nicht passende beziehungsweise mehrere Hypothesen genannt (Hammann, Phan, Ehmer & Bayrhuber, 2006). Bei der Planung und Durchführung von Experimenten, in denen die Wirksamkeit einer oder mehrerer Variablen untersucht werden soll, wird häufig der Kontrollansatz vernachlässigt (Hammann, Phan, Ehmer & Grimm, 2008). Mit zunehmender Komplexität eines experimentellen Designs, z. B. wenn die Auswirkungen von mehreren Variablen auf eine zu messende Variable untersucht werden sollen, fällt es Lernenden schwer, die relevanten Variablen zu identifizieren und gezielt zu variieren (Duggan, Johnson & Gott, 1996). Zusätzliche Schwierigkeiten bereitet die Operationalisierung kontinuierlicher Variablen. Es werden auch dann kategoriale Variablen herangezogen, wenn diese für die Überprüfung eines Zusammenhanges ungeeignet sind (Duggan et al., 1996). Bei der Auswertung experimenteller Daten werden beobachtete Effekte lediglich beschrieben, ohne deren Ursachen zu erklären (Germann, Aram & Burke, 1996). Ohne Berücksichtigung eines Kontrollansatzes wird auf Kausalität geschlossen (Hammann, Phan & Bayrhuber, 2007) oder es werden nicht existierende Effekte festgestellt oder tatsächliche Zusammenhänge missachtet (Schauble, Klopfer & Raghavan, 1991).

Binnenstruktur wissenschaftsmethodischer Kompetenz

Durchführung und Verständnis naturwissenschaftlicher Erkenntnisgewinnung erfordern von den Schülerinnen und Schülern verschiedene Teilfähigkeiten, die in der Regel eine iterative und rekursive Abfolge von wissenschaftlichen Schritten umfassen, die zur Lösung eines Problems beitragen (Abbildung 1). Je nach naturwissenschaftlicher Problemstellung kann der hypothetico-deduktive Erkenntnisweg mit den Methoden des Beobachtens, des Vergleichens oder des Experimentierens beschritten werden.

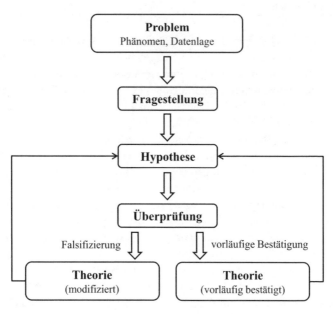

Abbildung 1: Hypothetico-deduktiver Erkenntnisweg

Mayer, Grube und Möller (2008) benennen als zentrale Kompetenzen naturwissenschaftlicher Erkenntnisgewinnung vier Prozessvariablen, die als eigenständige Teilkompetenzen beim Experimentieren empirisch identifiziert werden konnten und einen integrativen Bestandteil der Bildungsstandards zum Kompetenzbereich Erkenntnisgewinnung darstellen: (a) Naturwissenschaftliche Fragestellungen formulieren, (b) Hypothesen generieren, (c) Untersuchungen planen sowie (d) Daten analysieren und Schlussfolgerungen ziehen. Die Modellierung von vier Prozessvariablen stellt in nationalen und internationalen Standards (Department for Education and Skills & Qualification and Curriculum Authority, 2004; Sekretariat der Ständigen Konferenz der Kultusminister der Länder in der Bundesrepublik Deutschland, 2005; National Research Council, 1996) und in der nationalen und internationalen Forschung (Chinn & Malhotra, 2002; Hofstein et al., 2005) eine anerkannte Möglichkeit dar, den forschungslogischen Ablauf in seinen wesentlichen Grundzügen zu beschreiben. Neben diesen methodenübergreifenden Kompetenzen werden von den Schülerinnen und Schülern methodenspezifische Kompetenzen benötigt, um korrelative oder kausale Zusammenhänge beziehungsweise Gruppen und hierarchische Systeme erfassen und auswerten zu können (Wellnitz & Mayer, 2008, 2011).

Zur Ausdifferenzierung wissenschaftsmethodischer Teilfähigkeiten werden die drei Erkenntnismethoden *Beobachten*, *Vergleichen* und *Experimentieren* mit den vier Prozessvariablen *Fragestellung*, *Hypothese*, *Untersuchungsdesign* und *Datenauswertung* synergetisch in Beziehung gesetzt und als zweidimensionales Facettendesign beschrieben (Tabelle 1).

Das Beobachten von statischen oder dynamischen biologischen Systemeigenschaften verlangt von den Schülerinnen und Schülern die Formulierung einer naturwissenschaftlichen Fragestellung zur Erfassung korrelativer Zusammenhänge räumlicher (z. B. Struktur- und Funktionsbeziehungen) oder zeitlicher (z. B. Metamorphose) Phänomene biologischer Systeme. Bei der Generierung einer Hypothese müssen bereits die konkreten beobachtungsrelevanten Merkmale genannt beziehungsweise die zu überprüfende Beziehung zwischen biologischen Systemen hergestellt werden. In der Planungs- und Durchführungsphase wird festgelegt, was genau beobachtet, beschrieben und gemessen werden soll. Es muss gezielt zwischen beobachtungsrelevanten und unwesentlichen Merkmalen differenziert werden. Je nach Fragestellung gilt es die zu erfassenden Merkmale nach qualitativen oder quantitativen Kriterien sowie deren Merkmalsausprägungen unter Kontrolle von Störvariablen auszuwählen und zu erfassen. Bei der Interpretation der Beobachtungsdaten muss der Einfluss der nicht im Forschungsmittelpunkt stehenden externen Faktoren sowie die natürliche Variation der beobachtungsrelevanten Merkmale berücksichtigt werden. Die Aufdeckung korrelativer Zusammenhänge lässt nur Aussagen über das Vorhandensein einer Beziehung zwischen Systemen und seinen Strukturen sowie ihrem räumlichen und zeitlichen Auftreten zu, nicht jedoch, wie diese Beziehungen zustande gekommen ist (Fisseni, 2004).

Tabelle 1: Kompetenzstruktur naturwissenschaftlicher Erkenntnismethoden (Wellnitz & Mayer, 2008, verändert)

	Beobachten	Vergleichen	Experimentieren
Fragestellung	Welche Zusammenhänge bestehen zwischen Systemen, ihren Merkmalen und Strukturen sowie ihrem räumlichen und zeitlichen Auftreten?	Welche Unterschiede oder Gemeinsamkeiten weisen verschiedene Systeme auf? Welche Systeme mit konstanten gemeinsamen Merkmalen lassen sich einer Kategorie zuordnen?	Welche Ursache liegt einem Phänomen zu Grunde?
Hypothese	System A zeigt das Merkmal X in der Ausprägung x. Merkmal X besitzt die Funktion Y. System A und B weisen die räumliche Beziehung AB auf.	Die Systeme A und B gleichen sich im Merkmal X und unterscheiden sich im Merkmal Y. Die Systeme A und B weisen im Gegensatz zu den Systemen C und D konstante gemeinsame Merkmale auf und gehören damit der Kategorie AB an.	Die unabhängige Variable (UV) hat einen Einfluss auf die abhängige Variable (AV).

Planung, Durchführung und Datengewinnung

<u>Stichprobe</u> (Wahl des Erkenntnisobjektes, Anzahl, ggf. Randomisierung), <u>Aufbau</u> (Auswahl und Einsatz der technischen Hilfsmittel), <u>Messkonzept</u> (qualitativ/quantitativ, Messbereich, Skalierung, Messgeräte), <u>Messprotokoll</u> (Anzahl der Messungen, Versuchswiederholungen, Messzeitpunkte), <u>Dokumentation der Daten</u> (Beschreibung, Zeichnung, Messwerte, Fotos)

	Beobachten	Vergleichen	Experimentieren
Untersuchungsdesign	• Beobachtung eines oder mehrerer Systeme • Auswahl beobachtungsrelevanter Aspekte • Abgrenzung unwesentlicher Aspekte • Festlegung der zu messenden Merkmale • Berücksichtigung der Ausprägungen • Identifizierung und Kontrolle von Störgrößen	• Vergleich mindestens zweier Systeme • Auswahl übergeordneter Vergleichskriterien • Verwendung mehrerer, trennscharfer Kriterien • Berücksichtigung der Ausprägungen • Verwendung systematischer Kriterien • Innergruppen- oder Zwischengruppenvergleich	• Identifizierung der Messgröße (abhängige Variable), der Einflussgröße (unabhängige Variable) und der Störgrößen (Kontrollvariablen) • systematische Variation der Einflussgröße und Messung der abhängigen Variable • Experimental- und Kontrollansatz • Konstanthaltung der Störgrößen
	Zusammenhangssystem: Beschreibung der Merkmale, Ausprägungen und Veränderungen von Systemen	**Ordnungssystem**: Matrix von Systemen und Merkmalen mit übergeordnetem Vergleichskriterium	**Ursache-Wirkungsgefüge**: Wirkungsaussage von unabhängiger auf abhängige Variable

Datenauswertung	Daten analysieren und Schlussfolgerungen ziehen		
	Datenanalyse (Berechnung, Darstellung), Überprüfung der Datenqualität (Genauigkeit, Fehler, Störgrößen, Methodendiskussion), Falsifizierung oder vorläufige Bestätigung, Interpretation (hypothesen- und theoriebezogen)		
	Auswertung korrelativer Zusammenhänge	*Auswertung von Gruppen und hierarchischen Systemen*	*Auswertung kausaler Zusammenhänge*
	Beschreibung der Zusammenhänge durch …	Beschreibung der Ordnung durch …	Erklärung der Ursache eines Phänomens durch …
	• Form-Funktions-Beziehungen • zeitliche Abfolgen • räumliche Beziehungen	• phylogenetisch, • ökologisch oder • allgemeinbiologisch bedingte Ähnlichkeiten	• physiologische, • ökologische oder • genetische Mechanismen

Beim Vergleichen von biologischen Systemen muss von den Schülerinnen und Schülern zunächst der Zweck des Vergleichens durch die Formulierung einer naturwissenschaftlichen Fragestellung herausgestellt werden, indem beispielsweise die Verwandtschaft, die Lebensform oder -weise hinterfragt wird. Fragestellungen, die lediglich das Ordnen nach der Lebensweise von Organismen betreffen, werden von Kattmann und Schmitt (1996) als elementares Ordnen bezeichnet. Die Ausschärfung der Fragestellung in Form einer zu generierenden Hypothese verlangt bereits die zweckbezogene konkrete Nennung der zu vergleichenden Merkmale. In der Planungs- und Durchführungsphase müssen Lernende je nach zugrundeliegender Fragestellung passende Vergleichskriterien auswählen, anhand derer mehrere biologische Systeme oder Vorgänge einander gegenübergestellt und hinsichtlich ihrer Gemeinsamkeiten und Unterschiede sortiert werden. Der Vergleich erfordert die Verwendung übergeordneter Kriterien, der beispielsweise morphologisch-anatomische oder morphologisch-taxonomische Überlegungen voraussetzt. Das Vergleichen kann zum systematischen Ordnen führen, indem innerhalb einer Gruppe von Objekten (Innergruppen-Vergleich) oder zwischen verschiedenen Gruppen (Zwischengruppen-Vergleich), Objekte mit ähnlichen Eigenschaften in Kategorien zusammengefasst werden. Dabei liegt die besondere Schwierigkeit darin Kriterienwechsel zu vermeiden und nicht gleichzeitig nach mehreren, nicht trennscharfen Kriterien eine Sortierung vorzunehmen. Je nach Zweck und Auswahl der Ordnungskriterien werden unterschiedliche Ergebnisse geliefert (Krüger & Burmester, 2005; Wasmann-Frahm, 2009). Die Vergleichsergebnisse gewinnen an Breite und Tiefe, wenn mehrere geeignete Kriterien herangezogen und mehrere Merkmale auf die Vergleichskriterien bezogen werden (Hammann, 2005). Bei der Interpretation der Ergebnisse muss bedacht werden, dass festgestellte Merkmalsübereinstimmungen auf Abstammungsverwandtschaft (Homologien) oder auf Angepasstheit an ähnliche Umweltbedingungen (Analogien) beruhen können.

Um die Ursache eines biologischen Phänomens mittels experimenteller Herangehensweisen untersuchen zu können, müssen die Schülerinnen und Schüler eine naturwissenschaftliche Frage zu einem kausalen Zusammenhang generieren. Die Hypothesenformulierung verlangt von den Schülerinnen und Schülern die konkrete Nennung der in einem vermuteten ursächlichen Zusammenhang stehenden abhängigen und unabhängigen Variablen. In der Planungs- und Durchführungsphase müssen von den Lernenden als wichtige Faktoren die abhängige Variable, eine oder mehrere unabhängige Variablen und die Kontrollvariablen identifiziert werden (Watson, Goldsworthy & Wood-Robinson, 2000). Die unabhängige Variable muss gezielt verändert werden (z. B. Licht), um deren Auswirkungen auf die abhängige Variable (z. B. Pflanzenwachstum) erfassen zu können. Die Veränderung der abhängigen Variablen wird infolge des Einflusses der unabhängigen Variablen beobachtet und gemessen. Störvariablen (z. B. Dünger) können neben der zu untersuchenden unabhängigen Variable ebenfalls einen Einfluss auf die abhängige Variable besitzen und müssen dementsprechend gezielt konstant gehalten werden, um sicherzustellen, dass die Veränderungen der abhängigen Variablen allein auf die Variation der unabhängigen Variablen zurückzuführen sind (Kuhn & Dean, 2005). Bei der Auswertung experimenteller Daten müssen Schülerinnen und Schüler ihre Befunde aufbereiten und mit der zuvor aufgestellten Hypothese abgleichen um den zu prüfenden kausalen Zusammenhang vorläufig zu bestätigen oder zu revidieren.

Ausblick

Um die Fähigkeiten von Schülerinnen und Schülern bei der Bearbeitung naturwissenschaftlicher Fragestellungen genau beschreiben, modellieren und schließlich auch erfassen zu können, müssen zum einen die Binnenstruktur einer Kompetenz, d. h. die Teilfähigkeiten (Teilkompetenzen), und zum anderen die Niveaustufen einer Kompetenz explizit dargestellt werden (Klieme & Leutner, 2006; Schecker & Parchmann, 2006). Die Binnenstruktur wissenschaftsmethodischer Kompetenz konnte in diesem Beitrag theoriebasiert für verschiedene Erkenntnismethoden hergeleitet werden. Diese kann als Strukturraster im Rahmen von Aus- und Fortbildungsmaßnahmen für Lehrkräfte oder direkt von Lehrkräften für den Transfer in den Biologieunterricht genutzt werden.

Die Beschreibung von Niveaustufen, die mit den spezifischen Anforderungen für Lernende mit beispielsweise hoher oder niedriger wissenschaftsmethodischer Kompetenz korrespondieren, ist ein nächster Schritt, um Kompetenzanforderungen operationalisieren und die dargelegte Binnenstruktur validieren zu können.

Im Rahmen des Projektes „Evaluation der Standards in den Naturwissenschaften für die Sekundarstufe I (ESNaS)" werden zur Graduierung naturwissenschaftlicher Kompetenz die beiden Dimensionen „kognitive Prozesse" und „Komplexität" zur ausdifferenzierten Beschreibung von Niveaumerkmalen mit dem Ziel der kriteriumsorientierten Leistungsinterpretation herangezogen (Wellnitz et al., eingereicht). Diese dienen als Ausgangsbasis um methodenspezifische Niveaus für jede Erkenntnismethode darstellen und graduieren zu können (Wellnitz & Mayer, 2011).

Literatur

Arnold, J., Wellnitz, N., & Mayer, J. (2011). Beschreibung und Messung von Beobachtungskompetenz bei Schülerinnen und Schülern der Sekundarstufe I. In D. Krüger, A. Upmeier zu Belzen, & S. Nitz (Eds.), *Erkenntnisweg Biologiedidaktik 9* (pp. 7–22). Neumünster: Universitätsdruckerei Kassel.

Bortz, J., & Döring, N. (2006). *Forschungsmethoden und Evaluation für Human- und Sozialwissenschaftler* (4. Aufl.). Berlin: Springer.

Chinn, C. A., & Malhotra, B. A. (2002). Epistemologically Authentic Inquiry in Schools: A Theoretical Framework for Evaluating Inquiry Tasks. *Science Education, 86*(2), 175–218.

Department for Education and Skills & Qualification and Curriculum Authority. (2004). *Science – The National Curriculum for England*. London: HMSO.

Duggan, S., Johnson, P., & Gott, R. (1996). A Critical Point in Investigative Work: Defining Variables. *Journal of Research in Science Teaching, 33*(5), 461–474.

Eichberg, E. (1972). *Über das Vergleichen im Unterricht*. Hannover: Schroedel.

Fisseni, H.-J. (2004). *Lehrbuch der psychologischen Diagnostik* (3. Aufl.). Göttingen: Hogrefe.

Gehrau, V. (2002). *Die Beobachtung in der Kommunikationswissenschaft*. Konstanz: UVK.

George, K. D., & Dietz, M. A. (1971). How Do Children Classify Objects? *Journal of Research in Science Teaching, 8*(3), 277–283.

Germann, P. J., Aram, R., & Burke, G. (1996). Identifying Patterns and Relationships among the Responses of Seventh-Grade Students to the Science Process Skill of Designing Experiments. *Journal of Research in Science Teaching, 33*(1), 79–99.

Graßhoff, G., Casties, R., & Nickelsen, K. (2000). *Zur Theorie des Experiments – Untersuchungen am Beispiel der Entdeckung des Harnstoffzyklus*. Bern: Studies in the History and Philosophy of Science.

Greve, W., & Wentura, D. (1997). *Wissenschaftliche Beobachtung - Eine Einführung* (2. Aufl.). Weinheim: Beltz PsychologieVerlagsUnion.

Grube, C. (2011). Kompetenzen naturwissenschaftlicher Erkenntnisgewinnung. Untersuchung der Struktur und Entwicklung des wissenschaftlichen Denkens bei Schülerinnen und Schülern der Sekundarstufe I. Verfügbar unter https://kobra.bibliothek.uni-kassel.de/handle/urn:nbn:de:hebis:34-2011041537247 [17.06.2011].

Hammann, M. (2002). *Kriteriengeleitetes Vergleichen im Biologieunterricht*. Innsbruck: Studienverlag.

Hammann, M. (2005). Kompetenzentwicklungsmodelle für das kriteriengeleitete Vergleichen. In H. Bayrhuber, S. Bögeholz, D. Graf, M. Hammann, U. Harms, C. Hößle, D. Krüger, J. Langlet, A. Lude, J. Mayer, T. Riemeier, A. Sandmann, K. Schlüter, U. Unterbruner, A. Upmeier zu Belzen, & H.-P. Ziemek (Eds.), *Bildungsstandards Biologie* (pp. 47–50). Bielefeld: Internationale Tagung der Sektion Biologiedidaktik im VDBiol, 27. Februar bis 4. März.

Hammann, M., & Bayrhuber, H. (2003). How do students use criteria in comparisons? In J. Lewis, A. Magro, & L. Simonneaux (Eds.), *Biology Education for the Real World. Student - Teacher - Citizen* (pp. 259–272). Toulouse-Auzeville: Proceedings of the IVth ERIDOB Conference, Ecole nationale de formation agronomique.

Hammann, M., Phan, T. H., & Bayrhuber, H. (2007). Experimentieren als Problemlösen: Lässt sich das SDDS- Modell nutzen, um unterschiedliche Dimensionen beim Experimentieren zu messen? In M. Prenzel, I. Gogolin, & H.-H. Krüger (Eds.), *Kompetenzdiagnostik - Zeitung für Erziehungswissenschaft Sonderheft 8* (pp. 33–49): VS Verlag für Sozialwissenschaften.

Hammann, M., Phan, T. T. H., Ehmer, M., & Bayrhuber, H. (2006). Fehlerfrei Experimentieren. *Der mathematische und naturwissenschaftliche Unterricht, 59*(5), 292–299.

Hammann, M., Phan, T. T. H., Ehmer, M., & Grimm, T. (2008). Assessing pupils' skills in experimentation. *Journal of Biological Education, 42*(2), 66–72.

Hofstein, A., Navon, O., Kipnis, M., & Mamlok-Naaman, R. (2005). Developing Students' Ability to Ask More and Better Questions Resulting from Inquiry-Type Chemistry Laboratories. *Journal of Research in Science Teaching, 42*(7), 791–806.

Huber, O. (1999). Beobachtung. In E. Roth, K. Heidenreich, & H. Holling (Eds.), *Sozialwissenschaftliche Methoden. Lehr- und Handbuch für Forschung und Praxis* (pp. 124–143). München, Wien: R. Oldenbourg.

Janich, P., & Weingarten, M. (1999). *Wissenschaftstheorie der Biologie*. München: Wilhelm Fink Verlag.

Kattmann, U., & Schmitt, A. (1996). Elementares Ordnen: Wie Schüler Tiere klassifizieren. *Zeitschrift für Didaktik der Naturwissenschaften, 2*(2), 21–38.

Klieme, E., & Leutner, D. (2006). Kompetenzmodelle zur Erfassung individueller Lernergebnisse und zur Bilanzierung von Bildungsprozessen. *Zeitschrift für Pädagogik, 52*(6), 876–902.

Klieme, E., Avenarius, H., Blum, W., Döbrich, P., Gruber, H., Prenzel, M. et al. (Eds.). (2003). *Eine Expertise. Zur Entwicklung nationaler Bildungsstandards.* Bonn: Bundesministerium für Bildung und Forschung.

Kohlhauf, L., Rutke, U., & Neuhaus, B. (2011). Entwicklung eines Kompetenzmodells zum biologischen Beobachten ab dem Vorschulalter. *Zeitschrift für Didaktik der Naturwissenschaften, 17*, 203–222.

Köller, O. (2008). Bildungsstandards – Verfahren und Kriterien bei der Entwicklung von Messinstrumenten. *Zeitschrift für Pädagogik, 54*(2), 163–173.

Krüger, D., & Burmester, A. (2005). Wie Schüler Pflanzen ordnen. *Zeitschrift für Didaktik der Naturwissenschaften, 11*, 85–102.

Kuhn, D., & Dean, D. (2005). Is Developing Scientific Thinking All About Learning to Control Variables? *Psychological Science, 18*(11), 866–870.

Mahner, M., & Bunge, M. (2000). *Philosophische Grundlagen der Biologie.* Berlin: Springer.

Mayer, J. (1992). *Formenvielfalt im Biologieunterricht.* Kiel: IPN 132.

Mayer, J., Grube, C., & Möller, A. (2008). Kompetenzmodell naturwissenschaftlicher Erkenntnisgewinnung. In U. Harms & A. Sandmann (Eds.), *Lehr- und Lernforschung in der Biologiedidaktik. Band 3. Ausbildung und Professionalisierung von Lehrkräften* (pp. 63–79). Innsbruck: Studienverlag.

Mayr, E. (1997). *Das ist Biologie. Die Wissenschaft des Lebens.* Heidelberg: Spektrum Akademischer Verlag.

Möller, A., Hartmann, S., & Mayer, J. (2010). Differentiation and development of five levels in scientific inquiry skills: a longitudinal assessment of Biology students in grade 5 to 10. *International Conference of the National Association of Research in Science Teaching (NARST).* Philadephia, PA, United States.

National Research Council. (1996). *National Science Education Standards.* Washington DC: National Academy Press.

Norris, S. P. (1984). Defining Observational Competence. *Science Education, 68*(2), 129–142.

Oğuz, A., & Yurumezoğlu, K. (2007). The Primacy of Observation in Inquiry-based Science Teaching. *International Workshop Science Education in School.* Bucharest, Romania.

Oostveen, R. van, Ayyavoo, G., Bencze, J. L., & Corry, A. (2002). Correlation studies in school science: beyond experimentation. In D. Hodson (Ed.), *OISE*

Papers in STSE Education 3 (pp. 221–231). Toronto: University of Toronto Press.

Prenzel, M., Schöps, K., Rönnebeck, S., Senkbeil, M., Walter, O., Carstensen, C. H. et al. (2007). Naturwissenschaftliche Kompetenz im internationalen Vergleich. In M. Prenzel, C. Artelt, J. Baumert, W. Blum, M. Hammann, E. Klieme, & R. Pekrun (Eds.), *PISA 2006: Die Ergebnisse der dritten internationalen Vergleichsstudie* (pp. 63–105). Münster: Waxmann.

Reeken, D. von (2007). Beobachtung. In D. von Reeken (Ed.), *Handbuch Methoden im Sachunterricht* (pp. 39–45). Baltmannsweiler: Schneider Verlag Hohengehren.

Ryman, D. (1974). Children's Understanding of the Classification of Living Organisms. *Journal of Biological Education, 8*(3), 140–144.

Schauble, L., Klopfer, L., & Raghavan, K. (1991). Students' Transition from an Engineering Model to a Science Model of Experimentation. *Journal of Research in Science Teaching, 28*(9), 859–882.

Schecker, H., & Parchmann, I. (2006). Modellierung naturwissenschaftlicher Kompetenz. *Zeitschrift für Didaktik der Naturwissenschaften, 12,* 45–66.

Sekretariat der Ständigen Konferenz der Kultusminister der Länder in der Bundesrepublik Deutschland (Eds.). (2005). *Beschlüsse der Kultusministerkonferenz – Bildungsstandards im Fach Biologie für den Mittleren Schulabschluss. Beschluss vom 16.12.2004.* München, Neuwied: Luchterhand.

Sonnefeld, U., & Kattmann, U. (2002). Lebensräume helfen ordnen: Schülerinnen und Schüler klassifizieren Wirbeltiere. *Zeitschrift für Didaktik der Naturwissenschaften, 8,* 23–31.

Wasmann-Frahm, A. (2009). Conceptual Change Through Changing the Process of Comparison. *Journal of Biological Education, 43*(2), 71–77.

Watson, R., Goldsworthy, A., & Wood-Robinson, V. (2000). Beyond the fair test. In J. Sears & P. Sorenson (Eds.), *Issues in Science Teaching* (pp. 114–121). London/New York: Routledge.

Wellington, J. (2002). Practical Work in science. Time for a re-appraisal. In S. Amos & R. Boohan (Eds.), *Teaching Science in Secondary Schools* (pp. 55–66). London, New York: The Open University.

Wellnitz, N., & Mayer, J. (2008). Evaluation von Kompetenzstruktur und -niveaus zum Beobachten, Vergleichen, Ordnen und Experimentieren. In D. Krüger, A. Upmeier zu Belzen, T. Riemeier, & K. Niebert (Eds.), *Erkenntnisweg Biologiedidaktik 7* (pp. 129–143). Hannover: Universität Kassel.

Wellnitz, N., & Mayer, J. (2011). Modelling and Assessing Scientific Methods. *International Conference of the National Association of Research in Science Teaching (NARST).* Orlando, FL, United States.

Wellnitz, N., Fischer, H. E., Kauertz, A., Mayer, J., Neumann, I., Pant, H. A. et al. (eingereicht). Evaluation der Bildungsstandards – eine fächerübergreifende Testkonzeption für den Kompetenzbereich Erkenntnisgewinnung. *Zeitschrift für Didaktik der Naturwissenschaften.*

Monique Meier/Jürgen Mayer

Experimentierkompetenz praktisch erfassen – Entwicklung und Validierung eines anwendungsbezogenen Aufgabendesigns

Zusammenfassung

Der selbständigen Durchführung von naturwissenschaftlichen Untersuchungen kommt bei der Vermittlung, Beurteilung und Förderung von Kompetenzen der Erkenntnisgewinnung eine besondere Rolle zu. Lernstand und Lernerfolg in diesem Kompetenzbereich werden jedoch sowohl auf summativer als auch auf formativer Ebene in Leistungstests, Vergleichs- und Klassenarbeiten vorrangig über schriftliche Aufgaben erhoben. Welchen Beitrag ein praktisches, offenes Aufgabendesign für die Diagnose von wissenschaftsmethodischen Kompetenzen leistet, soll in der vorliegenden Studie nachgegangen werden. Dazu wurden 13 Schülergruppen (2–3 Schüler/Gruppe) bei der Bearbeitung einer offenen, experimentellen Aufgabenstellung videographiert. Ergebnisse einer kategoriengeleiteten Videoanalyse machen deutlich, dass die praktische Durchführung von z. B. Experimenten über spezifische handlungsbezogene Teilfähigkeiten beschrieben werden kann. Weiterführend konnten über quantifizierende inhaltsanalytische Techniken drei Typen von Handlungsverläufen im Erkenntnisprozess identifiziert werden.

Abstract

The autonomous performance of scientific investigation plays a significant role in terms of fostering, mediating and evaluating students' inquiry competencies. Learners' current status of knowledge and their learning success regarding scientific inquiry are, however, still predominantly evaluated via written tasks, such as efficiency and comparative tests and class exams. This is done with reference to both, the summative level as well as the formative level. The main aim of this study is to analyse which benefits a practical, open task-design can have regarding the diagnosis of scientific inquiry competencies. For this purpose, 13 groups of pupils (2–3 pupils per group) were videographed while performing an open experimental task. Results of a video-based analysis show that the practical performance of, for example, experiments can be described by application-oriented abilities. Additionally, three types of courses of action could be identified in the scientific inquiry process by means of quantifying content-analysing techniques.

Einleitung

Die mit Konstituierung der Bildungsstandards einhergehende Etablierung einer kompetenz- und standardbasierten Wissensvermittlung gibt Anlass zur Überarbeitung und Entwicklung von Testinstrumenten. In einer authentischen Prüfungskultur wird versucht, Testaufgaben in alltagsnahe und anwendungsrelevante Kontexte einzubinden und die zu messenden Kompetenzen valide zu erheben. Im Kompetenzbereich Erkenntnisgewinnung werden hierfür vor allem schriftliche Aufgabenformate eingesetzt, wobei in den aufgeführten Standards explizit Fähigkeiten und Fertigkeiten zur Durchführung von naturwissenschaftlichen Untersuchungen und zur praktischen Ausführung von Arbeitstechniken gefordert werden. Aus lernpsychologischer Perspektive werden hierbei sowohl manuelle Fertigkeiten angesprochen als auch prozedurale Wissensstrukturen, welche unmittelbar in Handlungen umgesetzt werden. Das prozedurale Wissen stellt aufgrund der handlungsorientierten Struktur veränderte Leistungsanforderungen an die Lernenden (Roberts & Gott, 2004) und verlangt folglich auch ein daraufhin abgestimmtes Diagnose- und Testverfahren. Daran anknüpfend werden insbesondere im angloamerikanischen Raum anwendungsbezogene Testformate, sogenannte Performance Assessments, hinsichtlich der Effektivität zur Erfassung prozeduralen Wissens untersucht und in großflächigen Evaluationsstudien (u. a. TIMSS) eingesetzt. Auch die in Deutschland induzierten Umstrukturierungsprozesse bezüglich kompetenzorientierten Lehrens und Lernens greifen die Relevanz des prozeduralen Wissens auf, wobei eine Messung vorrangig über traditionell schriftliche Aufgaben vollzogen wird (Kauertz, Fischer, Mayer, Sumfleth & Walpuski, 2010). Insbesondere für den Bereich der Erkenntnisgewinnung, bei dem die Förderung von Fähigkeiten und Fertigkeiten zur Umsetzung „grundlegender wissenschaftsmethodischer Verfahren" (KMK, 2005, S. 10) eine wichtige Rolle einnimmt, muss geklärt werden, inwieweit praktische Aufgabenformate etwas zur Messung und Beschreibung von prozedural-experimenteller Schülerleistung beitragen können.

Forschungsfragen

Die folgenden zwei Forschungsfragen bildeten den Ausgangspunkt für die in diesem Artikel dargestellten Ergebnisse:
1) Über welche prozeduralen Fähigkeiten können Kompetenzen zur Durchführung von naturwissenschaftlichen Untersuchungen beschrieben und operationalisiert werden?
2) Inwieweit kann die Durchführung einer naturwissenschaftlichen Untersuchung mit einer praktischen Aufgabe erfasst und evaluiert werden?

Theoretischer Hintergrund

Modell zum wissenschaftlichen Denken

Theoretische Grundlage der hier vorgestellten Studie bildet das Kompetenzmodell wissenschaftlichen Denkens von Mayer (2007). Das Konstrukt zum wissenschaftlichen Denken wird hier über einen wissensbasierten Problemlöseprozess definiert, dessen Güte gemäß der psychologisch begründeten, mentalen Wissensrepräsentation sowohl von prozeduralen und deklarativen Gedächtnisstrukturen als auch von kognitiven Fähigkeiten beeinflusst wird. Die prozedural definierte Strategie zur Problemlösung im Sinne eines naturwissenschaftlichen Erkenntnisprozesses wird auf die Prozessvariablen *Fragestellung formulieren, Hypothesen generieren, Untersuchungen planen* und *Deutung der Ergebnisse* zurückgeführt. Diese konnten auf Basis eines schriftlichen Testinstrumentes für die Methode des Experimentierens als empirisch voneinander abzugrenzende, wissenschaftsmethodische Teilkompetenzen abgebildet werden (Grube & Mayer, 2010). Unberücksichtigt bleibt in dieser Untersuchung eine praktische Anwendung des über die Prozessvariablen erkenntnistheoretisch definierten, prozeduralen Wissens. Hier schließt die vorgestellte Studie an, in der zum einen der Zusammenhang zwischen den Prozessvariablen und deren inhaltliche Ausgestaltung über die praktische, problemorientierte Durchführung einer naturwissenschaftlichen Untersuchung näher analysiert wird. Zum anderen wird untersucht, inwieweit spezifische handlungsbezogene Fähigkeiten sich von den bestehenden Prozessvariablen abgrenzen lassen und durch eine eigenständige Teilkompetenz „Durchführung" beschrieben werden können.

Practical Skills

In einer Vielzahl von wissenschaftlichen Publikationen zum praktischen, handlungsorientierten Arbeiten werden naturwissenschaftliche Fähigkeiten der Erkenntnisgewinnung als beobachtbare *skills* operationalisiert. Je nach zugrundeliegender Konzeption werden diese *skills* im Hinblick auf Anzahl und Details sowohl für den gesamten Erkenntnisprozess als auch im Speziellen für die Durchführung einer Untersuchung in unterschiedlichem Maße ausdifferenziert. Klopfer (1971) kategorisiert beispielsweise das Verhalten der Lernenden im naturwissenschaftlichen Erkenntnisprozess in vier Hauptkategorien und 21 Unterkategorien, wobei die manuellen Fertigkeiten in einer eigenständigen fünften Kategorie aufgeführt sind. Im Gegensatz dazu werden in den verschiedensten Auflistungen von *practical process skills* (Tamir, Doran & Oon Chye, 1992), *science process skills* (Padilla, 1990) oder *basic practical skills* (Sindhu & Sharma, 1998) prozedural begründete Fähigkeiten und manuelle Fertigkeiten nicht über spezifische Kategorien separiert. Insbesondere im angloamerikanischen Raum werden mit dem Begriff *skills* die psychomotorisch definierten Fertigkeiten unter die Fähigkeiten des naturwissenschaftlichen Arbeitens subsumiert. Das prozedurale Wissen über Handlungen im Erkenntnisprozess und die zur Handlung benötigten Fertigkeiten können sich jedoch unterschiedlich auf die Schülerleistung bei der Durchführung naturwissenschaftlicher Untersuchungen auswirken, was eine definitorische Abgrenzung für die vorliegende Studie notwendig macht. Anknüpfend an die Kompetenzdefinition von Weinert (2001) und abgeleitet aus der Arbeitspsychologie (Hacker, 1986) können die intellektuellen Fähigkeiten zur Handlungsregulation beim naturwissenschaftlichen Untersuchen als *inquiry skills* den sensomotorisch wirkenden Fertigkeiten als *manual skills* gegenübergestellt werden. Diese Unterscheidung macht es möglich, aus verschiedenen Studien Fähigkeiten getrennt von manuellen Fertigkeiten zu deduzieren, welche explizit in den Kontext der Durchführung von naturwissenschaftlichen Untersuchungen eingebettet sind. Im Ergebnis dieser systematischen Literaturanalyse kann die Dimension „Durchführung" theoriegeleitet in die Kategorien „Versuchsanordnung (Auswahl, Aufbau)" und „qualitative/quantitative Beobachtungen" ausdifferenziert werden.

Performance Assessments

Praktische Testformate im Sinne eines Performance oder Alternative Assessments grenzen sich gegenüber traditionell schriftlichen Formaten durch ein authentisches, offenes und anwendungsbezogenes Aufgabendesign mit mehreren

Antwortmöglichkeiten ab (Shavelson, Baxter & Pine, 1991). Anknüpfend an die Definition des National Research Council (NRC, 2001, S. 31) beinhaltet die ursprüngliche Auffassung zum Performance Assessment nicht ein spezifisches Aufgabenformat, sondern soll Schüler/innen zur Ausführung von „certain activities" auffordern. Im Bereich der naturwissenschaftlichen Bildung hat sich jedoch vorrangig die Durchführung von naturwissenschaftlichen Untersuchungen im Kontext von Problemlöseprozessen im Format anwendungsbezogener Tests etabliert. Performance Assessments gehen in diesem Rahmen über das Reproduzieren von einzelnen richtigen Antworten hinaus, indem sie Anlass zur Anwendung wissenschaftlicher Methoden unter Manipulation von wissenschaftlichen Apparaten geben (Shavelson et al., 1991; Slater & Ryan, 1993). Im Hinblick auf das Absolvieren von Prozeduren zur Problemlösung steht bei der Durchführung von Untersuchungen in einem Performance Assessment der Prozess, der bis zum Erreichen einer nicht spezifisch festgelegten Zielvorgabe (Lösung eines Problems) vollzogen wird, im Vordergrund. Folglich ermöglichen derartige Performance Assessments den Lernenden, ihr prozedurales Wissen über deren praktische Anwendung darzulegen (Shavelson & Ruiz-Primo, 1999). Dass es sich hierbei um eine differente Schülerleistung gegenüber schriftlich erfassbaren, naturwissenschaftlichen Fähigkeiten handelt, konnte in mehreren Studien über geringe Korrelationen zwischen den verschiedenen Testformaten bestätigt werden (u. a. Lawrenz, Huffman & Welch, 2001).

Eine Etablierung solcher Testinstrumente stellt sich jedoch aufgrund empirisch belegter Probleme in der Entwicklung und Auswertung von praktischen Aufgaben, als schwerfällig dar. Insbesondere die zeitintensive Durchführung von Realexperimenten und die Bewertung über direkte Beobachtung werden als unökonomisch und personalaufwändig eingestuft (Shavelson et al., 1991). Zudem ist der Einsatz praktischer Testformate zumeist an eine hohe Leistungsvariabilität in den Schülerantworten und an ein differentes Leistungsbild zwischen konzeptionell gleichen Aufgaben gebunden (Ruiz-Primo, Baxter & Shavelson, 1993). Daran anknüpfend werden sowohl auf internationaler als auch auf nationaler Ebene Ersatzmethoden für das Aufgabendesign in Performance Assessments und deren Bewertung entwickelt und evaluiert (u. a. Emden, 2011; Rosenquist, Shavelson & Riuz-Primo, 2000). Aussagekräftige Ergebnisse zu prozessorientierten Testaufgaben liefern u. a. die internationalen Vergleichsstudien der IEA (SISS, TIMSS) sowie der auf nationaler Ebene entwickelte Experimentiertest im schweizerischen Projekt HarmoS. Jedoch sind auch hier vor allem messtechnische und zeitökonomische Aspekte nicht ausgereift und die differenten Ergebnisse der Schülerleistungen in praktischen und schriftlichen Tests ungeklärt.

Design und Methodik

Mit dem Ziel, die Dimension „Durchführung" des naturwissenschaftlichen Erkenntnisprozesses zu beschreiben und individuelle Handlungsverläufe zu identifizieren, wurde ein qualitativ-deskriptiv ausgerichtetes Forschungsdesign gewählt. Der Forschungsansatz wird hierbei durch eine qualitative Fallstudie repräsentiert.

Populationsauswahl

Die zu analysierende Untersuchungseinheit umfasst Schüler/innen der Sekundarstufe I. Ein Fall wird über eine Gruppe von Versuchspersonen konstruiert. Diese wurden hinsichtlich bedeutsamer Merkmalskombinationen vor der Feldphase bewusst und theoriegeleitet ausgewählt (*selektive sampling*, Kelle & Kluge, 2010). Als Merkmale für die Populationsauswahl wurden u. a. soziodemographische Parameter, wie das Geschlecht, welches in den Ausprägungen gleichmäßig verteilt sein sollte, herangezogen.[1] Aufgrund der mit der Videobeobachtung und -analyse einhergehenden Materialfülle wurde aus pragmatischen Gründen (Kelle & Kluge, 2010) auf eine Variation in der Schulform verzichtet, d. h. alle Probanden besuchen den Gymnasialzweig einer kooperativen Gesamtschule. Des Weiteren wurde die Schulstufe als Merkmal herangezogen und in zwei theoretisch begründbaren Ausprägungen definiert. Anknüpfend an die Forderung der Bildungsstandards für den Mittleren Schulabschluss (KMK, 2005) wurden zum einen Schüler/innen des 9. Jahrganges in die Untersuchungseinheit mit einbezogen. Zum anderen wurde ebenfalls eine kleinere Fallzahl an Schüler/innen des 7. Jahrganges in die Analyse mit eingebracht. Dies erhöht die mögliche Variation der zu beschreibenden Fähigkeiten bei der Durchführung einer Untersuchung. Des Weiteren lässt der zweijährige Abstand die Vermutung zu, dass ggf. Leistungs- oder Vorgehensunterschiede bestehen, die wiederum das zu beschreibende Repertoire an praktischen Fähigkeiten erweitern. Weiterführende Details zur Stichprobenzusammensetzung sind Tabelle 1 zu entnehmen.

---

1 Die angestrebte Geschlechtsverteilung konnte für den 9. Jahrgang nicht aufrechterhalten werden, da drei Fälle aufgrund technischer und sozialer Probleme in der Zusammenarbeit aus der Analyse ausgeschlossen wurden.

Tabelle 1: Übersicht zur Stichprobenzusammensetzung

Jahrgang 7 (N_S=14)			Jahrgang 9 (N_S=20)		
Alter Ø=12,6 Jahre (*SD=0.514*) Geschlecht %=57,1 w, 42,9 m			Alter Ø=14,4 Jahre (*SD=0.745*) Geschlecht %=30,0 w, 70,0 m		
Fall	*Sa/Gr*	*Geschlecht*	*Fall*	*Sa/Gr*	*Geschlecht*
1	2	w (2)	A/B/C/E	3	w (3)
2	3	w (3)			
3	3	w (1), m (2)	D/F/H	2	m (2)
4	3	m (3)			
5	3	w (2), m (1)	G	2	w (2)

Anmerkungen. N_S=Anzahl der Schüler; Sa/Gr=Schüleranzahl pro Gruppe; w=weiblich, m=männlich

Die Schülergruppen wurden von der zuständigen Lehrkraft hinsichtlich der sozialen Akzeptanz zwischen den Gruppenmitgliedern und einer hohen Motivation zur Zusammenarbeit zusammengestellt. Ein bestehendes *Wir-Gefühl* als Merkmal einer hohen Gruppenkohärenz (Sader, 2008) soll die Hemmschwelle zur Interaktion und Kommunikation in der Gruppe senken. Die optimale Gruppengröße wurde pro Fall im Intervall von 2 bis 3 Schüler/innen angesiedelt. Mit zunehmender Gruppengröße sinken der Gesprächsbeitrag des Einzelnen und die Wahrscheinlichkeit, dass das Gedachte in die Gruppenarbeit mit eingebracht wird (Sader, 2008).

Datenerhebung

Die Basis zur Datengewinnung bildet ein praktisches, offenes Aufgabendesign mit biologischem Kontext, das es den Lernenden ermöglicht, selbständig eine naturwissenschaftliche Untersuchung durchzuführen. Anknüpfend an die Dreigliedrigkeit eines Performance Assessments (Solano-Flores & Shavelson, 1997) besteht das hier eingesetzte Aufgabendesign aus einem authentischen Phänomen unter Berücksichtigung eines lebenden Objektes (Aufgabenformat), einem vorstrukturierten Antwortformat und einem deduktiv-induktiv entwickelten Auswertungsformat. Es handelt sich um eine Experimentalaufgabe, in der die Reaktion von Wasserflöhen auf den abiotischen Faktor Licht untersucht werden soll. Auf Basis der *Vee heuristic* und *Question-5-Technique* zur Strukturierung der Wissenskonstruktion von Gowin (1981) sowie den Prozessvariablen der Erkenntnisgewinnung (Grube & Mayer, 2010) wurde das sogenannte V-Diagramm als Antwortformat eingesetzt (Meier & Mayer, 2011). Jede Schülergruppe hatte zur Aufgabenbearbeitung einen Pool an Materialien und eine Bearbeitungszeit von 30 min (+/- 5 min) zur Verfügung.

Als qualitative Erhebungstechnik wurde eine nicht-teilnehmende, vermittelnde Beobachtung unter Einsatz von technischen Hilfsmitteln (Kamera, Mikrophon) mit anschließender, transkriptgestützter, kategoriengeleiteter Videoanalyse gewählt (Roth & Holling, 1999). Die Auswertung der audio-visuellen Daten basiert auf einer wörtlichen, ins normale Schriftdeutsch übertragenen Transkription der Sprechbeiträge und Handlungen (Mayring, 2002). Der Transkriptionsvorgang wurde über ein detailliertes Manual angeleitet und mit dem Programm Videograph (Rimmele, 2009) turnweise bzw. event-basiert vollzogen. Auf Grundlage der einheitlichen Anfangs- und Endbestimmung des zu transkribierenden Videomaterials sowie einer Turndefinierung sind ca. 6 Stunden Datenmaterial in die Kodierung eingegangen (Tabelle 2).

Deduktive Kategorienanwendung zur Datenauswertung

An die Aufbereitung der Videodaten im Zuge der Transkription schloss sich eine Kodierung an, die ebenfalls als Event-Sampling-Verfahren angelegt ist. Dieses ist hinsichtlich der Quantifizierung von Verhalten (Gespräche + Handlungen) genauer als das Time-Sampling-Verfahren (Faßnacht, 1995), insbesondere wenn bei der Gruppenarbeit mit einer hohen Gesprächsaktivität und häufigem Sprecherwechsel zu rechnen ist. Die bei der Kodierung angewendeten deduktiven, niedrig inferenten Kategorien haben aus inhaltsanalytischer Sicht eine strukturierende Funktion, wobei formale und inhaltliche Kriterien an das Material angelegt wurden (Mayring, 2002).

Im Zuge der kategoriengeleiteten Videoanalyse wurden drei Kodierungsdurchgänge nach der in Abbildung 1 dargestellten Abfolge und den aufgeführten Kategorien vollzogen und mit einem entsprechenden Kodiermanual begleitet. Mit dem Ziel einer flächendeckenden Einteilung des gesamten Handlungsprozesses hinsichtlich formaler Kategorien (u. a. inhaltlich, organisatorisch) wurde der erste Kodierdurchgang als Basiskodierung angelegt. Darauf aufbauend gingen in die Inhaltskodierungen ausschließlich die als „inhaltlich" kodierten Turns ein. Die über dieses Vorgehen herausgefilterten formal-inhaltlichen Strukturen ermöglichen es, den Prozess der Erkenntnisgewinnung detailliert aus quantitativer und qualitativer Sicht zu beschreiben.

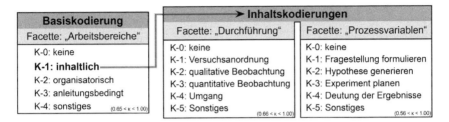

Abbildung 1: Kodierungsdurchgänge und Kategoriensysteme

Sowohl bei der Aufgabenkonstruktion als Erhebungsinstrument und Kategorienbildung als auch bei der Kategorienanwendung im Zuge der Kodierung wurden die Gütekriterien qualitativer Forschung angelegt (Steinke, 2010). In einem iterativen Prozess wurden unter Zuhilfenahme von exemplarischen Schüler- und Studentengruppen das praktische Aufgabendesign und die Kategorien hinsichtlich ihrer inhaltlichen Ausprägung überarbeitet. Eine weiterführende Absicherung der intersubjektiven Nachvollziehbarkeit konnte über eine interpersonelle, diskursive Konsensbildung mit arbeitsgruppeninternen, fachdidaktischen Experten zum deduktiven Kategoriensystem vollzogen werden. Die Reliabilität der Kategorienanwendung im Kodierungsprozess von zwei unterschiedlichen Ratern (20 % Doppeltkodierung/Fall) wurde mit Hilfe des Übereinstimmungsmaßes Cohens κ (Kappa) überprüft. Die Übereinstimmungswerte der Kodierungsdurchgänge (Abbildung 1) mit den jeweiligen Kategoriensystemen liegen, bezogen auf die einzelnen Fälle, im Bereich von 0.56[2] bis 1.00 und sind somit als mäßig (*moderate*) bis sehr gut (*almost perfect*) zu bezeichnen (Landis & Koch, 1977).

Ergebnisse

Betrachtet man den Anteil an aufgabenbezogenen, inhaltlichen Sequenzen bezogen auf die gruppenspezifische Gesamtarbeitszeit, ist zwischen den jeweiligen Kleingruppen innerhalb eines Jahrgangs eine verhältnismäßig geringe Streuung zu verzeichnen (Tabelle 2).

---

2 Derartig mäßige Werte waren bei zwei Fällen für die Kodierung der Facette „Prozessvariablen" zu verzeichnen. Die übrigen Werte liegen im guten bis sehr guten Bereich.

Tabelle 2: Gesamtarbeitszeit und inhaltliche Beschäftigungszeit

	Jahrgang 7					Jahrgang 9							Σ
	1	2	3	4	5	A	B	C	D	E	F	G	H	
t_{Trans}	34:00	31:20	27:58	28:02	29:08	29:55	33:06	22:30	27:45	27:14	30:33	23:15	25:00	6:09:46
t_{Inhalt}	30:15	25:08	18:43	21:52	20:17	24:01	28:31	20:25	23:46	24:24	25:47	21:16	23:35	5:08:01
$h_i(\%)$	88,97	80,21	66,92	78,00	69,62	80,28	86,15	90,74	85,65	89,66	84,40	91,47	94,33	

Anmerkungen. t_{Trans}=Gesamtzeit des Transkripts [min:sec]; t_{Inhalt}=inhaltliche Beschäftigungszeit; h_i=relativer Anteil von t_{Inhalt}

Für die Kleingruppen des 7. Jahrganges ergibt sich, im Vergleich zu den Kleingruppen des 9. Jahrganges, ein geringerer relativer Anteil an inhaltlicher Beschäftigungszeit. Die Differenz fällt zu Gunsten von organisatorischen Gesprächs- und Handlungsakten aus, d. h. die Probanden des 7. Jahrganges benötigen u. a. mehr organisatorische Handlungsabsprachen ohne inhaltlichen Aufgabenbezug (7. Jg. M_{orga}=14,22 %; 9. Jg. M_{orga}=8,88 %). Der für die gesamte Stichprobe festzuhaltende hohe Anteil an aufgabenrelevanter, inhaltlicher Beschäftigungszeit ist als positiv zu bewerten. Daraus lässt sich schließen, dass es möglich ist, über das eingesetzte offene, prozessorientierte Aufgabendesign die Schüler/innen in der Kleingruppe zum selbständigen Experimentieren unter Verwendung spezifischer Fähigkeiten anzuleiten.

Zwischen den prozentualen Anteilen der Kategorien in den Facetten „Durchführung" und „Prozessvariablen" (Abbildung 1) lassen sich hohe intergruppale Differenzen innerhalb und zwischen den Jahrgängen identifizieren. Exemplarisch sind in Abbildung 2 für zwei Kleingruppen (G, C) die relativen Häufigkeiten der kodierten Turns in den Kategorien der Facette „Prozessvariablen" (1–5) aufgeführt.

Innerhalb der Kodierung der „Prozessvariablen" kann die Kategorie „Sonstiges" (in Abbildung 2 Kategorie 5) aufgrund der unabhängig verlaufenden Kodierung zur Facette „Durchführung" noch weiter ausdifferenziert werden. Demnach lassen sich hier anteilsmäßig die Kategorien zur Durchführung finden. Gleiches kann umgekehrt für die Inhaltskodierung in der Facette „Durchführung" ausgemacht werden. Im „Rest" werden alle Turns subsumiert, die in beiden Inhaltskodierungen keiner Unterkategorie zugeordnet werden können. Auf Grundlage der Prozessvariablen zur erkenntnistheoretischen Problemlösung und der abgeleiteten Fähigkeiten zur Durchführung können, aufsummiert über alle Kleingruppen,

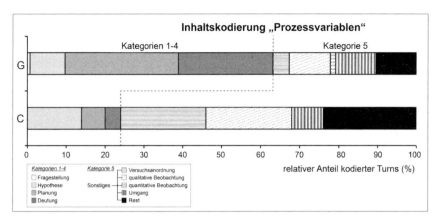

Abbildung 2: Kategorienverteilung der Facette „Prozessvariablen" für den Fall G und C (ohne Doppeltkodierungen)

77,9 % des Erkenntnisprozesses abgebildet und beschrieben werden. Die intergruppalen Differenzen schwanken dabei von 63,2 % bis 89,6 % (9. Jg.) und 69,5 % bis 82,5 % (7. Jg.) innerhalb der Fälle des jeweiligen Jahrgangs. Der prozentuale Anteil der Kategorien zur „Durchführung" liegt im Mittel bei 50,6 % bei den Fällen des 9. Jahrgangs und 57,4 % bei den Fällen des 7. Jahrganges. Es wird deutlich, dass ein wesentlicher zeitlicher und inhaltlicher Leistungsanteil bei der Bearbeitung der praktischen Experimentieraufgabe auf deren praktische Durchführung zurückgeht. Die Schüler/innen erarbeiten die Experimentalaufgabe sowohl in den idealisierten Schritten der Problemlösung (Hypothesen generieren, Untersuchungen planen und Deutung der Ergebnisse[3]) als auch separiert davon in den a priori aufgestellten Kategorien der zu untersuchenden Dimension „Durchführung". Rückbindend an die erste Forschungsfrage lässt sich für die untersuchten Fälle festhalten, dass die selbständige Durchführung eines Experimentes an Fähigkeiten zur Versuchsanordnung sowie zur qualitativen/quantitativen Beobachtung und zum Umgang[4] mit einem lebenden Organismus gebunden ist. Hinsichtlich der qualitativen Ausprägung dieser Fähigkeiten in den Kategorien können auf Grundlage des quantifizierten Datenmaterials keine Aussagen getroffen werden.

Basierend auf den geschilderten Frequenzanalysen der inhaltsanalytisch definierten (Handlungs-) Kategorien und der Arbeitszeit können die qualitativen Untersuchungsergebnisse über den Fallvergleich und die Fallkontrastierung weiter ausgewertet werden. Ziel ist es, das im Aufgabendesign eingesetzte vorstruktu-

---

3   Die Fragestellung wurde vorgegeben und spielt bei der Auswertung eine untergeordnete Rolle.
4   Die Kategorie „Umgang" ist aufgabenspezifisch, da mit einem lebenden Organismus gearbeitet wird.

rierte Antwortformat hinsichtlich des Zustandekommens von unterschiedlichen Handlungsverläufen bei der Bearbeitung des Experimentes zu analysieren. Aus der im Folgenden dargelegten Prozessanalyse der gesamten Aufgabenbearbeitung (Prozessvariablen und Durchführung) lassen sich drei empirisch begründete Typologien von Handlungsverläufen beschreiben.

In Abbildung 3 wird exemplarisch der Handlungsverlauf von Fall 1 dargelegt, wobei die Verteilung der Kategorien beider Inhaltskodierungen (Y-Achse) über den zeitlichen Verlauf der Kleingruppenarbeit (X-Achse) aufgetragen wird.

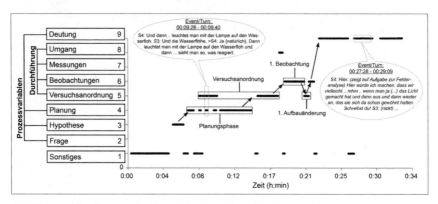

Abbildung 3: Handlungsverlauf von Fall 1 (mit Doppeltkodierungen)

Grundlage für die Typisierung bilden Merkmale mit unterschiedlichen Ausprägungen, die zum einen theoretisch aus dem Forschungsrahmen und der Forschungsfrage zur „Beschreibung der Dimension Durchführung beim naturwissenschaftlichen Untersuchen" und zum anderen empirisch über den Fallvergleich der Handlungsverläufe abgeleitet wurden (Kelle & Kluge, 2010). Demnach ist beispielsweise der Handlungsverlauf von Fall 1 durch ein ausgeglichenes Verhältnis von prozessbezogenen (h_i=53,7 %) zu durchführungsbezogenen Handlungen (h_i=53,7 %) gekennzeichnet (Merkmal: Theorie-Praxis-Verhältnis). Des Weiteren kann die Position und damit einhergehende Funktion der Hypothese als Vergleichsdimension zwischen den Handlungsverläufen herangezogen werden. Im Fall 1 wird sie zu Beginn des Erkenntnisprozesses mit zu prüfendem Charakter aufgestellt (Merkmal: Einbezug einer Hypothese). Ferner kann der gesamte Handlungsverlauf im Hinblick auf eine theoretisch abgeleitete, logische Abfolge der Prozessschritte (Kategorien 1–9) als systematisch-integrativ beschrieben werden (Merkmal: Vorgehen im Erkenntnisprozess). Demnach nimmt die Dimension „Durchführung" eine integrative Position zwischen Planung und Deutung ein, wobei jedoch bei allen untersuchten Fällen Teile der Aufbau-/Auswahlphase (Versuchsanordnung) mit der Planung einhergehen. Welche Funktion und Auswirkung diese Kopplung für den Erkenntnisprozess und dessen praktische Durchführung hat, wird in sich anschließenden induktiven Auswertungsschritten untersucht. Die Gruppierung der Fälle und damit einhergehende Analyse empirischer Regelmäßigkeiten wird über das Verfahren des systematischen Vergleichs vollzogen (Barton & Lazarsfeld, 1993), wobei neben den am Beispiel von Fall 1 beschriebenen Merkmalen noch das Variablenhandling über die Beschreibung der Variabilität in der Aufbauphase mit einbezogen wird (Tabelle 3).

Tabelle 3: Vergleichsschema zum Typisierungsprozess mit Fallzuordnung

Fälle		A: Vorgehen im Erkenntnisprozess			B: Einbezug einer Hypothese		C: Theorie-Praxis-Verhältnis		D: Variablen-Handling		
		A1	A2	A3	B1	B2	C1	C2	D1	D2	
5	1/D	+	—	—	+	—	+	—	+	—	Typ 1
G	3/4/F	—	+	—	—	+	—	+	—	+	Typ 2
2/C	A/B E/H	—	—	+	+/—						Typ 3

A1=systematisch-integrativ
A2=unsystematisch
A3=überlappend

B1=Hypothesen-prüfend
B2=Hypothesen-frei/versetzt

C1=ausgeglichen
C2=praktische Dominanz

D1=beständig
D2=wechselhaft

Auf Basis inhaltlicher Sinnzusammenhänge der dem Fallvergleich zugrundeliegenden quantifizierenden Merkmale des Handlungsverlaufs konnten aus den 16 potentiellen (Merkmals-) Kombinationsmöglichkeiten aus den vorliegenden Daten drei Typen identifiziert werden. Die theoretische Variabilität der Zuordnung der Fälle zu den aufgestellten Typen sowie deren inhaltliche Validierung wurde empirisch durch ein Experten-Rating[5] (N=14) überprüft. Das Ausmaß der Übereinstimmung bezogen auf die einzelnen Fälle (p_i), schwankt zwischen moderaten (z. B. Fall 3 in Typ 2) und sehr guten Werten (z. B. Fall 1 in Typ 1). Für die Fälle C, G, 2 und 5 sind uneindeutige Werte in der Zuordnung zu verzeichnen

---

5   Die Expertenstichprobe wurde nach unterschiedlich ausgeprägtem Grad an Fachwissen bezogen auf die in dieser Studie behandelte Thematik zusammengestellt und umfasst interne Fachdidaktiker (N=3), externe Fachdidaktiker (N=3) sowie Lehramtsstudierende im >5 Fachsemester (N=8).

($p_i < 50\%$), was als Indiz und Anlass zu einer weiterführenden Ausschärfung der Typen unter Berücksichtigung weiterer Merkmale gewertet werden kann. Gemäß dem Vorgehen im Typisierungsprozess wurden diese abweichenden Fälle jedoch zunächst aus der vorliegenden Gruppierung ausgeschlossen (Kelle & Kluge, 2010). Für die Zuordnungsübereinstimmung der übrigen Fälle unter Beachtung der kleinen Stichprobe kann ein annehmbarer Konkordanzkoeffizient (W=0,66) dargelegt werden. Eine detaillierte Charakterisierung der Typen als letzter Schritt der Typenbildung (Kelle & Kluge, 2010) soll an dieser Stelle noch nicht vorgenommen werden, da über eine vertiefende induktive Analyse des Datenmaterials zusätzliche Merkmale beschrieben werden können. Demnach kann die aufgrund der beobachtbaren Handlungsverläufe aufgestellte Typologie unter Verwendung induktiv abgeleiteter materieller Kategorien der Dimension „Durchführung" sowohl inhaltlich als auch hinsichtlich der Typenanzahl weiter ausdifferenziert werden.

Zusammenfassend können auf Grundlage der dargestellten Ergebnisse drei Vorgehensweisen bei der Bearbeitung des Experimentes im Sinne des Erkenntnisprozesses identifiziert werden. Das ausschlaggebende Vergleichskriterium bildet hierbei die Integration der Dimension „Durchführung" in den Ablauf der Prozessvariablen. Wie bereits für Fall 1 beschrieben, liegt hier ein prozessorientiertes Vorgehen vor, wobei insbesondere die Versuchsanordnung und die reine Beobachtungsphase als wesentliche Teilfähigkeiten der Dimension „Durchführung" integrativ im gesamten Erkenntnisprozess aufgenommen werden (Typ 1). Demgegenüber übernimmt die „Durchführung" bei einer explorativen Vorgehensweise einen quantitativ hohen Stellenwert ein, wobei der gesamte Erkenntnisprozess z. T. in einer unsystematischen Abfolge durchlaufen wird (Typ 2). Im Typ 3 wurde die hohe mögliche Merkmalskombination mit Konzentration auf das prozessüberlappende Vorgehen reduziert. Aufgrund der Fülle an Informationen innerhalb dieses Typs bedarf es gerade bei diesem einer inhaltlichen Ausschärfung.

Fazit und Ausblick

Durch die deskriptiv angelegte Videostudie konnten die generierten Kategorien von durchführungsbezogenen Teilfähigkeiten (Versuchsanordnung, qualitative/ quantitative Beobachtungen, Umgang) identifiziert werden. Mit diesen ließen sich mehr als 50 % der bei Bearbeitung der praktischen Aufgabe ausgeübten Experimentieraktivitäten beschreiben. Es wird deutlich, dass der über das Antwortformat in den von Mayer (2007) ausgewiesenen Prozessvariablen angeleitete Erkenntnisprozess eine zusätzliche Dimension „Durchführung" enthält, über die der Erkenntnisprozess detaillierter dargestellt werden kann. Demnach konnten unter Einsatz des praktischen Aufgabendesigns (inkl. V-Diagramm) und der beiden Analysedimensionen „Prozessvariablen" und „Durchführung" zwei Drittel der aufgabenbezogenen Aktivitäten der Lernenden erfasst werden. Die Durchführung des gesamten Erkenntnisprozesses und die von den Schüler/innen damit einhergehende Generierung eigener Daten aus Beobachtungen birgt für die Lernenden weiterführende, handlungsbezogene Fähigkeiten, die über die momentan eingesetzten schriftlichen Aufgaben nicht erfasst werden. Dieser Sachverhalt wird in einer folgenden Studie aufgegriffen, wobei die Schülerleistungen der praktischen Experimentalaufgabe mit Ergebnissen eines schriftlichen Tests (Grube & Mayer, 2010) zur Erkenntnisgewinnung korreliert werden.

Im Hinblick auf die Entwicklung alternativer Bewertungsmethoden (Solano-Flores & Shavelson, 1997) wurde im vorliegenden Projekt zur Erfassung der prozeduralen Fähigkeiten ein prozessbegleitendes, schriftliches Antwortformat eingesetzt und der Beobachtung gegenübergestellt. Auf Grundlage dieses offenen, aber dennoch prozessorientierten Antwortformates konnten über die Quantifizierung der qualitativen Daten aus der Kodierung verschiedene Handlungsverläufe zur Bearbeitung der Aufgabe identifiziert werden. Über einen Fallvergleich hinsichtlich dieser unterschiedlichen Vorgehensweisen war es zudem möglich, drei Typen (prozessorientiert, explorativ, prozessüberlappend) zu generieren. Bei den gewonnenen Ergebnissen muss jedoch die bis dato einschränkende quantifizierende Sicht auf das Fallmaterial bedacht werden. Deshalb wird eine auf den Inhalt bezogene, qualitativ ausgerichtete Auswertung der Kleingruppenarbeit Schwerpunkt weiterführender Analysen sein. Ein wichtiger Ansatzpunkt zur methodischen und inhaltlichen Diskussion bildet die Durchführung der Verhaltensbeobachtung von Schülergruppen. Die hierbei gewonnenen Ergebnisse können sowohl negativ als auch positiv von gruppendynamischen Prozessen beeinflusst werden. Gayford (1992) konnte beispielsweise einen hohen Leistungsunterschied zwischen demokratischen und einseitig dominanten Gruppen nachweisen. Ein derartiger Einfluss unterschiedlicher Führungsstile auf die Gruppenleistung lässt sich auch auf die Struktur der hier dargestellten Handlungsverläufe vermuten und soll daher an ausgewählten Fällen exemplarisch weiter untersucht werden. Zusammenfassend lässt sich festhalten, dass im Zuge der Förderung von Kompetenzentwicklung im Bereich der naturwissenschaftlichen Erkenntnisgewinnung auch die Durchführung als eigenständiges Konstrukt mit individuell ausgeprägten Teilfähigkeiten betrachtet und in den gesamten Erkenntnisprozess integriert werden sollte.

Literatur

Barton, A. H., & Lazarsfeld, P. F. (1993). Einige Funktionen von qualitativer Analyse in der Sozialforschung. In C. Hopf (Ed.), *Qualitative Sozialforschung* (3. Aufl., pp. 41–89). Stuttgart: Klett-Cotta.

Emden, M. (2011). *Prozessorientierte Leistungsmessung des naturwissenschaftlich-experimentellen Arbeitens*. Berlin: Logos.

Faßnacht, G. (1995). *Systematische Verhaltensbeobachtung: Eine Einführung in die Methodologie und Praxis* (2. Aufl.). München: Reinhardt.

Gayford, C. (1992). Patterns of group behaviour in open-ended problem solving in science classes of 15-year-old students in England. *International Journal of Science Education, 14*(1), 41–49.

Gowin, D. B. (1981). *Educating*. Ithaca, N. Y.: Cornell University Press.

Grube, C., & Mayer, J. (2010). Wissenschaftsmethodische Kompetenzen in der Sekundarstufe I: Eine Untersuchung zur Entwicklung des wissenschaftlichen Denkens. In U. Harms & I. Mackensen-Friedrichs (Eds.), *Lehr- und Lernforschung in der Biologiedidaktik. Band 4.* (pp. 155–168). Innsbruck: Studienverlag.

Hacker, W. (1986). *Arbeitspsychologie: psychische Regulation von Arbeitstätigkeiten*. Bern: Huber.

Kauertz, A., Fischer, H. E., Mayer, J., Sumfleth, E., & Walpuski, M. (2010). Standardbezogene Kompetenzmodellierung in den Naturwissenschaften der Sekundartsufe I. *Zeitschrift für Didaktik der Naturwissenschaften, 16*, 135–153.

Kelle, U., & Kluge, S. (2010). *Vom Einzelfall zum Typus: Fallvergleich und Fallkontrastierung in der qualitativen Sozialforschung* (2. Aufl.). Wiesbaden: VS Verl. für Sozialwiss.

Klopfer, L. (1971). Evaluation of learning in science. In B. S. Bloom, J. T. Hastings, & G. F. Madaus (Eds.), *Handbook on formative and summative evaluation of student learning*. New York: McGraw-Hill.

KMK/Sekretariat der Ständigen Konferenz der Kultusminister der Länder in der Bundesrepublik Deutschland. (2005). *Beschlüsse der Kultusministerkonferenz – Bildungsstandards im Fach Biologie für den Mittleren Schulabschluss*. München, Neuwied: Luchterhand.

Landis, J. R., & Koch, G. G. (1977). The measurement of observer agreement for categorical data. *Biometrics, 33*(1), 159–174.

Lawrenz, F., Huffman, D., & Welch, W. (2001). The science achievement of various subgroups on alternative assessment formats. *Science Education, 85*(3), 279–290.

Mayer, J. (2007). Erkenntnisgewinnung als wissenschaftliches Problemlösen. In D. Krüger & H. Vogt (Eds.), *Handbuch der Theorien in der biologiedidaktischen Forschung* (pp. 178–186). Berlin: Springer.

Mayring, P. (2002). *Einführung in die qualitative Sozialforschung. Eine Anleitung zu qualitativem Denken* (5. Aufl.). Weinheim: Beltz.

Meier, M., & Mayer, J. (2011). Gewusst Vee! Ein Diagnoseinstrument zur Erfassung von Konzept- und Methodenwissen im Biologieunterricht. In A. Füchter & K. Moegling (Eds.), *Diagnostik und Förderung. Teil 2* (pp. 121–139). Kassel: Prolog-Verlag.

NRC/National Research Council. (2001). *Classroom assessment and the national science education standards.* Washington, DC: National Academic Press.

Padilla, M. J. (1990). The science process skills. *Research matters – to the science teacher, 1*(9004).

Rimmele, R. (2009). Videograph-Multimedia-Player zur Kodierung von Videos (Version 4.2.1.1). Kiel: IPN.

Roberts, R., & Gott, R. (2004). Assessment of Sc1: alternatives to coursework. *School Science Review, 85*(313), 103–108.

Rosenquist, A., Shavelson, R. J., & Riuz-Primo, M. A. (2000). *On the „Exchangeability" of hands-on and computer-simulated science performance assessment.* Los Angeles: National Center for Research.

Roth, E., & Holling, H. (1999). *Sozialwissenschaftliche Methoden. Lehr- und Handbuch für Forschung und Praxis* (5. Aufl.). München: R. Oldenbourg Verlag.

Ruiz-Primo, M. A., Baxter, G. P., & Shavelson, R. J. (1993). On the stability of performance assessments. *Journal of Educational Measurement, 30*(1), 41–53.

Sader, M. (2008). *Psychologie der Gruppe* (9. Aufl.). Weinheim: Juventa.

Shavelson, R. J., Baxter, G. P., & Pine, J. (1991). Performance assessment in science. *Applied Measurement in Education, 4*(4), 347–362.

Shavelson, R. J., & Ruiz-Primo, M. A. (1999). Leistungsbewertung im naturwissenschaftlichen Unterricht – Evaluation in Natural Science Education. *Unterrichtswissenschaft, 27*(2), 102–127.

Sindhu, R. S., & Sharma, R. (1998). Practicable taxonomy of basic skills of science practical at secondary level for their assessment. *Science Education International, 9*(2), 34–37.

Slater, T. F., & Ryan, J. M. (1993). Laboratory performance assessment. *The Physics Teacher, 31*, 306–308.

Solano-Flores, G., & Shavelson, R. J. (1997). Development of performance assessments in science: conceptual, practical and logistical issues. *Educational Measurement: Issues and Practice*, 16–25.

Steinke, I. (2010). Gütekriterien qualitativer Forschung. In U. Flick, E. Kardorff v., & I. Steinke (Eds.), *Qualitative Forschung. Ein Handbuch* (8. Aufl., pp. 319–331). Reinbek: Rowohlt Taschenbuch.

Tamir, P., Doran, R. L., & Oon Chye, Y. (1992). Practical skills testing in science. *Studies in Educational Evaluation, 18*(3), 263–275.

Weinert, F. E. (2001). Vergleichende Leistungsmessung in Schulen – eine umstrittene Selbstverständlichkeit. In F. E. Weinert (Ed.), *Leistungsmessungen in Schulen*. Weinheim: Beltz.

Julia Schwanewedel/Jürgen Mayer

Modellierung von Bewertungskompetenz im Rahmen der Evaluation der Bildungsstandards

Zusammenfassung

Im Kontext von Bildungsstandards und deren Monitoring steht die fachdidaktische Forschung unter anderem vor der Aufgabe, theoretisch begründete und empirisch abgesicherte Kompetenzmodelle zu entwickeln, um die Kompetenzen von Schülerinnen und Schülern näher beschreiben und überprüfen zu können. Im Beitrag wird ein im Projekt ESNaS[1] entwickeltes Modell zur Bewertungskompetenz sowie seine Operationalisierung in Form eines aufgabenbasierten Testinstrumentes vorgestellt. Darüber hinaus werden erste Evaluationsergebnisse zum Einsatz des Testinstrumentes berichtet.

Abstract

In the context of national educational standards and educational monitoring research is confronted with the task to develop theoretically established and empirically firm competence models to describe and monitor the existing competencies of learners. This paper introduces a model for the competence of ‚evaluation and judgement' developed as part of the projekt ESNaS. Theoretical assumptions and related empirical studies as well as the empirical operationalisation of the model in form of a task-based test are presented. A sample task illustrates the empirical operationalisation. Besides, first findings from an evaluation of the task-based test are reported.

---

1 ESNaS=Evaluation der Standards in den Naturwissenschaften für die Sekundarstufe I

Einleitung

Mit den durch die Kultusministerkonferenz festgelegten Bildungsstandards für den mittleren Schulabschluss (KMK, 2005) sind zentrale Kompetenzen für die naturwissenschaftlichen Fächer verbindlich geworden: Lernende sollen bis zum Ende der Sekundarstufe I über domänenspezifische Kompetenzen in den Bereichen Fachwissen, Erkenntnisgewinnung, Kommunikation und Bewertung verfügen. Insbesondere Bewertungskompetenz soll dazu beitragen, „dass aus den Heranwachsenden mündige, kritisch reflektierende, an gesellschaftlichen Kontroversen partizipierende und handlungsfähige Demokratiemitglieder werden, die [...] aktuelle Entwicklungen angemessen beurteilen können" (Reitschert, 2009, S. 1). Zur Diagnose und Förderung von Bewertungskompetenz im naturwissenschaftlichen Unterricht, ist die systematische Entwicklung und empirische Überprüfung von Kompetenzmodellen notwendig.

Im Projekt ESNaS werden auf Grundlage fachdidaktischer Arbeiten ein Kompetenzmodell für die drei naturwissenschaftlichen Fächer und dazu passende modellbasierte Leistungstests entwickelt (Hostenbach et al., 2011). Die Tests operationalisieren das fachübergreifende Modell mit dem Ziel das Erreichen der Bildungsstandards zu überprüfen und die verbindlich gesetzten Standards mittel- bis langfristig weiterzuentwickeln. Die Evaluation der Standards erfolgt in Kooperation des Instituts zur Qualitätsentwicklung im Bildungswesen (IQB) mit Fachdidaktikerinnen und Fachdidaktikern der Fächer Biologie (Universität Kassel), Chemie (Universität Duisburg-Essen) und Physik (Universität Duisburg-Essen und PH Weingarten) sowie mit Lehrkräften aus verschiedenen Bundesländern (Kauertz, Fischer, Mayer, Sumfleth & Walpuski, 2010). In diesem Artikel wird ein Modell für den Kompetenzbereich Bewertung vorgestellt und eine Ausdifferenzierung naturwissenschaftlicher Bewertungskompetenz in Teilkompetenzen vorgeschlagen. Darüber hinaus sollen die biologiespezifische Umsetzung in Form von Testaufgaben anhand einer Beispielaufgabe und erste Evaluationsergebnisse aus dem Einsatz der Aufgaben in 9. und 10. Klassen aufgezeigt werden.

Theoretische Grundlagen und Modellierung

National wird Bewertungskompetenz vornehmlich mit Bezug zu den Standards im Kompetenzbereich Bewertung beschrieben und unter Einbezug theoretischer Modelle und Annahmen konkretisiert. Unterschiedlichen fachdidaktischen Ansätzen und Modellen ist die dabei Annahme gemeinsam, dass Bewertungen in der Regel mit einer (zumindest hypothetischen) Entscheidungssituation verbunden sind (Eggert & Bögeholz, 2006; Eilks et al., 2011). In solchen Entscheidungssituationen können Bewertungsprozesse durch spezifische Merkmale, wie z. B. die Wahl zwischen verschiedenen Optionen oder die Anwendung unterschiedlicher Entscheidungsstrategien, charakterisiert werden (Eggert & Bögeholz, 2006). Der Prozess des Bewertens und Entscheidens kann dabei wie im Göttinger Modell der Bewertungskompetenz (Eggert & Bögeholz, 2006, 2010) auf Basis bestehender Prozessmodelle und Entscheidungstheorien rekonstruiert werden (Betsch & Haberstroh, 2005). In Bewertungssituationen müssen entweder Entscheidungen getroffen werden oder gefällte Entscheidungen nachträglich bewertet werden. Dazu werden explizite und implizite, sowie kompensatorische und non-kompensatorische Strategien herangezogen und verschiedene Phasen (präselektional, selektional und postselektional) durchlaufen (Betsch & Haberstroh, 2005). Daneben stellen das Erkennen und Abwägen bestimmter Bewertungskriterien, die für eine Entscheidungsfindung herangezogen werden müssen, sowie das Vergleichen und Abwägen möglicher Optionen, Perspektiven und Folgen zentrale Teilaspekte von Bewertungskompetenz dar (Bögeholz, Hößle, Langlet, Sander & Schlüter, 2004; Reitschert, 2009; Schecker & Höttecke, 2007).

International repräsentiert das socio scientific (SSI) decision making ein zur Bewertungskompetenz in vielen Bereichen ähnliches Konstrukt (Sadler & Zeidler, 2004). Der Prozess des decision making about SSI umfasst dabei im Kern die Fähigkeit, mögliche Lösungsalternativen in Hinblick auf eine Entscheidungssituation zu prüfen und deren Vor- und Nachteile abzuwägen (SEPUP, 1995). Unter Berücksichtigung der Komplexität eines Problems sollen Quellen hinterfragt, multiple Perspektiven eingenommen, verschiedene Lösungen bedacht und eine vorläufige Entscheidung getroffen werden (Sadler, Barab & Scott, 2007). Bewertungskompetenz stellt also insgesamt die Fähigkeit dar, auf Basis bestimmter Kriterien und unter Vergleich unterschiedlicher Optionen, Perspektiven sowie möglicher Folgen begründete Entscheidungen zu treffen, aber auch bereits getroffene Entscheidungen oder Entscheidungen anderer kritisch zu reflektieren. Diese Charakteristika werden als Grundlage für die Entwicklung eines Modells zur Bewertungskompetenz genutzt, wobei das Ziel der fachübergreifenden Modellierung und die Einbettung in das Gesamtprojekt ESNaS besonders berücksichtigt werden.

Herausforderungen der fachübergreifenden Modellierung: Die Modellierung und Operationalisierung von Bewertungskompetenz im Projekt ESNaS erfolgt mit dem Ziel, diese in einem Large-Scale-Assessment am Ende der Sekundarstufe I zu nutzen. Dabei besteht die Herausforderung darin, sowohl die vier Kompetenzbereiche als auch die drei naturwissenschaftlichen Fächer untereinander vergleichen zu können. Zudem sollen die Kompetenzbereiche empirisch unabhängig voneinander sein, d. h. es wird eine möglichst geringe Korrelation zwischen den Kompetenzbereichen angestrebt. Diesem fachübergreifenden Ansatz liegen folgende grundsätzliche Entscheidungen zu Grunde (Hostenbach et al., 2011): Um die Vergleichbarkeit der Fächer sicherzustellen, werden die strukturellen Gemeinsamkeiten der Fächer berücksichtigt und gleichzeitig ein von fachlichen Themen unabhängiges Modell zur Operationalisierung genutzt. Um einen Vergleich der unterschiedlichen Kompetenzbereiche zu gestatten, erfolgt die Graduierung von Kompetenz in allen Kompetenzbereichen durch die zwei Modelldimensionen Komplexität und kognitive Prozesse. Ergänzend wird, auf einer dritten Achse des Kompetenzmodells, jeder Kompetenzbereich inhaltsspezifisch adäquat ausdifferenziert. Die empirische Unabhängigkeit der Kompetenzbereiche schließlich wird durch die Bearbeitung von (biologischen, chemischen, physikalischen) Inhalten unter neuen Perspektiven und einem kompetenzbereichsspezifischen Fokus sichergestellt. Die Operationalisierung eines solchen Grundmodells mit einer jeweils spezifisch ausgestalteten Dimension Kompetenzbereich, ermöglicht ein vergleichendes Bewerten von Ergebnissen. Damit können ein „Beitrag für die Weiterentwicklung der allgemeinen und fachdidaktischen Bildungsforschung und eine fundierte Basis für Prozesse im Bildungssystem" geleistet und somit langfristig „domänenübergreifende Fortschritte" erlangt werden (Parchmann, 2010, S. 140).

Das ESNaS-Kompetenzmodell: Das im Projekt entwickelte fachübergreifende Kompetenzstrukturmodell ist Grundlage für die Entwicklung von Testaufgaben, mit denen in einem Large-Scale-Assessment das Erreichen der Bildungsstandards vergleichend in den verschiedenen Bundesländern evaluiert wird. Das dreidimensionale Modell (Abbildung 1) setzt sich aus den Dimensionen Kompetenzbereich, Komplexität und kognitive Prozesse zusammen, wobei die Dimensionen kognitive Prozesse und Komplexität als schwierigkeitserzeugende Merkmale nachgewiesen werden konnten (Kauertz, 2008; Neumann, 2011; Ropohl, 2010). Die drei Dimensionen des Modells werden gezielt für die Aufgabenkonstruktion definiert und bei der Konstruktion systematisch variiert, um Aufgaben unterschiedlicher Schwierigkeitsgrade zu konstruieren.

Die fünfstufige Gliederung der Dimension Komplexität basiert auf der Anzahl an Elementen und Verknüpfungen zwischen den Elementen (Kauertz et al., 2010) und erlaubt eine Beschreibung unterschiedlicher Ausprägungen von Kompetenzfacetten. Diese Dimension wird für den Kompetenzbereich Bewerten spezifisch ausdifferenziert. Kognitive Prozesse, welche die Anwendung von Wissen auf ein Problem oder zur Lösung einer Fragestellung spezifizieren, bilden eine weitere Modelldimension (Anderson et al., 2001). Die kognitiven Prozesse des ESNaS-Modells sind Theorien der Informationsverarbeitung entlehnt (Mayer, 2001). Sie wurden für die Bearbeitung von Testaufgaben und den Umgang mit aufgabenrelevanten Informationen adaptiert (Walpuski et al., 2010) und in die vier hierarchischen Stufen reproduzieren, selegieren, organisieren und integrieren untergliedert (Kauertz et al., 2010; Walpuski, Kampa, Kauertz & Wellnitz, 2008).

Ausdifferenzierung eines Modells der Bewertungskompetenz für ESNaS

Die Ausdifferenzierung des Kompetenzbereichs Bewertung stellt den Kern der Operationalisierung dar (siehe Abbildung 1).

Aus den oben genannten theoretischen Grundlagen und den Anforderungen der Bildungsstandards werden zur Beschreibung der Inhaltsdimension die folgenden Kompetenzteilbereiche für Bewertung abgeleitet: *Bewertungskriterien, Handlungsoptionen* und *Reflexion*. Die Teilbereiche bilden charakteristische Merkmale eines Bewertungsprozesses ab, sind jedoch nicht als trennscharfe Unterscheidung im testtheoretischen Sinne zu sehen (Hostenbach et al., 2011). Vielmehr soll durch die Einordnung von Aufgaben in Teilbereiche eine Vielfalt von Bewertungsprozessen abgebildet werden.

Im Teilbereich *Bewertungskriterien* müssen sowohl die Situation als auch die Bewertungskriterien, die in der bewertungsrelevanten Situation behandelt werden, im Sinne der präselektionalen Phase erschlossen werden. Insbesondere bedeutet dies, Bewertungskriterien bzw. zugehörige Werte und Normen zu erkennen oder anzuwenden. Im Teilbereich *Handlungsoptionen* stehen die Handlungsmöglichkeiten im Vordergrund, die sich aus der beschriebenen, bewertungsrelevanten Situation ergeben. Der Teilbereich zeigt Gemeinsamkeiten zur Teilkompetenz Bewerten, Entscheiden und Reflektieren im Göttinger Modell (Eggert & Bögeholz, 2006, 2010) auf und verlangt das Generieren von Handlungsoptionen, das Bewerten von Handlungsoptionen, die Perspektivübernahme und die Abschätzung von Folgen. Unter dem Generieren von Handlungsoptionen ist zu verstehen, dass im Sinne der präselektionalen Phase situationsbezogene Optionen genannt werden müssen. Perspektivübernahme bedeutet, betroffene Personen(kreise) bzw. deren Perspektiven zu identifizieren und zu erschließen. Bei der Folgenreflexion werden Folgen von Entscheidungen für die betroffenen Personen(kreise) antizipiert. Ähnlich wie im Modell nach Reitschert & Hößle (2007) werden für das Generieren und Bewerten von Handlungsoptionen Perspektivübernahme, Folgenreflexion, Sachlage und Wertbezug verknüpft. Der Teilbereich *Reflexion* ist dadurch gekennzeichnet, dass Situationen vorgegeben werden, in denen eine Bewertung bereits vorgenommen wurde. Im Mittelpunkt steht eine rückblickende Reflexion des Bewertungsprozesses – z. B. kann der Ablauf des Prozesses kritisch reflektiert werden oder die Frage bearbeitet werden, ob die den Bewertenden wichtigen Bewertungskriterien ausreichend berücksichtigt wurden. Damit repräsentiert der Teilbereich hauptsächlich die selektionale Bewertungsphase. In allen drei Teilbereichen kann der Fokus auf *persönliche, gesellschaftliche* und *ethische Aspekte* gelegt werden (Abbildung 1). Die Berücksichtigung dieser Aspekte bei der Operationalisierung ermöglicht das Erfassen unterschiedlicher Perspektivübernahmen durch die Probanden. Durch die Verwendung dieser Aspekte soll eine Vielfalt von Bewertungsperspektiven sichergestellt werden. Bei der Bewertung unter persönlichen Aspekten sollen Situationen konstruiert werden, in denen alltagsbezogene Entscheidungen möglich sind. Bei Bewertungen unter gesellschaftlichen Aspekten sollen die Lernenden sich in andere Rollen hineinversetzen und dabei Interessenskonflikte identifizieren und mögliche Lösungen finden. Die Bewertung unter ethischen Aspekten umfasst Bewertungssituationen, die mit gesellschaftlichen Werten und Normen verknüpft sind. Sie spielen in allen naturwissenschaftlichen Fächern eine Rolle, sind jedoch insbesondere für das Fach Biologie von großer Bedeutung. Beispielsweise werden hier die Bereiche Tierethik, ökologische Ethik und Medizinethik angesprochen.

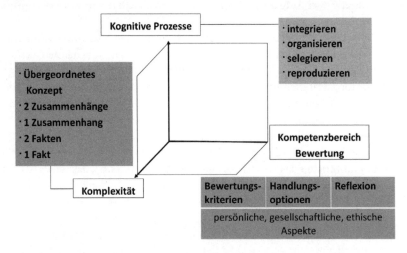

Abbildung 1: ESNaS-Kompetenzmodell zum Kompetenzbereich Bewertung

Komplexität: Die Komplexität einer Entscheidungssituation hängt im Wesentlichen von der Anzahl der zu berücksichtigenden Kriterien und den Beziehungen zwischen ihnen ab (Poschmann, Riebenstahl & Schmidt-Kallert, 1998; Bögeholz et al., 2004; Eggert & Bögeholz, 2006). Die Aufgabenkomplexität kann also auch für Entscheidungssituationen von der Anzahl der für die Lösung der Aufgabe zu verarbeitenden Informationen und von den Zusammenhängen zwischen den Informationseinheiten definiert werden. Das Merkmal der Komplexität wird für den Kompetenzbereich Bewertung für die einzelnen Kompetenzteilbereiche ausdifferenziert. Für den Teilbereich Bewertungskriterien ergibt sich z. B. folgende Ausdifferenzierung der Komplexität:

Niveau I (1 Fakt): Ein Bewertungskriterium.
Niveau II (2 Fakten): Zwei Bewertungskriterien.
Niveau III (1 Zusammenhang): Ein Zusammenhang zwischen zwei Bewertungskriterien.
Niveau IV (2 Zusammenhänge): Zwei Zusammenhänge zwischen zwei oder mehr Kriterien.
Niveau V (Übergeordnetes Konzept): Anwendung/Analyse eines Bewertungsprozesses.

Analog dazu werden die Teilbereiche Handlungsoptionen und Reflexion strukturiert (Hostenbach et al., 2011). Vergleichbar zum Göttinger Kompetenzmodell wird die Stufung anhand der Anzahl der Kriterien und der Anwendung einer Entscheidungsstrategie vorgenommen. Die Komplexität im ESNaS-Modell stimmt darüber hinaus im Wesentlichen mit der Niveaukonkretisierung nach Reitschert und Hößle (2007) überein. So steigt die Komplexität der Niveaus in beiden Modellen von einer einfachen zu einer komplexen Begründung an.

Kognitive Prozesse: Entscheidungssituationen erfordern, je nach Art der gegebenen Situation bzw. aufgrund der Erfahrungen des Entscheiders einen unterschiedlichen kognitiven Aufwand (Jungermann, Pfister & Fischer, 2005). Die kognitiven Prozesse beziehen sich dabei auf die Verarbeitung vorgegebener Informationen. Beim Reproduzieren sind z. B. vorgegebene Bewertungskriterien, Handlungsoptionen oder Entscheidungsstrategien wiederzugeben bzw. zu nennen. Auf der zweiten Stufe, dem Selegieren, können z. B. Bewertungskriterien vorgegeben werden, bei denen spezielle Kriterien nach verschiedenen Gesichtspunkten aus mehreren Möglichkeiten ausgesucht werden müssen. Die dritte Stufe kognitiver Prozesse, das Organisieren, beinhaltet das Ordnen bzw. Strukturieren von Informationen z. B. nach Bewertungskriterien oder unter bestimmten Perspektiven. Im Modell wird die höchste Stufe der kognitiven Prozesse durch das Integrieren beschrieben. Unter anderem sollen dabei zusätzliche Kriterien in vorgegebene Informationen eingegliedert oder diese aus verschiedenen Perspektiven angewendet bzw. interpretiert werden. Zunächst muss die Situation erfasst und die dort beschriebenen inhaltlichen Zusammenhänge müssen durch Hinzuziehen eines zusätzlichen Kriteriums aus verschiedenen Perspektiven erneut bewertet werden. Informationen müssen also variabel und situationsbezogen verwendet werden.

Basierend auf dem fachübergreifenden, dreidimensionalen ESNaS-Modell, mit welchem die Aufgabenschwierigkeit von Testaufgaben a priori vorhergesagt werden soll, wurde mit Bezug zu anderen Modellen und Ansätzen ein fachübergreifendes Modell zur Bewertungskompetenz entwickelt, in welchem neben der Inhaltsdimension auch die schwierigkeitsgenerierenden Dimensionen spezifisch für den Kompetenzbereich Bewertung ausdifferenziert wurden. Das entwickelte Modell bildet damit die Grundlage für die Entwicklung eines aufgabenbasierten Testinstruments.

Methodische Grundlagen und Operationalisierung

Aufgabenkonstruktion und Testinstrument: Zu dem oben beschriebenen Modell wurden Aufgaben mit verschiedenen Aufgabenformaten konstruiert, die die gesamte Schwierigkeitsskala abbilden. Die Dimensionen Komplexität und kognitive Prozesse werden in einer Matrix miteinander gekreuzt, so dass 20 Kombinationen der beiden Dimensionen entstehen (Kauertz et al., 2010). Die Anzahl der Kombinationen wird dadurch limitiert, dass nicht jede Kombination operationalisiert werden kann (Kauertz et al., 2010).

Als geschlossene Antwortformate wurden verschiedene Multiple-Choice Formate (single select; complex) angewendet. Das halboffene Antwortformat beinhaltet Aufgaben mit Kurzantworten. In Aufgaben mit offenem Format wird eine erweiterte Antwort erwartet. Die Aufgaben bestehen immer aus einem kurzen Aufgabenstamm (Einführungstext), der die Bewertungssituation vermitteln soll und an den sich ein oder mehrere Items anschließen. Einem Item kann darüber hinaus ein Itemstamm vorangestellt sein, in dem Informationen gegeben werden, die lediglich für dieses Item relevant sind.

Die fachlichen Themengebiete, die in Bewertungsaufgaben verwendet werden, sind fachtypische Themen der Sekundarstufe I (für Biologie z. B. Gesundheit, Ernährung, Tierhaltung, Artenschutz, Gentechnik). Das für die Bearbeitung der Aufgaben nötige Fachwissen wird im Aufgabenstamm angegeben, um den Einfluss von Vorwissen möglichst gering zu halten (Eggert & Bögeholz, 2006), eine größere Testfairness zwischen den verschiedenen Bundesländern und den verschiedenen Ländercurricula zu gewährleisten und die Bewertungskompetenz möglichst unabhängig vom Kompetenzbereich Fachwissen zu erfassen. Auf Basis der Kompetenzteilbereiche können Aufgaben mit fachspezifischen Inhalten entstehen – um so fachspezifischen Unterschieden in den Standards Rechnung zu tragen – die dennoch durch ein gemeinsames Kompetenzstrukturmodell beschrieben werden können.

Um den Einfluss des Lesens möglichst gering zu halten, sind die Texte kurz und verständlich konstruiert. Für alle Aufgaben wird ein Kodiermanual erstellt, der insbesondere die Auswerteobjektivität bei den offenen Aufgaben sicherstellen soll.

Im Fach Biologie wurden für den Kompetenzbereich Bewertung insgesamt 169 Items im offenen (26 %), halboffenen (22 %) und geschlossenen Antwortformat (52 %) konstruiert. Die Items wurden zu den drei Teilbereichen von Bewertungskompetenz, den unterschiedlichen Komplexitätsstufen und kognitiven Prozessen, die zur Lösung benötigt werden, entwickelt. Je nach Kombination von Komplexitätsstufe und kognitivem Prozess sind die Testaufgaben unterschiedlich schwierig. Der gesamte Test bildet damit a priori das gesamte Spektrum der im Modell dargestellten Kompetenzen ab.

Beispielitem Amphibienschutz	Teilbereich: Reflexion Komplexität: IV Kognitiver Prozess: Integrieren

Stamm: Um ein neu entstandenes Wohngebiet gut erreichbar zu machen, wurde eine Straße gebaut. Die Erdkröten müssen diese Straße überqueren, wenn sie ihre Laichgewässer erreichen wollen. Viele Kröten werden dabei von Autos überfahren und sterben auf der Straße.
In einer Versammlung der Naturschützer werden Maßnahmen zur Rettung der Erdkröten besprochen. Dabei werden mögliche Folgen dieser Maßnahmen in Bezug auf die Zahl geretteter Kröten, die Einschränkungen für Anwohner und die Höhe der Kosten dieser Maßnahme beurteilt.

Im Protokoll wird folgende Tabelle veröffentlicht:

Maßnahme	Folgen Anzahl geretteter Kröten	Einschränkungen für die Anwohner	Höhe der Kosten
Autofahrer aufmerksam machen z. B. durch Aufstellen von Straßenschildern mit Erklärungen	wenige	gering	gering
Geschwindigkeit begrenzen	wenige	teils/teils	gering
Sperren der Straße während der Wanderungszeit der Kröten	viele	groß	gering
Bau eines Krötentunnels	viele	gering	hoch
Bau eines Zaunes entlang der Autostraße, Kröten regelmäßig einfangen und über die Straße tragen	viele	gering	hoch

Die Anwohnerin Frau Özil ist Naturschützerin. Darum ist ihr der Schutz der Erdkröten wichtig. Gleichzeitig ist sie aber daran interessiert schnell und sicher mit dem Auto zur Arbeit zu gelangen.
Nenne eine Maßnahme aus der Tabelle, die Frau Özil unterstützen würde. Begründe deine Wahl aus Sicht von Frau Özil.

Abbildung 2: Aufgabenbeispiel Biologie Bewerten

Abbildung 2 zeigt ein Beispielitem (Amphibienschutz) aus dem Testinstrument für das Fach Biologie. Die Schülerinnen und Schüler sind hier gefordert, eine Beziehung von Handlungsoption und Begründung unter Bezugnahme auf zugrunde liegende Bewertungskriterien, eine spezifische Perspektive und mit Blick auf mögliche Folgen herzustellen (Teilbereich Reflexion, Komplexität IV, kognitiver Prozess des Integrierens).

Testdesign und Auswertungsmethodik: Zur Pilotierung und Normierung der Aufgaben wurden bzw. werden verschiedene Erhebungen durchgeführt. In der Präpilotierung und Pilotierung stehen Aufgabenmerkmale sowie die Validierung des Testinstruments im Vordergrund. Dazu werden neben den standardbasierten Testaufgaben weitere Tests und Fragebögen eingesetzt, z. B. PISA-Aufgaben, kognitiver Grundfähigkeitstest, Lesekompetenztest. Bei der Normierung mittels einer repräsentativen Stichprobe stehen Fragen der Eichung auf ein Bezugsystem im Vordergrund, wobei insbesondere Schwellenwerte für Kompetenzniveaus bestimmt werden.

Im Rahmen dieses Beitrags steht der Einsatz der Aufgaben in der Präpilotierungsstudie im Vordergrund, weshalb sich nachfolgende Darstellung auf diese Studie beschränkt.

Der Einsatz der Items erfolgt in einem Paper-Pencil-Test. Die 169 Items werden auf insgesamt 31 Testhefte verteilt. Die Zusammenstellung der Testhefte erfolgt nach dem Multi-Matrix-Design (Prenzel, Carstensen, Frey, Drechsel & Rönnebeck, 2007).

Die Stichprobe der Präpilotierungsstudie setzt sich aus insgesamt 928 Schülerinnen und Schülern 9. und 10. Jahrgänge allgemeinbildender Schulen in Hessen zusammen. 48,8 % der Probanden sind weiblich, 51,1 % männlich. In Bezug auf die Verteilung auf unterschiedliche Schulformen ergibt sich folgende Verteilung: 24 % Realschule, 49 % Gesamtschule (wobei hier unterschiedliche Typen von Gesamtschulen zusammengefasst sind) sowie 27 % Gymnasium.

Um die Verteilung der Personenparameterschätzer zur Kompetenz der Probanden und die Schwierigkeiten der verwendeten Aufgaben auf einer gemeinsamen Skala abbilden zu können, werden die Rohdaten aus den Testheften skaliert. Der Skalierung wird das dichotome Rasch-Modell zugrunde gelegt (Rost, 2004). Im Rahmen der Auswertung werden Aspekte der Modell- und Itempassung und Aufgabenmerkmale untersucht.

Empirische Befunde

Bei der Skalierung wurden die 169 Items auf ihre Verträglichkeit mit dem Modell getestet. Die empirische Modellprüfung wurde auf der Grundlage der Item-Response-Theorie (IRT) und dem dichotomen Raschmodell mit dem Programm ConQuest durchgeführt (vgl. Rost, 2004). Eine zentrale Voraussetzung für die Gültigkeit des Raschmodells ist die Raschhomogenität. Gilt diese, besteht ein Zusammenhang zwischen der Itemschwierigkeit und der Personenfähigkeit und beide sind auf derselben latenten Dimension gemeinsam darstellbar.

Die Person-Item Map in Abbildung 3 stellt die Schwierigkeit der einzelnen Items[2] und die Verteilung der Personenparameter graphisch dar. Auf der gemein-

---

2 Die einzelnen Items sind als Zahlen von 1 bis 169 dargestellt.

samen intervallskalierten Fähigkeits-/Schwierigkeitsskala mit einer Bandbreite von -3 bis +3 sind jeweils links die Personen (das Zeichen ‚X' repräsentiert 1,4 Personen) und rechts die Items aufgetragen. Je höher die Position einer Person, desto höher ihre Fähigkeit – und je höher die Position eines Items, desto schwieriger ist es. Je höher die Position einer Person im Vergleich zu einem Item, desto höher ist die Wahrscheinlichkeit, dass die Person das Item richtig löst. Liegen Person und Item auf gleicher Höhe, liegt die Wahrscheinlichkeit einer richtigen Lösung bei 50 %. Die Person-Item-Map zeigt, dass es mit Hilfe der eingesetzten Items insgesamt gut gelingt, unterschiedliche Schwierigkeiten abzudecken bzw. ein breites Fähigkeitsspektrum zu erfassen.

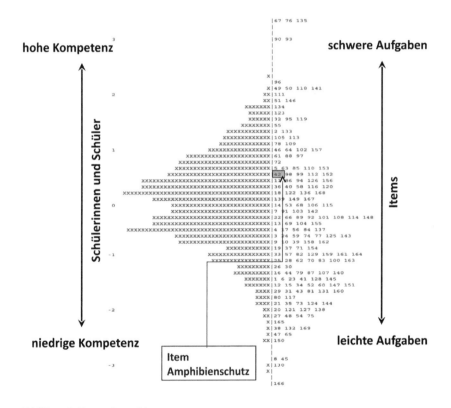

Abbildung 3: Person-Item-Map

Bei der Itemanalyse werden folgende Werte betrachtet: (1) Der Itemfit, anhand dessen die Qualität eines einzelnen Items beurteilt werden kann. Das in ConQuest verwendete Itemfit-Maß ist der ‚weighted mean square' (wMNSQ), der einen Erwartungswert von 1 hat. Werte nahe 1 deuten somit auf eine geringe Abweichung von empirischen und erwarteten Werten hin. Bei diesen Items kann von einem guten Itemfit gesprochen werden. (2) Die zum Itemfit gehörigen T-Werte, über welche die Abweichung vom Erwartungswert (1) eingeschätzt werden kann. T-Werte größer 1.96 weisen auf signifikante Abweichungen des wMNSQ hin. (3) Die Trennschärfe (discrimination), die ein Maß dafür ist, wie gut ein Item zwischen den Probanden im Sinne des Gesamttests zu differenzieren vermag.

Für die Itemanalyse im Projekt ESNaS wurden folgende Schwellenwerte festgelegt: $0.8 \geq MNSQ \geq 1.15$; T-Wert < 1.96; Trennschärfe $> .20$. Die festgelegten Werte dienen als Kriterien für den Ausschluss bzw. die systematische Überarbeitung von Items. Die durchgeführte Itemanalyse zeigt für 160 der 169 Items zufriedenstellende Itemfit-Werte- d. h. diese Items erfüllen die gesetzten Bedingungen hinsichtlich der internen Konsistenz des Tests. Das in Abbildung 2 dargestellte Item „Amphibienschutz" zeigt bspw. einen wMNSQ von 1.02 sowie einen T-Wert von 0.3. Das Item verhält sich damit empirisch gemäß der theoretischen Einstufung im Modell und ist in der Lage, gut zwischen fähigen und weniger fähigen Probanden zu trennen. Insgesamt 9 Items (5,33 % der Items) weisen problematische Werte auf und werden aus dem Itempool genommen oder überarbeitet.

Überdies wurde anhand der Präpilotierungsdaten die Qualität der Distraktoren bei Items im geschlossenen Antwortformat (Multiple-Choice) überprüft und diese ggf. überarbeitet. Kein Distraktor sollte so unwahrscheinlich sein, dass er von weniger als 5 % der Probanden gewählt wird. Items mit psychometrisch problematischen Werten werden erneut einer inhaltlichen Analyse unterzogen. Bspw. wird gefragt, was es aus inhaltlicher Sicht bedeutet, dass ein Distraktor nicht gewählt wurde.

Die Daten der Präpilotierungsstudie dienten daneben auch dazu, die Kodieranweisungen zu überarbeiten und textliche Ausschärfungen in Aufgabenstämmen und Items vorzunehmen (vgl. Kauertz et al., 2010).

Die Verteilung der eingesetzten Antwortformate (geschlossen, halboffen, offen) auf die berechnete Schwierigkeit der Items zeigt keinen auffälligen Einfluss des Antwortformats auf die Itemschwierigkeit. Gemessen an der Gesamtitemzahl ist es gelungen, auch geschlossene Aufgaben (Multiple-Choice) im oberen Schwierigkeitsbereich zu konstruieren, die entsprechend nur von Probanden mit höheren Fähigkeiten gelöst werden.

Der Umfang dieser Präpilotierung erlaubt erst vorläufige Aussagen. Betrachtet man die Verteilung der Itemparameter (empirische Aufgabenschwierigkeit) differenziert nach Komplexität und kognitiven Prozessen (theoretische Einstufung) mithilfe von Boxplots, lassen sich gleichwohl erste Tendenzen erkennen. So zeigt sich in Abbildung 4a, dass höhere Komplexitätsstufen mit höheren Itemparametern (Schwierigkeiten) einhergehen. Ein ebenso gearteter Trend lässt sich in Abbildung 4b erkennen: Höhere kognitive Prozesse korrespondieren ebenfalls mit höheren Aufgabenschwierigkeiten.

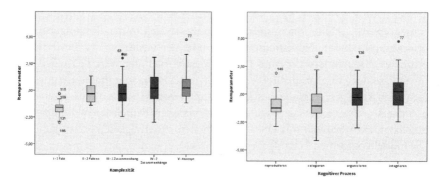

Abbildung 4: Verteilung Itemparameter nach a) Komplexität und b) kognitiven Prozessen

Betrachtet man die Verteilung der Personenfähigkeiten (Mittelwert Personenparameter) differenziert nach dem Geschlecht, zeigen sich keine auffälligen Unterschiede zwischen beiden Geschlechtern. Sollte sich dies in nachfolgenden Studien durch Betrachtung weiterer Größen (u. a. Varianz) bestätigen, wäre es im Hinblick auf die Güte des Testinstrumentes positiv, da der Test geschlechtsneutral sein sollte. Eine Verteilung der Personenfähigkeiten differenziert nach der Schulform zeigt, dass diese sich zwischen den Schulformen nur in geringem Maße unterscheiden. Dies lässt sich sicherlich unterschiedlich interpretieren. Die geringen Unterschiede zwischen den Schulformen könnten auf die spezifische Stichprobe der Präpilotierung (ausschließlich Schulen in Hessen) zurückzuführen sein. Eine weitere mögliche Erklärung wäre, dass Bewertungskompetenz gegenwärtig nur in einem geringen Umfang durch systematische schulische Lernprozesse umgesetzt bzw. gefördert wird, so dass die Personenfähigkeiten zwischen den Schulformen vergleichbar sind. Ein weiterer Erklärungsansatz wäre, dass die Kompetenzunterschiede zwischen den Schulformen im Bereich Bewertung tatsächlich eher gering sind. Für weitere Aussagen diesbezüglich können die Auswertung der Pilotierungs- und Normierungsstudien Aufschluss geben.

Zusammenfassung und Ausblick

Basierend auf Vorarbeiten zur Bewertungskompetenz in verschiedenen Fächern und auf Ergebnissen zur Operationalisierung der Kompetenzbereiche Fachwissen und Erkenntnisgewinnung konnte ein theoretisch begründetes Kompetenzstrukturmodell entwickelt werden, das die Aufgabenschwierigkeit von Testaufgaben im Large-Scale-Assessment a priori vorhersagen soll. Gleichzeitig wird eine inhaltliche Ausdifferenzierung des Kompetenzbereiches in Kompetenzteilbereiche vorgenommen. Schülerinnen und Schüler müssen sich in den Testaufgaben mit Bewertungskriterien, Handlungsoptionen und der Reflexion des Bewertungsprozesses auseinandersetzen und Bewertungen vornehmen oder beurteilen. Die Ergebnisse des Einsatzes der 169 entwickelten Items in einer Präpilotierungsstudie (N=928) zeigen, dass die Raschhomogenität von 94 % der Items gegeben ist und die als schwierigkeitserzeugend angenommenen Dimensionen Komplexität und kognitive Prozesse mit einer höheren Itemschwierigkeit korrespondieren. Die modellkonformen Testaufgaben sind insgesamt in der Lage ein breites Fähigkeitsspektrum zu erfassen. In der nachfolgenden Pilotierungsstudie, die zurzeit (Herbst/Winter 2011) an 3000 Schülerinnen und Schülern 9. und 10. Jahrgangstufen in unterschiedlichen Bundesländern mit dem überarbeiteten Testinstrument durchgeführt wird, werden weitergehende Untersuchungen vorgenommen. Auf Basis der Pilotierungsdaten wird vor allem geprüft, ob die Teilbereiche auf der Inhaltsdimension für den Kompetenzbereich Bewertung auch empirisch trennbar sind. Darüber hinaus wird geprüft, wie hoch der Einfluss der kognitiven Fähigkeiten und der Lesekompetenz auf die so operationalisierte Bewertungskompetenz ist. Ferner wird in einer Zusatzstudie geklärt, welchen Einfluss der Aufgabenkontext bzw. die Konexteigenschaften (z. B. Interesse) auf die Schwierigkeit der Aufgaben haben (Werner, Schwanewedel & Mayer, 2011). Die Befunde können der Erweiterung des Kompetenzkonstrukts und der Testinstrumente dienen. Ein empirisch gesichertes Modell bietet die Basis für eine qualitative Beschreibung von Kompetenzstufen. Mit empirisch abgesicherten Aufgaben liegt zudem ein Testinstrument zur Erfassung von Bewertungskompetenz vor, mit dem die Schülerleistungen größerer Gruppen (z. B. Bundesländer) mit erwarteten Leistungen verglichen werden können, um so u. a. Unterrichtsentwicklung beobachten und steuern zu können (Walpuski & Ropohl, 2011).

Literatur

Anderson, L. W., Krathwohl, D. R., Airasian, P. W., Cruikshank, K. A., Mayer, R. E., Pintrich, P. R. et al. (2001). *A Taxonomy for Learning, Teaching and Assessing: a Revision of Bloom's Taxonomy of Educational Objectives*. New York [u. a.]: Addison Wesley Longman.

Betsch, T., & Haberstroh, S. (2005). *Current Research on Routine Decision Making: Advances and Prospects, The Routines of Decision Making*. Mahwah: Erlbaum Associates.

Bögeholz, S., Hößle, C., Langlet, J., Sander, E., & Schlüter, K. (2004). Bewerten – Urteilen – Entscheiden: Modelle in der Biologiedidaktik. *Zeitschrift für Didaktik der Naturwissenschaften, 10*, 89–115.

Eggert, S., & Bögeholz, S. (2006). Göttinger Modell der Bewertungskompetenz – Teilkompetenz „Bewerten, Entscheiden und Reflektieren" für Gestaltungsaufgaben Nachhaltiger Entwicklung. *Zeitschrift für Didaktik der Naturwissenschaften, 12*, 177–197.

Eggert, S., & Bögeholz, S. (2010). Students' Use of Decision-Making Strategies with Regard to Socioscientific Issues: An Application of the Rasch Partial Credit Model. *Science Education, 94*(2), 230–258.

Eilks, I., Feierabend, T., Hößle, C., Höttecke, D., Menthe, J. et al. (2011). Bewerten lernen und Klimawandel in vier Fächern. *MNU, 64*(1), 7–10.

Hostenbach, J., Fischer, H. E.; Kauertz, A., Mayer, J., Sumfleth, E., & Walpuski, M. (2011). Modellierung der Bewertungskompetenz in den Naturwissenschaften zur Evaluation der Nationalen Bildungsstandards. *Zeitschrift für Didaktik der Naturwissenschaften* (eingereicht).

Jungermann, H., Pfister, H. R., & Fischer, K. (2005). *Die Psychologie der Entscheidung*. Heidelberg: Spektrum Akademischer Verlag.

Kauertz, A. (2008). *Schwierigkeitserzeugende Merkmale physikalischer Leistungstestaufgaben*. Berlin: Logos Verlag.

Kauertz, A., Fischer, H. E., Mayer, J., Sumfleth, E., & Walpuski, M. (2010). Standardbezogene Kompetenzmodellierung in den Naturwissenschaften der Sekundarstufe I. *Zeitschrift für Didaktik der Naturwissenschaften, 16*, 135–153.

KMK – Sekretariat der Ständigen Konferenz der Kultusminister der Länder in der Bundesrepublik Deutschland. (2005). *Bildungsstandards im Fach Biologie für den Mittleren Bildungsabschluss*. München: Luchterhand.

Mayer, R. E. (2001). A Cognitive Theory of Multimedia Learning. In R. E. Mayer (Ed.), *Multimedia Learning* (pp. 41–62). Cambridge: Cambridge University Press.

Neumann, I. (2011). *Beyond Physics Content Knowledge. Modeling Competence Regarding Nature of Scientific Inquiry and Nature of Scientific Knowledge.* Berlin: Logos.

Parchmann, I. (2010). Kompetenzmodellierung in den Naturwissenschaften. Vielfalt ist wertvoll, aber nicht ohne ein gemeinsames Fundament. Review In E. Klieme, D. Leutner, & M. Kenk (Eds.) *Kompetenzmodellierung. Eine aktuelle Zwischenbilanz des DFG-Schwerpunktprogramms* (pp. 135–142). Weinheim: Beltz.

Poschmann, C., Riebenstahl, C., & Schmidt-Kallert, E. (1998). *Umweltplanung und -bewertung.* Gotha: Justus Perthes Verlag.

Prenzel, M., Carstensen, C. H., Frey, A., Drechsel, B., & Rönnebeck, S. (2007). PISA 2006 – Eine Einführung in die Studie. In M. Prenzel et al. (Eds.) *PISA 2006. Die Ergebnisse der dritten internationalen Vergleichsstudie* (pp. 31–59). Münster: Waxmann.

Reitschert, K. (2009). Ethisches Bewerten im Biologieunterricht: Eine qualitative Untersuchung zur Strukturierung und Ausdifferenzierung von Bewertungskompetenz in bioethischen Sachverhalten bei Schülern der Sekundarstufe I. Hamburg: Kovač.

Reitschert, K., & Hößle, C. (2007). Wie Schüler ethisch bewerten. *Zeitschrift für Didaktik der Naturwissenschaften, 13,* 125–142.

Ropohl, M. (2010). *Modellierung von Schülerkompetenzen im Basiskonzept Chemische Reaktion: Entwicklung und Analyse von Testaufgaben.* Berlin: Logos.

Rost, J. (2004). *Lehrbuch Testtheorie –Testkonstruktion.* Bern: H. Huber.

Sadler, T. D., & Zeidler, D. L. (2004). The Morality of Socioscientific Issues: Construal and Resolution of Genetic Engineering Dilemmas. *Science Education, 88*(1), 4–27.

Sadler, T. D., Barab, S. A., & Scott, B. (2007). What Do Students Gain by Engaging in Socioscientific Inquiry. *Research in Science Education, 37,* 371–391.

Schecker, H., & Höttecke, D. (2007). „Bewertung" in den Bildungsstandards Physik. Aufgaben zum Kompetenzbereich „Bewertung". *Unterricht Physik, 18*(97), 29–37.

SEPUP (1995). *Issues, Evidence, and You: Teacher's Guide.* Berkeley: University Of California, Lawrence Hall of Science.

Walpuski, M., & Ropohl, M. (2011). Einfluss des Testaufgabendesigns auf Schülerleistungen in Kompetenztests. *Naturwissenschaften im Unterricht Chemie, 22*(124/125), 82–86.

Walpuski, M., Kampa, N., Kauertz, A., & Wellnitz, N. (2008). Evaluation der Bildungsstandards in den Naturwissenschaften. *MNU, 61*(6), 323–326.

Walpuski, M., Kauertz, A., Kampa, N., Fischer, H. E., Mayer, J. et al. (2010). ESNaS – Evaluation der Standards für die Naturwissenschaften in der Sekundarstufe I. In A. Gehrmann, U. Hericks, & M. Lüders (Eds.). *Bildungsstandards und Kompetenzmodelle* (pp. 171–184). Bad Heilbrunn: Julius Klinkhardt.

Werner, M., Schwanewedel, J., & Mayer, J. (2011). Bewertungskompetenz von Schülerinnen und Schülern der Sek. I – Der Kontext als schwierigkeitserzeugendes Merkmal in Leistungstestaufgaben? In *Tagung der FDdB im VBIO 12.09.–16.09.2011 Universität Bayreuth – Zusammenfassung der Beiträge*, pp. 168–169.

Neele Alfs/Corinna Hößle

Ethisches Bewerten fördern – Ergebnisse einer qualitativen Untersuchung zum fachdidaktischen Wissen von Biologielehrkräften zum Kompetenzbereich Bewertung

Zusammenfassung

Mit Einführung der Bildungsstandards 2004 muss der Kompetenzbereich Bewertung im Biologieunterricht gezielt gefördert werden. Bisher gibt es jedoch keine empirisch abgesicherten Ergebnisse, wie Lehrkräfte ihren Unterricht zu diesem Kompetenzbereich gestalten. Ziel dieser Studie ist es daher zu erfassen, welches fachdidaktische Wissen Biologielehrkräfte zur Förderung der Bewertungskompetenz aufweisen. In fünf Teilbereichen (institutionelle Rahmenbedingungen, Lernerperspektiven, Themenauswahl, Unterrichtsmethoden, Leistungsbeurteilung) wird diese Fragestellung qualitativ durch neun problemzentrierte Interviews erforscht. Die Ergebnisse zeigen eine starke Verunsicherung der Lehrkräfte bezüglich dieses Kompetenzbereiches und daraus resultierend eine geringe Umsetzung. Aus den Ergebnissen werden Schlussfolgerungen für eine Optimierung der Lehreraus- und Weiterbildung gezogen.

Abstract

When introducing the educational standards in 2004, the competence of moral judgement should be enhanced within biology lessons. Until today, no empirical studies exist that show how teachers design their lessons in this field. The aim of this study was to determine the pedagogical knowledge of biology teachers regarding the enhancement of the competence of moral judgement. With the help of nine problem-centered interviews the question was explored using five sub-areas (institutional frameworks, learner perspectives, selecting topics, teaching methods, assessment). The results show that a high level of teacher's uncertainty exists regarding this area of competence and hence resulting in a low level of implementation within lessons. Conclusions may be drawn from these results to improve the education of teachers.

Ziel der Untersuchung

„Das Gruseln vor dem Gen-Mais"[1] oder „Ökoterroristen attackieren die Forschungsfreiheit"[2] sind Schlagzeilen, die nahezu täglich die mediale Diskussion bestimmen. Unterschiedliche „gen-ethische" oder umweltethische Kontexte, die auf neuen biologischen Erkenntnissen oder technologischen Neuerungen basieren, konfrontieren die Gesellschaft mit ethischen Fragestellungen. Besonders im Bereich der Naturwissenschaften spielt anwendbare biologische Grundbildung eine wesentliche Rolle, weil die heutige Wissensgesellschaft durch die Verbindung von Gesellschaft und Wissenschaft geprägt ist. Im Sinne des Konzeptes der Scientific Literacy (Gräber & Nentwig, 2002) ist dafür nicht nur biologisches Fachwissen wichtig, sondern ebenso die Förderung der ethischen Urteilsbildung. Mit dem Erlass der nationalen Bildungsstandards durch die Kultusministerkonferenz 2004 wurde daher neben den Bereichen Fachwissen, Erkenntnisgewinnung und Kommunikation, die Förderung der Kompetenz „Bewertung" verbindlich vorgeschrieben (KMK, 2004).

Die Relevanz der Auseinandersetzung von Schülerinnen und Schülern mit bioethischen Fragestellungen im Biologieunterricht ist unbestritten, dennoch zeigen Gespräche auf Tagungen und Fortbildungen sowie Recherchen in der Literatur (vgl. Eilks et al., 2011; Langlet, 1999; Lind, 2006; Meisert, 2010), dass die Ausgestaltung dieses Kompetenzbereichs große Schwierigkeiten für die Lehrkräfte birgt, die dazu führen, dass ethische Implikationen im Biologieunterricht bisher eher ausgeklammert werden. Es gibt jedoch keine empirisch abgesicherten Ergebnisse, wie Lehrkräfte ihren Unterricht zu diesem Kompetenzbereich gestalten. Ziel dieser Untersuchung ist es daher zu erfassen, welches fachdidaktische Wissen (pedagogical content knowledge) Biologielehrkräfte zur Förderung der Bewertungskompetenz im Biologieunterricht aufweisen. Die Ergebnisse werden anschließend für die Formulierung von didaktischen Leitlinien für die Lehreraus- und Fortbildung genutzt und leisten damit einen Beitrag zur Qualitätssicherung des Biologieunterrichts entlang der normativen Standards. Nur durch das Verständnis für die Unterrichtswirklichkeit können sich Ansätze für die Aus- und

---

1   Bublitz, N. (2008) In: Stern 17.01.2008; abrufbar unter: http://www.stern.de/wissen/natur/gruene-gentechnik-das-gruseln-vor-dem-genmais-608150.html
2   Sentker, A. (2011) In: DIE ZEIT 2011(30), 21.07.2011.

Weiterbildung von Lehrkräften ergeben und damit die Unterrichtsqualität gesteigert werden. Dieses formulierte bereits Shulman (1987, S. 11) als wesentliches Ziel seines Forschungsansatzes zum pedagocical content knowledge: „[…] we attempt to infer principles of good practice that can serve as useful guidelines for efforts of educational reform".

Theoretischer Hintergrund

Die Grundlage dieser Untersuchung bilden Studien zum professionellen Wissen von Lehrkräften (Baumert & Kunter, 2006; Shulman, 1986) sowie zum Kompetenzbereich Bewertung (Hößle, 2001; Reitschert, 2009). Da bisher hauptsächlich quantitative Studien zum Lehrerwissen sowie Studien zur Kompetenz von Schülerinnen und Schülern im Bereich „Bewertung" vorliegen, bietet diese Untersuchung einen neuen Ansatz zum vertieften Verständnis des fachdidaktischen Wissens von Biologielehrkräften. Bewertungskompetenz wird dabei als „mündige, reflektierte Diskurs- und Entscheidungsfähigkeit seitens der Schüler in kontrovers diskutierten Themenkomplexen" (Reitschert, 2009, S. 12) verstanden, die durch Lehrkräfte im Biologieunterricht gezielt gefördert werden soll. Im Sinne der Scientific Literacy sollen Schülerinnen und Schüler die Kompetenz erlangen, sich mit bioethischen Konfliktgebieten bewusst auseinanderzusetzen und diese ethisch zu bewerten (Alfs, 2012; Hößle, 2001).

Der Fokus liegt dabei auf dem fachdidaktischen Wissen (pedagogical content knowledge) (Shulman, 1986), welches als die Basis für erfolgreiches Unterrichten angesehen wird. Dieses Wissen ermöglicht es der Lehrkraft fachspezifische Unterrichtsinhalte so aufzubereiten, dass sie zum Wissensaufbau der Schülerinnen und Schüler geeignet sind. Verschiedene Studien (Krauss et al., 2009) konnten zeigen, dass das fachdidaktische Wissen wesentlich für die Vermittlung von fachlichen Inhalten ist und mit einer hohen Unterrichtsqualität einhergeht. Nach Baumert & Kunter (2011, S. 29) gilt die „didaktische Vorbereitung und Inszenierung von Unterricht […] als die zentrale Anforderung des Berufs". Es wird dabei davon ausgegangen, dass dieses Wissen individuell, nicht statisch, sondern veränderbar und abhängig von der Domäne ist (Magnusson, Krajcik & Borko, 1999; Loughran, Berry & Mulhall, 2006; Shulman, 1986). In dieser Untersuchung bezieht es sich daher speziell auf den Bereich Bewertungskompetenz. Die Autoren der COACTIV-Studie (Krauss et al., 2009; Kunter, Klusmann & Baumert, 2009) fanden für ihre gemessenen Facetten im Bereich Mathematik heraus, dass die Qualität des fachdidaktischen Wissens unabhängig von Alter, Geschlecht und Berufserfahrung ist und bereits Berufsanfänger ein hohes fachdidaktisches Wissen aufweisen können. Einigkeit unter verschiedenen Autoren (Loughran, Mulhall & Berry, 2004; Shulman, 1986; Van Dijk & Kattmann, 2007; Van Driel, Verloop & de Vos, 1998) besteht außerdem darin, dass fachdidaktisches Wissen lebenslang weiterentwickelt werden kann und die Entwicklung nicht linear erfolgen muss. Fortbildungen, Weiterbildungen, Projektarbeit in Lehrersets oder Workshops können einen positiven Einfluss auf das fachdidaktische Wissen haben.

Eine tiefergehende Beschreibung des fachdidaktischen Wissens erfolgt v. a. durch die inhaltliche Ausdifferenzierung in Wissensfacetten. Hier gibt es unter den Autoren keine allgemein akzeptierte Konzeptualisierung (vgl. Schmelzing, Wüsten, Sandmann & Neuhaus, 2008). Diese Arbeit bezieht in Anlehnung an Loughran et al. (2006), Magnusson et al. (1999), Park & Oliver (2007) und Shulman (1986) fünf Wissensfacetten ein:

1. Wissen über kontextuelle Rahmenbedingungen
Jede Lehrkraft muss sich mit institutionellen Vorgaben auseinandersetzen und sie in ihr Wissen und Handeln einbeziehen. Diese können auf der Ebene der einzelnen Schule und auf landes-, oder bundesweiter Ebene vorgegeben sein. Shulman (1986) geht davon aus, dass eine Lehrkraft nur erfolgreich unterrichten kann, wenn sie mit Curricula und Standards vertraut ist.

2. Wissen über Lernerperspektiven
Um Unterricht an den Bedürfnissen der Schülerinnen und Schüler, ihrem Vorwissen und ihren Vorstellungen ausrichten zu können, muss eine Lehrkraft Wissen über typische inhaltliche Schülerkognitionen besitzen und diese für ihren Unterricht nutzbar machen.

3. Wissen über das didaktische Potenzial der Themen
Aus der Vielzahl von Inhalten und Themen, die durch Curricula oder Standards vorgegeben sind, muss die Lehrkraft auswählen und v. a. begründen können, warum gerade sie eine Bedeutung für ihre Schülerinnen und Schüler haben. Nur mit ausreichend fachdidaktischem Wissen in diesem Bereich können bedeutungsvolle Lernumgebungen für die Schülerinnen und Schüler geschaffen und fachliche Inhalte verständlich unterrichtet werden.

4. Wissen über fachspezifische Unterrichtsmethoden
Um ein fachliches Thema erfolgreich zu vermitteln, muss es u. a. methodisch aufbereitet werden. Dazu muss eine Lehrkraft Wissen darüber besitzen, wie sie das Fachwissen mit Hilfe von Unterrichtsmethoden und Strategien (Analogien, Metaphern, Beispiele, Demonstrationen und Erklärungsansätze) für die Schülerinnen und Schüler erlernbar machen kann.

5. Wissen über Leistungsbeurteilung
Eine Lehrkraft muss im Unterricht fortwährend Schülerleistungen diagnostizieren und bewerten. Dazu benötigt sie Wissen darüber, welche Aspekte des Unter-

richts beurteilt werden müssen und nach welchen Kriterien und mit welchen Methoden die Leistungsbewertung stattfinden kann.

Untersuchungsdesign und Methodik

1. Fragestellung

Welche Ausdifferenzierungen weist das fachdidaktische Wissen von Biologielehrkräften zum Kompetenzbereich „Bewertung" am Beispiel Grüne Gentechnik auf?

Hinsichtlich der Wissensfacetten des fachdidaktischen Wissens, die in dieser Untersuchung im Fokus stehen, ergeben sich fünf Unterfragen, die sich jeweils auf einen Teilbereich beziehen:

Welches fachdidaktische Wissen besitzen Biologielehrkräfte zum Kompetenzbereich Bewertung über …
… die kontextuellen Rahmenbedingungen?
… die Lernerperspektiven?
… das didaktische Potenzial geeigneter Themen?
… spezifische Unterrichtsmethoden?
… die Leistungsbeurteilung?

2. Erhebungsmethode und Stichprobe

Die Fragestellung dieser Arbeit bezieht sich nicht auf einen Vergleich von Wissensstrukturen (z. B. Lehramtsanfänger vs. erfahrene Lehrkräfte), wie es häufig im Rahmen der Lehrerprofessionalitätsforschung vorkommt (Bromme, 1992), sondern auf die Darlegung der unterschiedlichen Konzepte erfahrener Lehrkräfte bei der Förderung von Bewertungskompetenz. Die Ausrichtung dieser Untersuchung ist dementsprechend qualitativ, d. h. Zusammenhänge und Prozesse sollen im Sinne der hermeneutischen Analyse tiefergehend verstanden und erläutert werden. Um dem Wissen der befragten Lehrkräfte Raum zu geben, ist die Forschung offen bezüglich der Antworten angelegt (Diekmann, 2009). Dazu wurden für die Datenerhebung leitfadenstrukturierte, problemzentrierte Interviews ausgewählt: „Gerade im qualitativen Interview hat der Befragte die Möglichkeit, seine Wirklichkeitsdefinitionen dem Forscher mitzuteilen" (Lamnek, 2005, S. 348). Als Basis für die Datenerhebung wird im Rekurs auf Shulman (1986) davon ausgegangen, dass das professionelle Wissen der Lehrkräfte ihnen als Basis für kompetentes Handeln im Unterricht dient und dieses dialogisch im Interview erfragt und anschließend in der Auswertung rekonstruiert werden kann (Bromme, 1992). Um eine Zentrierung auf den Themenbereich zu erreichen, aber dennoch Offenheit für die Antworten der Befragten zu gewährleisten, stellen leitfadengestützte, problemzentrierte Interviews eine adäquate Möglichkeit dar, gezielt auf den Forschungsbereich zu fokussieren. Der Leitfaden wird dabei als Vorstrukturierung des Interviews genutzt, um alle für die Forschung wesentlichen Aspekte abzudecken. Er „enthält lediglich die Forschungsthemen, fungiert als Orientierungsrahmen und Gedächtnisstütze für den Interviewenden [...]" (Friebertshäuser & Langer, 2010, S. 442).

Geschlossene Aufgabenformate sind für die Erforschung des fachdidaktischen Wissens nur bedingt möglich, da oftmals schwer zwischen „richtig" und „falsch" entschieden werden kann. Hier verkäme die Forschung schlechtesten Falls zu einer reinen Wissensabfrage. Zudem würde ein solches Aufgabenformat möglicherweise unerwartete und kreative Begründungen von Lehrkräften ausschließen, da bereits ein Erwartungshorizont vorgegeben wird. Auch andere Studien zum fachdidaktischen Wissen (Brunner et al., 2006; Loughran et al., 2004; Schmelzing et al., 2008; Van Dijk, 2010) arbeiten mit qualitativen Ansätzen.

Aufgrund dieser Ausrichtung der Untersuchung wurde keine große Zufallsstichprobe gezogen, sondern eine gezielte Auswahl der befragten Lehrkräfte im Sinne des „theoretischen Samplings" (Glaser & Strauss, 1999) fand statt. Sie umfasst neun Biologielehrkräfte des Gymnasiums, die sich hinsichtlich ihres Zweitfaches (Werte & Normen, Politik, Religion, Chemie, Mathe, Englisch) und der Länge ihrer Berufspraxis (4–37 Jahre) unterscheiden. Zusätzlich wurden die Lehrkräfte so ausgewählt, dass jeweils drei Personen Teilnehmer des Projektes Biologie im Kontext (*bik*), des Projektes HannoverGEN und drei Personen ohne zusätzliche Schulung in der Förderung von Bewertungskompetenz sind. Ein Rückbezug auf die Wirksamkeit von Fortbildungsangeboten innerhalb von Unterrichtsprojekten ist so möglich. Es wurde gezielt auf eine möglichst große Streuung geachtet, um einen maximalen Kontrast zu erreichen. Die Maximierung der Unterschiede erhöht die Wahrscheinlichkeit, eine größtmögliche Heterogenität in der beforschten Gruppe abzubilden und somit für die Auswertung nutzbar zu machen. Die Datenerhebung wurde nach neun Interviews abgeschlossen, da bei der Auswertung eine Sättigung festzustellen war. Es zeigten sich ab der ersten Subebene keine neuen relevanten Konzepte und Äußerungen mehr, so dass davon auszugehen ist, dass zusätzliche Interviews keine qualitativ neuen Hinweise mehr erbringen würden (Gropengießer, 2005). Dies schließt allerdings nicht aus, dass weitere – in dieser Untersuchung nicht erfasste – Konzepte, Probleme etc. bezüglich dieses Themenbereiches vorhanden sind. Diese würden sich jedoch lediglich auf Sub-Sub-Ebenen abbilden und keine Änderungen auf den Hauptgliederungsebenen hervorrufen.

3. Datenaufbereitung und -auswertung

Die Interviews wurden digital aufgezeichnet und anschließend transkribiert, redigiert (Gropengießer, 2005) und mittels der qualitativen Inhaltsanalyse nach Mayring (2008) ausgewertet. Die Auswertung verlief in einer Mischform: Die fünf Wissensfacetten des fachdidaktischen Wissens (siehe Theoretischer Hintergrund), die dieser Untersuchung zugrunde liegen, wurden als deduktiv abgeleitete Oberkategorien festgesetzt und durch induktive Kategorien aus dem Material ergänzt. Der Vorteil deduktiv gewonnener Kategorien besteht in ihrer Systematik und Nachvollziehbarkeit, nachteilig ist die mangelnde Offenheit. Die induktive Kategorienbildung hingegen bietet eine größtmögliche Offenheit für die Aussagen des Materials. Das gemischte Vorgehen ermöglicht so eine systematische und vollständige Herausarbeitung des fachdidaktischen Wissens der Lehrkräfte zum Kompetenzbereich Bewertung. Zur Unterstützung des Auswertungsprozesses bei der Bildung des Kategoriensystems, aber auch zur Herstellung von Transparenz und intersubjektiver Nachvollziehbarkeit wurde das Programm MAXQDA 2007 genutzt. Die Speicherung der Interviewtexte, des Kategoriensystems und der Zuordnung von Kategorien zu Textpassagen ermöglichten diskursive Analyseprozesse mit anderen Forschern. Die Reliabilität und Validität wurden somit erhöht und der Kritik der willkürlichen und nicht-nachvollziehbaren Dateninterpretation in der qualitativen Forschung entgegengewirkt.

Auf Grundlage des erarbeiteten Kategoriensystems und der erstellten Kategorien fand eine interpretative Analyse in vier Schritten statt:
1. Eine Ausdifferenzierung des fachdidaktischen Wissens der befragten Lehrkräfte hinsichtlich der fünf Wissensfacetten.
2. Ein Vergleich des erhobenen Praxiswissens mit den normativen Vorgaben durch Bildungsstandards und Kerncurricula.
3. Ein Vergleich des erhobenen fachdidaktischen Wissens zwischen den Lehrkräften mit Projektteilnahme und denen ohne Mitarbeit in einem Unterrichtsprojekt.
4. Die Konzipierung von didaktischen Leitlinien zur Optimierung der Lehreraus- und -weiterbildung zum Kompetenzbereich „Bewertung".

Darstellung und Diskussion der Ergebnisse

Im Folgenden werden exemplarisch die Ergebnisse der Wissensfacette „Wissen über kontextuelle Rahmenbedingungen" vorgestellt und bezüglich ihrer Relevanz und Nutzbarkeit für die Optimierung der Lehreraus- und Weiterbildung diskutiert. Aufgrund der kleinen und gezielten Stichprobenauswahl lassen sich die Ergebnisse nicht verallgemeinern, dennoch ermöglichen sie erste Erkenntnisse, die in Folgeuntersuchungen quantitativ überprüft werden müssen. Auf die anderen Wissensfacetten sowie den Vergleich des erhobenen fachdidaktischen Wissens mit den normativen Vorgaben (2.) und den Vergleich zwischen Lehrkräften mit und ohne Projektteilnahme (3.) kann aus Platzgründen nicht eingegangen werden (siehe dazu Alfs, 2012).

Wissensfacette „Wissen über kontextuelle Rahmenbedingungen"

Die Ergebnisse dieser Wissensfacette zeigen, dass die befragten Lehrkräfte den Kompetenzbereich Bewertung entsprechend der Vorgaben durch die Bildungsstandards definieren. Sie nutzen dazu folgende Beschreibungsmerkmale: Bewertungskompetenz zeichnet sich durch die Förderung von Teilkompetenzen (Wahrnehmen moralischer Relevanz, Folgenreflexion, Perspektivenwechsel, Urteilen) sowie durch unterschiedliche Prozessmerkmale (Anwenden von Bewertungsstrategien, Förderung als Spiralcurriculum, Einbezug unterschiedlicher Ebenen, Zusammenspiel mit dem Fachwissen) aus. Bei der Beschreibung des Kompetenzbereichs Bewertung durch eine oder mehrere Teilkompetenzen von Bewertungskompetenz, die Reitschert, Langlet, Hößle, Mittelsten Scheid, und Schlüter (2007) theoriegeleitet festlegten, fällt auf, dass vorrangig die Teilkompetenzen (Folgenreflexion, Perspektivwechsel, Urteilen) genannt werden, die an das Fachwissen assoziiert und somit eher naturwissenschaftlich orientiert sind. Kompetenzen, die sich auf normative Aspekte beziehen, stehen eher im Hintergrund. Des Weiteren zeigte sich, dass die Lehrkräfte die Teilkompetenzen als separate Bereiche ansehen, die es „abzuarbeiten" gilt, Verbindungen untereinander und Entwicklungsstufen werden nicht angesprochen. Ein höheres Abstraktionsniveau findet sich in den Beschreibungen einiger Lehrkräfte, die Prozessmerkmale (siehe oben) einbeziehen. Hierbei wird Bewertung als sich entwickelnde Kompetenz über mehrere Stufen und im Zusammenspiel mit unterschiedlichen Ebenen und Kompetenzbereichen definiert – so wie es die normativen Vorgaben fordern:

„Im Prinzip muss man das ja in Fünf anfangen, oder noch früher. […] Das muss sich aufbauen und das muss in jeder Jahrgangsstufe wieder neu aktiviert werden, da müssen immer wieder neue Beispiele dazukommen" (Frau Halle, Z. 38).

Im Bezug auf die konkrete Unterrichtspraxis, ergaben die Interviews, dass die Lehrkräfte zwar die gesellschaftliche Relevanz dieser Kompetenz und ihren Aktualitätsbezug bestätigen, jedoch viele Schwierigkeiten der Umsetzung entgegenstehen. Diese beziehen sich auf drei Ebenen: Schule, Lehrer, Schüler (siehe Tabelle 1).

Tabelle 1: Schwierigkeiten mit der Förderung von Bewertungskompetenz

Schule	Lehrer	Schüler
Überfüllter Lehrplan	Ausbildungsmangel	Ablehnende Haltung
Abiturvorgaben	Kompetenzmangel	Fehlende Kommunikations-kompetenz
Zeitmangel	Ergebnisoffenheit	Ergebnisoffenheit
Fehlende Kooperation mit Kollegen	Materialmangel	Fehlende Fachgrundlagen
	Erhöhter Arbeitsaufwand	Vorschnelles Urteilen
	Umgang mit der eigenen Meinung	Moralischer Zeigefinger
	Leistungsbeurteilung	Mangelndes Sozialverhalten
	Ablehnende Haltung	

Im Folgenden werden einige Schwierigkeiten aus der Ebene der Lehrkraft exemplarisch dargestellt.

Die befragten Lehrkräfte beschreiben, dass ihnen v. a. eine grundlegende *Ausbildung* in der Förderung von Bewertungskompetenz fehlt. Studium und Lehrerfortbildungen bezogen sich bisher hauptsächlich auf die Vermittlung von biologischem Fachwissen. Gesellschaftlich kontrovers diskutierte Aspekte werden nur selten einbezogen und v. a. methodisch wenig eingebettet. Resultierend aus dem Ausbildungsdefizit ergibt sich, dass alle interviewten Lehrkräfte sich nicht kompetent genug fühlen, um Bewertungsprozesse zu fördern. Sie beschreiben, dass sie aus dieser Unsicherheit heraus Bewerten bisher wenig in den Unterricht integrieren:

> „Ganz einfach, als alte Bio-Lehrerin sind sie es so gewohnt: Sie legen eigentlich nur ihre Fakten dar und sie erklären den Schülern die Welt – ohne ihnen zu sagen, wie sie sie für sich selber gewichten können. [...] Und ich denke, dass das den Kollegen die meisten Probleme bereitet – nicht, dass die unwillig sind und auch nicht, dass sie unfähig sind, aber ich glaube, alles, was so ein bisschen angstbesetzt ist, das läuft nicht gut" (Frau Lahnstein, Z. 141).

Die Überforderung der Fachlehrkräfte durch das Einbinden bioethischer Thematiken in den Biologieunterricht aufgrund einer mangelnden Ausbildung bestätigt Dittmer (2006). Er bezieht dieses auf die Fachkultur im Studium, bei der viele fachliche Inhalte bearbeitet, aber keine Verbindungen zwischen Fächern und v. a. keine gesellschaftlichen Relevanzen aufgezeigt werden. Ein Ergebnis, was 1998 bereits von Kruse (1998) als Grund für die fehlende Umsetzung von bioethischen Aspekten im Biologieunterricht festgestellt wurde. Diese Problematik scheint bisher nicht ausreichend behoben worden zu sein.

Ein weiterer Schwierigkeitsbereich, der zu einer starken Verunsicherung der Lehrkräfte führt, ist die *Ergebnisoffenheit* ethischer Thematiken. Die naturwissenschaftliche Ausrichtung des herkömmlichen Biologieunterrichts führt dazu, dass die Lehrkräfte daran orientiert sind, biologische Fakten zu bewerten. Unterrichtsphasen, in denen die ethische Bewertung im Mittelpunkt steht, lassen eine Unterteilung in „richtig" vs. „falsch" jedoch nicht zu:

> „Und das ist bei solchen Themen schwierig, man kann ja nicht sagen: ,Das ist gut, das ist schlecht'. Auch in Lehrerhandbüchern steht nicht drin, wenn es um Bewertung geht, was jetzt letztendlich die Lösung des Problems ist. Das macht es schwierig, das zu unterrichten" (Herr Jung, Z. 79).

Auffällig ist, dass die Problematik der Ergebnisoffenheit vorrangig von rein naturwissenschaftlich ausgerichteten Lehrkräften genannt wurde. Die Lehrkräfte, die als Zweitfach eine Geistes- oder Gesellschaftswissenschaft haben, nutzen zum Umgang mit diesem Konflikt offensichtlich die Kenntnisse aus ihrem anderen Fach, so dass diese Problematik für sie geringer ausfällt. Es zeigt sich, dass einige der interviewten Lehrkräfte Probleme mit der veränderten Rolle der Lehrkraft bei der Bearbeitung von bioethischen Themen aufweisen. Sie nimmt hier eine moderierende und initiierende Position ein, die gemeinsam mit den Schülerinnen und Schülern nach verantwortbaren Lösungen und eigenen Urteilen sucht. Eine Unterscheidung in „richtig" und „falsch" und die Allwissenheit der Lehrkraft ist nicht gefordert und entspricht eher der traditionellen Lehrerrolle, bei der die Lehrkraft eine (fachliche) Wahrheit verkündet. Erschwerend kommt hinzu, dass aus Sicht der Lehrkräfte *nicht genügend Unterrichtsmaterialien* zu diesem Kompetenzbereich vorhanden sind. Die Unsicherheit und Hemmschwelle werden hierdurch gefördert, da es wenig Orientierungsmöglichkeiten für die Lehrkräfte gibt. Zudem führt dieser Mangel zu einem *erhöhten Arbeitsaufwand*, den die Lehrkräfte scheuen. Sie stehen vor der Herausforderung, sich fachlich in ein fremdes Thema und zusätzlich in neue didaktisch-methodische Ansätze einarbeiten müssen.

Die genannten Schwierigkeiten führen dazu, dass die interviewten Lehrkräfte berichten, dass viele Kollegen eine *ablehnende Haltung* gegenüber Bewertungskompetenz angenommen haben und daher die Zusammenarbeit in Kollegien erschwert ist. Die Weitergabe von Materialien und Informationen sowie die Zusammenarbeit zu diesem Kompetenzbereich werden nahezu abgeblockt.

Alle dargestellten Schwierigkeiten führen zu einer Frustration bei den befragten Lehrkräften, weil sie die Einbindung ethischer Aspekte als wichtig erachten, ihnen aber, aus ihrer Sicht, die Förderung entweder nicht zufriedenstellend gelingt oder durch äußere Bedingungen erschwert wird. Bei Frau Halle (Z. 32) wird die Frustration deutlich sichtbar: *„Das sind alles so Gründe, sich lieber nicht damit zu beschäftigen"*. Hierbei ist eine interessante „Ursachen-Folgen-Verknüpfung" zu konstatieren: Da die Lehrkräfte den erhöhten Arbeitsaufwand bei bewertungskompetenten Arbeitsphasen scheuen, entwickeln sich keine Routinen; da sie keine Routinen haben, kommt es zu einem erhöhten Arbeitsaufwand und einer ablehnenden Haltung. Dies führt dazu, dass die Schulung der Urteilsbildung zwar als wesentlich für den Alltag der Schülerinnen und Schüler eingeschätzt, aber als zusätzliche Belastung und lästige Pflicht, die sie nur unzureichend erfüllen, angesehen wird. Nach Eilks & Markic (2007) entspricht dieses Verhalten dem gängigen Umgang mit Lehrplan- oder Curriculumsinnovationen, wenn diese fremdbestimmt und von einem Expertengremium von „oben herab" eingeführt wurden. Häufig werden sie kritisch und distanziert von den Lehrkräften aufgegriffen und Neuerungen zwar anerkannt, aber nicht umgesetzt.

Insgesamt zeigt sich aus den dargestellten Ergebnissen dieser Wissensfacette, dass die Förderung der Bewertungskompetenz theoretisch einen hohen Stellenwert für die Lehrkräfte einnimmt und sie diese Fähigkeit als wichtig für die Alltagskompetenz der Schüler erachten. Dennoch konnte andererseits festgestellt werden, dass die befragten Lehrkräfte bisher kein festes Repertoire hinsichtlich der Förderung von Bewertungskompetenz aufweisen, da die Vermittlung von Fachwissen im Biologieunterricht bisher an erster Stelle steht: *„Bewerten ist natürlich total wichtig, spielt aber noch keine große Rolle"* (Frau Halle, Z. 3).

Schlussfolgerungen für die Lehrerbildung

Es lässt sich aus den Ergebnissen schlussfolgern, dass das neue Kerncurriculum und die Bildungsstandards zwar anerkannt und reflektiert, aber in Bezug auf Bewertungskompetenz nicht umgesetzt werden. Die befragten Lehrkräfte weisen ausreichend deklaratives Hintergrundwissen (=Faktenwissen) zu diesem Kompetenzbereich auf – sie können Bewertungskompetenz angemessen definieren und geeignete Themen (Wissensfacette „Wissen über das Potenzial der Themen") und Methoden (Wissensfacette „Wissen über Unterrichtsmethoden") zur Förderung nennen, ihnen fehlen jedoch aus ihrer Sicht Routinen, Schemata und Handlungsmöglichkeiten (=prozedurales Wissen), um Bewertungskompetenz angemessen vermitteln zu können. Eine große Diskrepanz zwischen Wissen und Handeln wird an dieser Stelle vermutet.

Die anfangs geäußerte Vermutung der unzureichenden Förderung von Bewertungskompetenz im Biologieunterricht und der starken Verunsicherung der Lehrkräfte in diesem Bereich konnte explorativ in der oben vorgestellten Wissensfacette bestätigt werden. Andererseits zeigte sich, dass die befragten Lehrkräfte auf ein umfangreiches Fakten,- Themen und Methodenwissen zum Kompetenzbereich Bewertung zurückgreifen können. Auch wenn die geringe Stichprobe keine verallgemeinerbaren Schlüsse zulässt, ermöglichen die Ergebnisse Rückschlüsse für die Konzipierung von bedarfsgerechten Lehreraus- und Fortbildungskonzeptionen. Es zeigt sich, dass Innovationen wie die verbindliche Festlegung des Kompetenzbereichs Bewertung, über *langfristige und symbiotische Konzepte* in den Unterricht eingebracht werden müssen. Die konkreten Schwierigkeiten der Lehrkräfte sollten der Ausgangspunkt sein, um fachdidaktisches Wissen nachhaltig zu verändern. Das Ziel der Lehreraus- und Weiterbildung in diesem Bereich sollte daher sein, das fundierte Theoriewissen der Lehrkräfte durch eigene praktische Erfahrungen in prozedurales Wissen zu überführen. Da die Ergebnisse zeigen, dass dies nicht lediglich durch normative Vorgaben möglich ist und der Vergleich zwischen den Lehrkräften mit Projektteilnahme und ohne spezielle Weiterbildung zeigen konnte, dass durch Lehrerfortbildungen sowie durch die Mitarbeit von Lehrkräften in Unterrichtsprojekten eine gesteigerte Akzeptanz und Umsetzung von Bewertungskompetenz möglich ist, wäre es ideal, langfristige Weiterbildungen oder Projekte zu konzipieren, in denen sich die Lehrkräfte gleichberechtigt zu den Fachdidaktikern einbringen können. Die Umsetzung kann dort durch Instruktionen (Fortbildungen etc.) angeleitet und in praktische Unterrichtserfahrungen durch die Lehrkräfte selbst umgesetzt werden. Das Theoriewissen aus den Fortbildungsanteilen der Fachdidaktiker wird anschließend dazu genutzt, das praktische Handeln zu reflektieren.

Die Ergebnisse vermitteln außerdem die Relevanz der Vorgabe von Unterrichtsmaterialien durch die Fachdidaktiken oder durch erfahrene Lehrkräfte. Die Unsicherheit der Lehrkräfte kann durch die Bereitstellung von Materialien gemildert werden. Dies sollte ebenfalls einen Ansatzpunkt für Lehrerfortbildungen bilden.

Literatur

Alfs, N. (2012). *Ethisches Bewerten fördern*. Hamburg: Verlag Dr. Kovac.
Baumert, J., & Kunter, M. (2006). Stichwort: Professionelle Kompetenz von Lehrkräften. *Zeitschrift für Erziehungswissenschaften, 9*(4), 469–520.
Baumert, J., & Kunter, M. (2011. Das Kompetenzmodell von COACTIV. In M. Kunter, J. Baumert, W. Blum, U. Klusmann, S. Krauss, & M. Neubrand (Eds.), Professsionelle Kompetenz von Lehrkräften. Ergebnisse des Forschungsprogramms COACTIV (pp. 30–54). Münster: Waxmann.
Bromme, R. (1992). *Der Lehrer als Experte. Zur Psychologie des professionellen Wissens*. Bern: Verlag Hans Huber.
Brunner, M., Kunter, M., Krauss, S., Klusmann, U., Baumert, J., Blum, W., Neubrand, M., Dubberke, T., Jordan, A., Löwen, K., & Tsai, Y-M. (2006). Die professionelle Kompetenz von Mathematiklehrkräften: Konzeptualisierung, Erfassung und Bedeutung für den Unterricht. Eine Zwischenbilanz des COACTIV-Projekts. In M. Prenzel & L. Allolio-Näcke (Eds.), *Untersuchungen zur Bildungsqualität von Schule: Abschlussbericht des deutschen DFG-Schwerpunktprogramms* (pp. 54–83). Münster: Waxmann.
Diekmann, A. (2009). *Empirische Sozialforschung. Grundlagen, Methoden, Anwendungen*. (20. Aufl.) Hamburg: Rowohlt.
Dittmer, A. (2006). Wissenschaftsphilosophie am Rande des Faches. *Mathematisch Naturwissenschaftlicher Unterricht, 59*(7), 432–444.
Eilks, I., Feierabend, T., Hößle, C., Höttecke, D., Menthe, J., Mrochen, M., & Oelgeklaus, H. (2011). Bewerten lernen und Klimawandel in vier Fächern. *Mathematisch Naturwissenschaftlicher Unterricht, 64*(1), 7–10.
Eilks, I., & Markic, S. (2007). Die Veränderungen von Lehrerinnen und Lehrern in langzeitlichen Modellen partnerschaftlicher Unterrichtsentwicklung und -forschung durch Partizipative Aktionsforschung in der Chemiedidaktik. *Chim. etc. did. 33*(99), 30–50.
Friebertshäuser, B., & Langer, A. (2010). Interviewformen und Interviewpraxis. In B. Friebertshäuser, A. Langer, & A. Prengel (Eds.), *Handbuch Qualitative Forschungsmethoden in der Erziehungswissenschaft*. (3. vollst. überarb. Aufl.) (pp. 437–456). Weinheim: Juventa.

Glaser, B., & Strauss, A. L. (1999). *The Discovery of Grounded Theory. Strategies for Qualitative Research*. New York: de Gruyter.

Gräber, W., & Nentwig, P. (2002). Scientific Literacy – Naturwissenschaftliche Grundbildung in der Diskussion. In W. Gräber, P. Nentwig, T. Koballa & R. Evans (Eds.), *Scientific Literacy: Der Beitrag der Naturwissenschaften zur Allgemeinen Bildung* (pp. 7–20). Opladen: Leske & Budrich.

Gropengießer, H. (2005). Qualitative Inhaltsanalyse in der fachdidaktischen Lehr-Lernforschung. In P. Mayring & M. Gläser-Zikuda (Eds.), *Die Praxis der Qualitativen Inhaltsanalyse* (pp. 172–189). Weinheim: Beltz.

Hößle, C. (2001). *Moralische Urteilsfähigkeit. Eine Interventionsstudie zur moralischen Urteilsfähigkeit von Schülern zum Thema Gentechnik*. Innsbruck: Studienverlag.

KMK (2004). *Beschlüsse der Kultusministerkonferenz, Bildungsstandards im Fach Biologie für den Mittleren Schulabschluss*. Beschluss vom 16.12.2004. Verfügbar unter: http://www.kmk.org/fileadmin/veroeffentlichungen_beschluesse/2004/2004_12_16-Bildungsstandards-Biologie.pdf [Oktober, 2010].

Krauss, S., Neubrand, M., Blum, W., Baumert, J., Brunner, M., Kunter, M., & Jordan, A. (2009). Die Untersuchung des professionellen Wissens deutscher Mathematik-Lehrerinnen und -Lehrer im Rahmen der COACTIV-Studie. *Journal für Mathematikdidaktik, 29*(3/4), 223–258.

Kruse, H. (1998). Auf dem „ethischen" Auge blind? Ergebnisse einer Lehrerbefragung zum Thema „Ethik im Biologieunterricht". In H. Bayrhuber, K. Etschenberg, U. Gebhard, K.-H. Gehlhaar, R. Hedewig, M. Hesse, S. Klautke, R. Klee, J. Mayer, M. Prenzel & E. G. Schmidt, (Eds.), *Biologie und Bildung*. Kiel: IPN.

Kunter, M., Klusmann, U., & Baumert, J. (2009). Professionelle Kompetenz von Mathematiklehrkräften: Das COACTIV-Modell. In O. Zlatkin-Troitschanskaia, K. Beck, D. Sembill, R. Nickolaus & R. Mulder (Eds.), *Lehrprofessionalität. Bedingungen, Genese, Wirkungen und ihre Messung* (pp. 153–165). Weinheim: Beltz Verlag.

Lamnek, S. (2005). *Qualitative Sozialforschung: Lehrbuch*. Weinheim: Beltz.

Langlet, J. (1999). Ich esse keine Gene! Die Kunst der Beurteilung lernen. *Friedrich Jahresheft 1999*, 96–99.

Lind, G. (2006). Das Dilemma liegt im Auge des Betrachters. Zur Behandlung bio-ethischer Fragen im Biologieunterricht mit der Konstanzer Methode der Dilemmadiskussion. *Praxis der Naturwissenschaften – Biologie, 55*(1), 10–16.

Loughran, J., Berry, A., & Mulhall, P. (2006). *Understanding and Developing Science Teachers' Pedagogical Content Knowledge*. Rotterdam: Sense Publishers.

Loughran, J., Mulhall, P., & Berry, A. (2004). In Search of Pedagogical Content Knowledge in Science: Developing Ways of Articulation and Documenting Professional Practice. *Journal of Research in Science Teaching, 41*(4), 370–391.

Magnusson, S., Krajcik, J., & Borko, H. (1999). Nature, sources and development of pedagogical content knowledge for science teaching. In Gess-Newsome & Lederman (Eds.), *Examining pedagogical content knowledge: The construct and its implications for science education* (pp. 95–131). Dordrecht: Kluwer Academic Publishers.

Mayring, P. (2008). *Qualitative Inhaltsanalyse. Grundlagen und Techniken.* (10. Aufl.). Weinheim: Beltz.

Meisert, A. (2010). Bioethik. In U. Spörhase-Eichmann & W. Ruppert (Eds.), *Biologiedidaktik. Praxishandbuch für die Sekundarstufe I und II* (pp. 226–240). Berlin: Cornelsen Scriptor.

Park, S., & Oliver, J. S. (2007). Revisiting the Conceptualisation of Pedagogical Content Knowledge (PCK): PCK as a Conceptual Tool to Understand teachers as Professionals. *Research in Science Education, 38*, 261–284.

Reitschert, K. (2009). *Ethisches Bewerten im Biologieunterricht.* Hamburg: Verlag Dr. Kovac.

Reitschert, K., Langlet, J., Hößle, C., Mittelsten Scheid, N., & Schlüter, K. (2007). Dimensionen ethischer Urteilskompetenz – Dimensionierung und Niveaukonkretisierung. *Mathematisch Naturwissenschaftlicher Unterricht, 60*(1), 43–51.

Schmelzing, S., Wüsten, S., Sandmann, A., & Neuhaus, B. (2008). Evaluation von zentralen Inhalten der Lehrerbildung: Ansätze zur Diagnostik des fachdidaktischen Wissens von Biologielehrkräften. *Lehrerbildung auf dem Prüfstand, 1*(2), 617–638.

Shulman, L. (1986). Those Who Understand: Knowledge Growth in Teaching. *Educational Researcher, 15*(2), 4–14.

Shulman, L. (1987). Knowledge and Teaching: Foundations of the New Reform. *Harvard Educational Review, 57*(1), 1–22.

Van Dijk, E. (2010). Evolution im Unterricht: Eine Studie über fachdidaktisches Wissen von Lehrerinnen und Lehrern. *Zeitschrift für Didaktik der Naturwissenschaften, 16*, 7–21.

Van Dijk, E., & Kattmann U. (2007). A research model for the study of science teachers' PCK and improving teacher education. *Teaching and Teacher Education, 23*, 885–897.

Van Driel, J. H., Verloop, N., & de Vos, W. (1998). Developing Science Teachers' Pedagogical Content Knowledge. *Journal of Research in Science Teaching, 35*(6), 673–695.

Christiane Konnemann/Muriel Nick/Sabine Brinkmann/
Roman Asshoff/Marcus Hammann

Entwicklung, Erprobung und Validierung von Erhebungsinstrumenten zur Erfassung von Kreationismus und Szientismus bei deutschen SchülerInnen

Zusammenfassung

Neigen deutsche SchülerInnen zu Kreationismus oder Szientismus? Diese Frage bildet den Ausgangspunkt der hier skizzierten Studie mit SchülerInnen des Gymnasiums aus NRW (n=222), die in erster Linie der Entwicklung von Kurzskalen zur Erfassung von Überzeugungen zu Kreationismus (10 Items, α=0,90), *Intelligent Design* (9 Items, α=0,95) und Szientismus (10 Items, α=0,85) bei deutschen SchülerInnen diente. Berichtet wird über die Schritte der Entwicklung, Erprobung und erfolgreichen Validierung der Erhebungsinstrumente.

Abstract

Do German high school students tend to creationism or scientism? Starting from this question we report about the development, field-testing and validation of assessment instruments concerning German high school students' (n=222) beliefs towards creationism (10 items, α=0,90), Intelligent Design (9 items, α=0,95) and scientism (10 items, α=0,85). We report about the development, first testing and successful validation of our assessment instruments.

1. Einleitung und Zielsetzung

Die Frage, welche Einstellungen zur Evolutionstheorie Menschen in Deutschland haben und welche Faktoren diese Einstellungen bedingen, steht seit einigen Jahren im Zentrum verschiedener Forschungsvorhaben (vgl. Graf & Soran, 2011; Kutschera, 2008; Retzlaff-Fürst & Urhahne, 2009). Neben Faktoren wie Religiosität, Einstellungen zu den Naturwissenschaften und Wissen über die Naturwissenschaften (NOS) werden szientistische und kreationistische Überzeugungen als wichtige Einflussfaktoren für Einstellungen zur Evolutionstheorie diskutiert. Bisher liegen allerdings kaum Ergebnisse und keine einschlägigen Erhebungsinstrumente für Kreationismus und Szientismus bei deutschen SchülerInnen vor. Allein die Studien von Klose (2011) und Retzlaff-Fürst und Urhahne (2009) widmen sich den kreationistischen und szientistischen Überzeugungen deutscher SchülerInnen. Eine entsprechende *large-scale* Studie stellt ein Forschungsdesiderat dar (Rothgangel, 2011). Daher besteht das zentrale Anliegen dieser Studie in der (Weiter-)Entwicklung, Erprobung und Validierung von Erhebungsinstrumenten für eine anschließende größere Erhebung mit deutschen SchülerInnen.

2. Theoretischer Rahmen

2.1 Einstellungen und Überzeugungen zu „Evolution und Schöpfung"

Eine Einstellung wird unter Bezugnahme auf sozialpsychologische Theorien als ein mehrdimensionales, bewertendes Konstrukt definiert (Smith & Mackie, 2007), das sich nach dem Dreikomponentenmodell von Eagly und Chaiken (1993) auf kognitiver, affektiver und verhaltensbezogener Ebene manifestiert. Einstellungen zur Evolutionstheorie sind somit als akzeptierende oder ablehnende Gesamtbewertungen zu verstehen, die als positive oder negative Gedanken bzw. Überzeugungen, Gefühle und Emotionen oder Verhaltensintentionen zum Ausdruck kommen. Nach Stürmer (2009, S. 70) bezieht sich der Begriff der Überzeugungen in Abgrenzung zum Einstellungsbegriff auf „die Informationen, das Wissen oder die Kognitionen, die eine Person mit einem Einstellungsobjekt verbindet. Über jedes Einstellungsobjekt kann man eine Reihe von Überzeugungen haben, die ihrerseits zu einer positiven oder negativen Einstellung gegenüber dem Objekt beitragen können".

2.2 Kreationismus

Kreationismus wird von einigen Autoren als die Überzeugung definiert, dass die Schöpfungserzählungen der Bibel wortwörtlich wahr sind (Klose, 2009; Waschke, 2009). Andere Autoren setzen Kreationismus mit einer Ablehnung der Evolutionstheorie gleich (Graf & Lammers, 2011, S. 9). Grundsätzlich wichtig ist eine eindeutige Abgrenzung zwischen Kreationismus und christlicher Religiosität (Fulljames & Francis, 1988), denn viele religiöse Menschen glauben an die Schöpfungserzählung, legen diese jedoch nicht wortwörtlich aus und können somit die Evolutionstheorie akzeptieren, ohne in einen Konflikt mit ihrem Glauben zu geraten. Daher erachten verschiedene Autoren es für sinnvoll, Kreationismus zweistufig als eine Ablehnung der Evolutionstheorie aufgrund einer wortwörtlichen Auslegung der Schöpfungserzählung zu definieren (Astley & Francis, 2010; Bayrhuber, 2011; Francis & Greer, 2001; Fulljames & Francis, 1988). Für die empirische Erfassung kreationistischer Überzeugungen bedeutet dies, dass beide Dimensionen, die „wörtliche Auslegung der Schöpfungserzählungen" wie auch die „Ablehnung der Evolutionstheorie", erfasst werden sollten.

In Deutschland werden vor allem zwei Ausprägungen kreationistischer Überzeugungen für bedeutsam gehalten (Bayrhuber, 2011; Graf & Lammers, 2011): Erstens der Junge-Erde-Kreationismus, bei dem eine wörtliche Auslegung der Schöpfungserzählung im Mittelpunkt steht, wobei sogar die Aussagen über ein kurzes Erdalter von weniger als 10.000 Jahren wörtlich genommen werden, und zweitens die *Intelligent Design*-Bewegung, die sich anders als die übrigen Kreationismus-Strömungen nicht direkt auf die Schöpfungserzählungen der Bibel bezieht. Aufgrund dieser Unterschiede ist es schwierig, *ID* in eine allgemeine Definition von Kreationismus mit einzubeziehen. Daher wird im Folgenden zwischen Kreationismus und *ID* als Sonderform unterschieden.

Nach Bayrhuber (2011, S. 6) bezeichnet *Intelligent Design* (*ID*) die Überzeugung, dass sich Lebewesen aufgrund ihrer Komplexität nicht aus einfachen Vorstufen entwickeln könnten. Dafür bedürfe es eines übernatürlichen Designers. Dabei lehnen *ID*-Anhänger die Evolution nicht prinzipiell ab. Ausgeschlossen wird nur, dass evolutionäre Mechanismen hinreichen, alle Systeme der Natur hervorzubringen (Waschke, 2009).

2.3 Szientismus

Fulljames und Francis (1988, S. 78) definieren Szientismus als „*the view that scientific methods and scientific theories can attain to absolute truth*", wobei offen bleibt, was genau mit „absoluter Wahrheit" gemeint ist, zumal sich dahinter ein sehr alter und komplexer Begriff der Philosophie verbirgt (Rehfus, 2003; Ritter, Gründer & Gabriel, 2001). Eine andere – ebenfalls einflussreiche – Szientismus-Definition zielt darüber hinaus auf unzulässige Grenzüberschreitungen ab. So definiert der Wissenschaftsphilosoph Stenmark (2004, S. 133) Szientismus umfassender als die Überzeugung, dass sich die Grenzen der Naturwissenschaften ausweiten lassen, d. h. dass Fragestellungen, die nicht in den Zuständigkeitsbereich der Naturwissenschaften fallen, zum Gegenstand der Naturwissenschaften gemacht werden. Dabei unterscheidet Stenmark zwischen verschiedenen Formen des Szientismus und argumentiert (2001, S. 18), dass viele Szientisten einer der folgenden vier Thesen zustimmen: 1. *„The only kind of knowledge we can have is scientific knowledge",* 2. *„The only things that exist are the ones science can discover",* 3. *„Science alone can answer our moral questions and explain as well as replace traditional ethics",* 4. *„Science alone can answer our existential questions and explain as well as replace traditional religion".*

2.4 NOS („nature of science")

Nach Fulljames und Francis (1988) stehen szientistische Überzeugungen in einem offensichtlichen Kontrast zu einem angemessenen Verständnis der Naturwissenschaften, das auch als *nature of science* (NOS) bezeichnet wird. NOS umfasst Wissen über Ziele und Vorgehensweisen beim naturwissenschaftlichen Erkenntnisgewinn, über naturwissenschaftliche Erklärungen und über die Rolle der Naturwissenschaften in der Gesellschaft (Hammann, 2006). Lederman charakterisiert das Verständnis von NOS mehrdimensional und benennt folgende Dimensionen: *„science is tentative or subject to change, but reliable; empirically based; subjective or theory-laden; a product of human creativity; socio-culturally embedded within society; and makes use of the distinction between observation and inference and between scientific theories and laws"* (Lederman, Abd-El-Khalick, Bell & Schwartz, 2002, S. 499).

3. Stand der Forschung

International wurde Kreationismus bei SchülerInnen bisher nur in wenigen Studien untersucht (Eve, Losh & Nzekwe, 2010, S. 185). Einflussreiche Studien im europäischen Raum sind die von Francis und Kollegen (Astley & Francis, 2010; Francis & Greer, 1999, 2001; Fulljames & Francis, 1988). In der aktuellsten dieser Studien (Astley & Francis, 2010) wird Kreationismus durch die Kombination einer wörtlichen Auslegung der Schöpfungserzählungen (3 Items) und ablehnender Überzeugungen zur Evolutionstheorie (3 Items) operationalisiert (insgesamt 6 Items, α=0,83, n=178). Kreationismus bei deutschen SchülerInnen wurde bisher in zwei Studien untersucht. Retzlaff-Fürst und Urhahne (2009) verwandten eine Likert-Skala (5-stufig) mit 11 Items (α=0,96, n=83), die überwiegend eine Neigung zur wörtlichen Auslegung der Schöpfungserzählungen abbilden. Klose (2011) verwandte ebenfalls eine Likert-Skala mit fünf Items, die den Kategorien wörtliche Auslegung der Schöpfungserzählungen (2 Items), ablehnende Überzeugungen zur Evolutionstheorie (2 Items) und *ID* (1 Item) zuzuordnen sind (α=0,83, n=806). Eine weitere relevante Studie ist die von Kutschera (2008), in der allerdings nicht primär SchülerInnen, sondern deutsche BürgerInnen mit einem Einzelitem (*Single-choice*-Aufgabe) zur Rolle Gottes bei der Entstehung und Entwicklung des Lebens mit drei Auswahlmöglichkeiten befragt wurden, welche als Kreationismus, *ID* und Evolutionismus klassifiziert wurden. Graf und Soran (2011) erfassten mit 13 Items akzeptierende und ablehnende Überzeugungen zur Evolutionstheorie bei Studierenden (α=0,81, n=728).

Zur Erfassung szientistischer Überzeugungen bei SchülerInnen wurden national und international bisher Instrumente eingesetzt, die allesamt auf einer von Fulljames und Francis (1988; 4 Items, α=0,61, n=624) entwickelten Likert-Skala basieren (Astley & Francis, 2010, 7 Items, α=0,77, n=178; Francis & Greer, 2001, 5 Items, α=0,45, n=1584; Klose, 2011, 5 Items, α=0,67, n=806). Nicht zufriedenstellend sind neben der zum Teil geringen internen Konsistenz vor allem inhaltliche Aspekte: Zum einen wird stark auf den sehr abstrakten Aspekt der absoluten Wahrheit (vgl. 2.3) fokussiert (Beispielitem: *Science can give us absolute truths* [Astley & Francis, 2010]). Zum Anderen greifen mehrere Items Aspekte heraus, die inhaltlich dem Bereich Verständnis der Naturwissenschaften (vgl. 2.4) – und nicht dem Szientismus – zugeordnet werden können (Beispielitem: *Theories in science can be proved to be definitely true* [Astley & Francis, 2010]). Daraus ergibt sich die Gefahr der Konfundierung der Konstrukte „Szientismus" und „NOS".

4. Ziele und Forschungsfragen

Ziel dieser Studie ist die (Weiter-)Entwicklung, Erprobung und Validierung von Erhebungsinstrumenten für kreationistische und szientistische Überzeugungen bei deutschen SchülerInnen in Vorbereitung einer größeren Studie zu Einstellungen zum Themenkomplex „Evolution und Schöpfung". Die zentralen Forschungsfragen lauten: Lassen sich Kurzskalen entwickeln, mit denen sich szientistische, kreationistische und ID-Überzeugungen reliabel messen lassen? Welche Schlussfolgerungen über die Validität der Skalen lassen sich aus den vorliegenden Daten ziehen?

5. Hypothesen

Für die Erfassung kreationistischer Überzeugungen bei SchülerInnen liegen bereits Skalen mit akzeptablen internen Konsistenzen vor. Allerdings wurde bisher nicht untersucht, ob sich reliable Subskalen zu den zwei definitorischen Dimensionen „Neigung zu einer wörtlichen Auslegung der Schöpfungserzählungen" und „Ablehnung der Evolutionstheorie" bilden lassen und ob sich diese Subskalen faktorenanalytisch voneinander trennen lassen. Daher lautet die *erste Hypothese*: Die Kreationismus-Skala bildet zwei faktorenanalytisch unterscheidbare Dimensionen kreationistischer Überzeugungen messzuverlässig ab.

ID-Überzeugungen wurden bisher nicht separat erfasst. Sollte die theoretische Unterscheidung zwischen *ID*-Überzeugungen und allgemeinen kreationistischen Überzeugungen zutreffen, so sollte eine gemeinsame Faktorenanalyse aller Kreationismus- und *ID*-Items zur Auftrennung in unabhängige Faktoren führen. *Zweite Hypothese*: Kreationismus- und *ID*-Überzeugungen bilden faktorenanalytisch unterscheidbare Indikatoren.

Für die Erhebung von Szientismus liegen bisher Skalen mit relativ geringen und variierenden internen Konsistenzen vor ($α=0{,}45$ bis $α=0{,}77$). Dabei wurde bisher nicht zwischen dem Verständnis von NOS und szientistischen Überzeugungen unterschieden. Eine konsequentere Unterscheidung sollte die interne Konsistenz erhöhen. Außerdem sollten die beiden Skalen „Szientismus" und „NOS" bei einer gemeinsamen exploratorischen Faktorenanalyse auf unterschiedliche Faktoren laden. *Dritte Hypothese*: Szientistische Überzeugungen und das Verständnis von NOS bilden faktorenanalytisch unterscheidbare Indikatoren.

6. Design und Methodik

6.1 Erhebungs- und Auswertungsmethoden

Die Entwicklung der Messinstrumente erfolgte nach dem *Top-Down*-Ansatz nach Bühner (2006). Als Antwortformat wurde eine vierstufige Ratingskala (*stimme gar nicht zu, stimme eher nicht zu, stimme eher zu, stimme voll und ganz zu*) gewählt. Die Revision der Skalen erfolgte auf der Basis inhaltlicher und statistischer Kriterien (Trennschärfen, faktorielle Optimierung und α-Maximierung).

Die quantitative Auswertung erfolgte mit dem Computerprogramm SPSS 18. Zur Bestimmung der Reliabilität wurde der Cronbach's α-Index als Maß für die interne Konsistenz jeder Skala bestimmt. Zur Beschreibung der Daten wurden Mittelwerte und Standardabweichungen auf Item- und Skalenebene berechnet. Zur Erhöhung der Inhaltsvalidität wurde neben dem verfolgten *Top-Down*-Ansatz die Augenscheinvalidität durch zwei Biologen und zwei Theologen geprüft. Die Konstruktvalidität wurde durch struktursuchende Verfahren mit den folgenden Grenzwerten nach Bühner (2006) geprüft: konvergent ($r > 0{,}5$), diskriminant ($r < 0{,}4$), faktoriell (Interpretation von Ladungen größer als $|0{,}5|$). Zur konvergenten und diskriminanten Validierung wurden Korrelationen mit konstruktverwandten und konstruktfremden Skalen berechnet, wobei je nach Skalenniveau Pearson's r, Spearman's rho oder Cramer's V bestimmt wurden. Die Klassifikation der Korrelationen als sehr hoch ($0{,}9 < r \leq 1$), hoch ($0{,}7 < r \leq 0{,}9$), mittel ($0{,}5 < r \leq 0{,}7$), gering ($0{,}2 < r \leq 0{,}5$) und sehr gering ($0 < r \leq 0{,}2$) erfolgte nach Bühl (2010, S. 297). In Tabelle 1 sind die zu Validierungszwecken erhobenen Variablen aufgelistet.

Tabelle 1: Übersicht über die zur Validierung verwandten Variablen

Variable	Quelle	Items	α
Akzeptanz der Evolutionstheorie	Kutschera 2008	1	---
Akzeptanz der Evolutionstheorie	Miller et al. 2006	1	---
Wörtliches Bibelverständnis	Newsweek 2004	1	---
Verständnis von NOS	Liang et al. 2006	24	0,79
Szientismus	Astley & Francis 2010	7	0,78
Einstellungen zu den Naturwissenschaften	Astley & Francis 2010	6	0,87

Die faktorielle Validierung erfolgte durch exploratorische Faktorenanalysen (Hauptkomponentenmethode mit Eigenwertkriterium und Varimaxrotation). Waren die extrahierten Faktoren nicht eindeutig interpretierbar, wurde die Faktorenzahl mit Hilfe des Scree-Tests (Bühner, 2006) reduziert.

6.2 Stichprobe

Von den insgesamt 222 befragten GymnasiastInnen einer opportunistischen Stichprobe aus NRW waren 58 % weiblich und 42 % männlich. Zum Zeitpunkt der Befragung besuchten 45 % die neunte, 40 % die elfte und 15 % die zwölfte Jahrgangsstufe. Die SchülerInnen waren im Mittel 16,3 Jahre alt (SD=1,51) und gehörten mehrheitlich einer christlichen Konfession an (84 %). Keiner Konfession gehörten 9 % der SchülerInnen an, 5 % waren muslimischen und je 1 % jüdischen und hinduistischen Glaubens.

7. Ergebnisse

7.1 Ergebnisse der Skalenentwicklung und -revision

Skala zum Kreationismus

Zur Erfassung kreationistischer Überzeugungen im Sinne der obigen zwei-dimensionalen Definition wurden die Skalen von Astley und Francis (2010; 6 Items) und Klose (2011; 4 Items) zu einer Skala zusammengefasst und einer gemeinsamen statistischen Analyse unterzogen. Inhaltlich können 5 Items der Kategorie „Neigung zu einer wörtlichen Auslegung der Schöpfungserzählungen" (Kr1, Kr2, Kr3, Kr5, Kr8) und 5 Items der Kategorie „Ablehnung der Evolutionstheorie" (Kr4, Kr6, Kr7, Kr9, Kr10) zugeordnet werden (vgl. Tabelle 2). Das fünfte Item von Klose (2011), das inhaltlich der ID-Kategorie zuzuordnen ist, wurde innerhalb der ID-Skala erhoben (vgl. Item ID4 in Tabelle 3).

Tabelle 2: Wortlaut der Kreationismus-Skala (*invertierte Items)

Label	Item
Kr1	Gott hat die Frau aus der Rippe des Mannes erschaffen.
Kr2	Wenn ich die Natur betrachte, bin ich überzeugt, dass hinter allem Leben ein göttlicher Schöpfungsplan steckt.
Kr3	Ich glaube, dass Gott die Welt in 6 Tagen von je 24 Stunden erschaffen hat.
Kr4*	Die Tiere und Pflanzen, wie wir sie heute kennen, haben sich aus früheren Arten entwickelt.
Kr5	Gott hat alle Tier- und Pflanzenarten direkt erschaffen.
Kr6*	Vor 600 Mio. Jahren begann ein Prozess, der aus einzelligen Organismen den Menschen hervorgehen ließ.
Kr7*	Alle Anpassungen von Lebewesen können durch natürliche Selektion erklärt werden.
Kr8	Ich glaube, dass die Welt genau so entstanden ist, wie die Bibel es in den Schöpfungserzählungen überliefert.
Kr9	Ich lehne die Evolutionstheorie ab.
Kr10*	Ich akzeptiere die Idee der Evolution, die besagt, dass sich alles im Verlaufe von Millionen von Jahren entwickelt hat.

Skala zu Intelligent Design

Zur Erfassung von *ID*-Überzeugungen wurden Items von Retzlaff-Fürst und Urhahne (2009), Losh und Nzekwe (2010) und Klose (2011) zusammen mit sieben neuentwickelten Items zu einer Skala mit 13 Items zusammengefasst. In allen Items wurden der direkte Bezug auf Gott und die Schöpfungserzählungen der Bibel vermieden und stattdessen Formulierungen wie „übernatürliche Macht" oder „intelligenter Schöpfer" verwendet. Auf der Grundlage inhaltlicher und statistischer Analysen wurden je zwei Items wegen fehlender Abgrenzung zum Junge-Erde-Kreationismus und mangelnder Trennschärfen nachträglich wieder entfernt, so dass sich eine Kurzskala von neun Items ergab (Tabelle 3).

Tabelle 3: Wortlaut der Intelligent Design-Skala (*invertierte Items)

Label	Item
ID1	Tiere und Pflanzen können sich im Laufe der Zeit geringfügig verändern, aber die Grundtypen sind von einer übernatürlichen Macht erschaffen worden.
ID2	Einem intelligenten Schöpfer verdanken wir es, dass die Dinge in der Natur sich so gut zueinander fügen.
ID3	Die Menschen sind zu komplex, um nur durch natürliche Prozesse entstanden zu sein; ihre Existenz spiegelt den Willen einer übernatürlichen Macht wider.
ID4	Die Welt ist so einzigartig, dass sie nur durch einen intelligenten Schöpfer gemacht worden sein kann.
ID5*	Es ist keine übernatürliche, intelligente Macht für das Entstehen und Verändern von Lebewesen verantwortlich.
ID6	Man erkennt den Einfluss einer übernatürlichen Macht, da vorhandene komplexe Strukturen von Lebewesen (z. B. Facettenaugen der Fliegen), nicht durch Zufall entstanden sein können.
ID7*	Ich glaube nicht, dass besondere Fähigkeiten von Lebewesen durch eine übernatürliche Macht entstanden sind.
ID8	Es gibt keine zufällige Entwicklung von Lebewesen, da immer eine übernatürliche Macht aktiv beteiligt ist.
ID9*	Auch die komplexesten Körperstrukturen sind alle nur durch natürliche Prozesse entstanden.

Skala zum Szientismus

Zur Erfassung szientistischer Überzeugungen wurden ausgehend von der Szientismus-Definition von Stenmark (2001) 13 Items zur Ausweitung der Grenzen der Naturwissenschaften formuliert. Drei Items waren bei einer anfänglichen Item-Analyse auffällig und wurden nachträglich aus der Skala entfernt, weil bei zwei Items inhaltlich zu befürchten war, dass nicht Überzeugungen bezogen auf die Naturwissenschaften, sondern eine Skepsis gegenüber den Geisteswissenschaften das Antwortverhalten bestimmte. Ein drittes Item wurde aus inhaltlichen Gründen entfernt, so dass sich die folgende Skala mit 10 Items ergab (Tabelle 4).

Tabelle 4: Wortlaut der Szientismus-Skala (*invertierte Items)

Label	Item
Sz1	Nur Ergebnisse aus dem Bereich der Naturwissenschaften können als Erkenntnisse bezeichnet werden.
Sz2*	Es ist möglich auch anders als mit naturwissenschaftlichen Mitteln Erkenntnisse zu erlangen.
Sz3	Das Wissen der Menschen beschränkt sich auf das, was mit naturwissenschaftlichen Methoden herausgefunden werden kann.
Sz4	Vernunft verbietet es uns, an etwas zu glauben, das nicht naturwissenschaftlich bewiesen ist.
Sz5	Es existiert nichts, das nicht mit naturwissenschaftlichen Mitteln gemessen oder beobachtet werden kann.
Sz6	Weil sich das Leben aus den Naturwissenschaften erklärt, benötigen wir keine Religionen.
Sz7	Menschen sind nicht mehr und nicht weniger als komplexe bio-chemische Maschinen.
Sz8	Irgendwann werden die Naturwissenschaften auf alle Fragen eine Antwort haben, die sich die Menschen über das Leben, die Erde und das Weltall stellen.
Sz9	Heutzutage ist es zwar noch nicht möglich die menschliche Seele naturwissenschaftlich zu erklären, irgendwann wird aber auch das möglich sein.
Sz10	Schwierige moralische Entscheidungen sollten von einem Ethikrat getroffen werden, der nur aus Naturwissenschaftlern besteht.

7.2 Reliabilität und Validität der Skalen

Skala zum Kreationismus

Die Gesamtreliabilität der Kreationismus-Skala (10 Items) betrug α=0,90. Wie aus Tabelle 5 ersichtlich wird, sind die Trennschärfen durchweg als zufriedenstellend zu bezeichnen. Aufgeteilt auf die zwei Subskalen ergab sich für die Neigung zu einer wörtlichen Auslegung der Schöpfungserzählungen (5 Items) eine interne Konsistenz von α=0,87 und für die Überzeugungen zur Evolutionstheorie von α=0,80. Die Korrelation der beiden Teilskalen lag mit r=0,70** im mittleren Bereich.

Tabelle 5: Itemkennwerte der Kreationismus-Skala

Label	M	SD	r_{it-i}	a_1	a_2
Kr1	1,51	0,82	0,63	0,79	
Kr2	2,30	1,01	0,59	0,67	
Kr3	1,56	0,83	0,67	0,80	
Kr4*	1,39	0,66	0,53		0,68
Kr5	1,55	0,75	0,68	0,60	
Kr6*	1,99	0,92	0,70		0,75
Kr7*	1,93	0,76	0,50		0,64
Kr8	1,54	0,82	0,70	0,81	
Kr9	1,78	0,81	0,57		0,69
Kr10*	1,61	0,79	0,60		0,72

Anmerkungen: M=Mittelwert, SD=Standardabweichung, r_{it}=Trennschärfe, a_1=Ladung auf den ersten Faktor („wörtliche Schöpfungsauslegung"), a_2=Ladung auf den zweiten Faktor („Ablehnung der Evolutionstheorie"). Es werden nur Ladungen größer /.50/ berichtet.

Eine exploratorische Faktorenanalyse sollte zeigen, ob die Skala, wie in Hypothese 1 vermutet, auf zwei voneinander unterscheidbare Faktoren lädt. Die Ergebnisse in Tabelle 5 bestätigen die angenommene Zwei-Faktoren-Struktur mit einer Varianzaufklärung von 59,7 %.

Die Validität der Kreationismus-Skala wird darüber hinaus konvergent durch eine mittlere bzw. hohe Korrelation mit zwei bestehenden Einzel-Items zur Akzeptanz der Evolutionstheorie (Kutschera, 2008: r=0,66***; Miller, Scott & Okamoto, 2006: r=0,71***) und mit einem Einzelitem zur wörtlichen Auslegung der Bibel (r=0,86***) gestützt. Der geringe nicht-signifikante Zusammenhang zwischen kreationistischen Überzeugungen und dem Verständnis von NOS (r=0,28) bestätigt diskriminant, dass hier unterschiedliche Konstrukte erfasst werden.

Skala zum Intelligent-Design

Die Gesamtreliabilität der Skala ist hoch und beträgt α=0,95. Die Itemkennwerte (vgl. Tabelle 6) sind durchweg zufriedenstellend.

Tabelle 6: Itemkennwerte der Intelligent Design-Skala

Label	M	SD	r_{it-i}	a
ID1	2,25	0,97	0,64	0,84
ID2	2,13	1,00	0,73	0,86
ID3	2,17	1,03	0,73	0,88
ID4	2,04	1,04	0,80	0,89
ID5*	2,39	1,08	0,67	0,83
ID6	2,14	1,00	0,70	0,86
ID7*	2,30	1,08	0,60	0,80
ID8	1,87	0,88	0,57	0,79
ID9*	2,07	0,96	0,66	0,84

Anmerkungen: M=Mittelwert, SD=Standardabweichung, r_{it}=Trennschärfe, a=Ladung auf den einzigen Faktor („ID")

Die Validität der *ID*-Skala wird faktoriell durch die gefundene Einfaktorstruktur mit 71,2 % Varianzaufklärung bestätigt (vgl. Tabelle 6). Die Validität wird außerdem konvergent durch Korrelationen mit bestehenden Einzelitems zur Akzeptanz der Evolutionstheorie (Miller et al., 2006, r= 0,6***; Kutschera, 2008, r= 0,77***) gestützt.

Eine gemeinsame Faktorenanalyse aller Items zu Kreationismus und *ID* ergab eine Drei-Faktor-Struktur (Faktor 1: wörtliche Auslegung der Schöpfungserzählungen, Faktor 2: Ablehnung der Evolutionstheorie, Faktor 3: *ID*) mit 66,8 % Varianzaufklärung. Eine unerwartete Faktorenladung trat bei Item Kr2 auf, das auf den Faktor „*ID*" lud.

Skala zum Szientismus

Die interne Konsistenz der Skala beträgt α=0,85. Die Itemkennwerte der Kurzskala sind durchweg zufriedenstellend (vgl. Tabelle 7).

Tabelle 7: Itemkennwerte der Szientismus-Skala

Label	M	SD	r_{it-i}	a_1	a_2
Sz1	2,37	,945	,570		,651
Sz2	2,01	,720	,509		,728
Sz3	2,27	,979	,502		,768
Sz4	2,01	,990	,437		,571
Sz5	1,75	,883	,594	,538	
Sz6	1,64	,906	,639	,575	
Sz7	1,78	,905	,548	,566	
Sz8*	1,91	1,001	,650	,728	
Sz9	1,78	,878	,438	,831	
Sz10	1,39	,634	,584	,697	

Anmerkungen: M=Mittelwert, SD=Standardabweichung, rit=Trennschärfe, a1=Ladung auf den ersten Faktor, a2=Ladung auf den zweiten Faktor. Es werden nur Ladungen größer /.50/ berichtet.

Zur Validierung der Skala wurden konvergent Zusammenhänge mit der Szientismus-Skala von Astley und Francis (2010) geprüft (r=0,73***), sowie diskriminant Zusammenhänge mit dem Verständnis von NOS (r= 0,32***) und mit Einstellungen zu den Naturwissenschaften (r=0,38***) untersucht. Eine exploratorische Faktorenanalyse lieferte eine Zweifaktorenlösung mit 54,1 % Varianzaufklärung, wobei der erste Faktor durch Überzeugungen gebildet wird, die neben den Naturwissenschaften keine weiteren Erkenntnisse (Sz1, Sz2) oder Wissensformen (Sz3, Sz4) akzeptieren. Auf den zweiten Faktor laden Items, die eine Ausweitung der Naturwissenschaften in Richtung Religion (Sz6, Sz8) und Ethik (Sz10) formulieren, keine Realität jenseits der naturwissenschaftlichen Welt akzeptieren (Sz5, Sz9) oder den Menschen auf bio-chemische Prozesse reduzieren (Sz7).

Eine gemeinsame exploratorische Faktorenanalyse aller Szientismus- und NOS-Items lieferte eine anfängliche 10-Faktorenlösung, wobei sich nach dem Scree-Test nur sechs Faktoren als bedeutsam erwiesen. Diese Faktorenanzahl ließ sich inhaltlich plausibel interpretieren, zumal das eingesetzte NOS-Instrument von Liang et al. (2006) fünfdimensional angelegt ist und durch die gemeinsame Faktorenanalyse Szientismus als sechste Dimension hinzutritt. Eine anschließende konfirmatorische Faktorenanalyse bestätigte diese theoretische Struktur, zumal alle Szientismus-Items auf einen einzigen Faktor luden, wohingegen die NOS-Items erwartungsgemäß auf mehrere Faktoren luden.

7.3 Deskriptive Ergebnisse

Tabelle 8 zeigt die deskriptiven Ergebnisse für alle drei Skalen und für die zwei Subskalen zum Kreationismus. Aufgrund des theoretischen Mittelwerts 2,5 (4-stufige Skala, Minimum 1, Maximum 4) sind Mittelwerte unter 2,5 als überdurchschnittliche Ablehnung und über 2,5 als überdurchschnittliche Zustimmung zu interpretieren.

Tabelle 8: Deskriptive Ergebnisse

Skala	Items	α	M	SD
Kreationismus (Gesamt)	10	0,90	1,78	0,62
Subskala „wörtliche Schöpfungsauslegung"	5	0,87	1,76	0,73
Subskala „Ablehnung der Evolutionstheorie"	5	0,80	1,79	0,62
Intelligent-Design	9	0,95	2,15	0,85
Szientismus	10	0,85	1,89	0,58

Anmerkungen: α=Cronbach's α, M=Mittelwert, SD=Standardabweichung

Die deskriptiven Kennwerte zeigen, dass Kreationismus, Szientismus und *ID* nur eine geringe Zustimmung erhielten. Die befragten SchülerInnen neigten im Mittel also weder zu szientistischen noch zu kreationistischen oder zu *ID*-Überzeugungen.

8. Diskussion

Die Ergebnisse belegen, dass das zentrale Ziel dieser Studie, die Entwicklung reliabler Kurzskalen zur Erfassung szientistischer, kreationistischer und *ID*-Überzeugungen bei deutschen SchülerInnen erreicht wurde. Für alle drei Kurzskalen liegen darüber hinaus Hinweise bezüglich ihrer Validität vor.

Insbesondere ist es gelungen, die theoretisch hergeleitete zwei-dimensionale Struktur des Kreationismus-Konstrukts durch zwei reliable Subskalen abzubilden.

In der ersten Hypothese wurde vermutet, dass der Gesamtskala eine zweifaktorielle Struktur zugrunde liegt. Die gefundenen Faktorenladungen stimmen mit dieser Hypothese überein. Auch für *ID*-Überzeugungen konnte eine intern konsistente Skala gebildet werden. Die zweite Hypothese zielte auf eine Prüfung der theoretischen Unterscheidung zwischen allgemeinen kreationistischen Überzeugungen und *ID* als einer Sonderform. Die Faktorenladungen stützen diese Hypothese. Lediglich bei Item Kr2 trat eine unerwartete Faktorladung auf den Faktor „ID" auf. Diese Ladung könnte inhaltlich damit zusammenhängen, dass sich das Item nur durch eine direkte Bezugnahme auf einen Gott von Items der *ID*-Skala unterscheidet.

Durch eine stärkere Theorieleitung und theoretische Abgrenzung ist es gelungen, eine Szientismus-Skala mit einer verbesserten internen Konsistenz zu erstellen, so dass nun eine reliable Skala zur Erfassung szientistischer Überzeugungen bei deutschen SchülerInnen vorliegt. Dabei konnte die theoretische Unterscheidung der Konstrukte „Verständnis von NOS" und „szientistische Überzeugungen" empirisch durch einen geringen negativen Korrelationskoeffizienten und eine faktorenanalytische Trennung der Indikatoren untermauert werden, so dass auch Hinweise für das Zutreffen der dritten Hypothese vorliegen.

Die Tragfähigkeit der entwickelten Skalen wird durch die berichteten deskriptiven Ergebnisse gestützt, zumal die gefundenen geringen Neigungen deutscher SchülerInnen zu kreationistischen und szientistischen Überzeugungen mit bisherigen Studien im Einklang stehen. So berichtet auch Klose (2011; 5-stufige Skala, theoretischer Skalenmittelwert M=3) über eine überdurchschnittliche Ablehnung kreationistischer (M=2,11, SD=0,89) und szientistischer Aussagen (M=2,65, SD=0,75) bei deutschen SchülerInnen (n=806, 1319 Jahre). Eine geringe Zustimmung zu kreationistischen Überzeugungen beobachteten auch Retzlaff-Fürst und Urhahne (2009) bei deutschen SchülerInnen der Realschule (n=83, 10. Klasse). Die Autoren stellten fest, dass nur 20 % der Befragten teilweise oder vollständig kreationistischen Aussagen zustimmten.

Kritisch bleibt anzumerken, dass eine Überprüfung der revidierten Skalen an einem unabhängigen Datensatz noch aussteht und die bisherige Stichprobengröße keine belastbaren Aussagen zulässt. Es ist aber zu erwarten, dass diese sich auch bei größeren Stichproben als zuverlässig erweisen, so dass kreationistische und szientistische Überzeugungen wie angestrebt in eine Charakterisierung von Einstellungen im Themenkomplex „Evolution und Schöpfung" einbezogen werden können.

Danksagung

Wir danken der Friedrich-Stiftung für die Förderung des Projekts „Evolution und Schöpfung", in dessen Rahmen diese Studie entstand.

Literatur

Astley, J., & Francis, L. J. (2010). Promoting positive attitudes toward science and religion among sixth-form pupils: Dealing with scientism and creationism. *British Journal of Religious Education, 32*(3), 189–200.

Bayrhuber, H. (2011). Evolution und Schöpfung – eine Übersicht. In H. Bayrhuber, A. Faber, & R. Leinfelder (Eds.), *Darwin und kein Ende? Kontroversen zu Evolution und Schöpfung* (pp. 12–19). Seelze: Klett.

Bühl, A. (2010). *SPSS 18. Einführung in die moderne Datenanalyse* (12 ed. Vol. Pearson): München.

Bühner, M. (2006). *Einführung in die Test- und Fragebogenkonstruktion*. München: Pearson Studium.

Eagly, A. H., & Chaiken, S. (1993). *The psychology of attitudes*. Orlando: Harcourt Brace & Company.

Eve, R. A., Losh, S. C., & Nzekwe, B. (2010). Lessons from the social psychology of evolution warfare: Good science alone is not enough. *Evolution: Education & Outreach, 3,* 183–192.

Francis. L. J., & Greer, J. E. (1999). Attitudes towards creationism and evolutionary theory: the debate among secondary pupils attending Catholic and Protestant schools in Northern Ireland. *Public Understanding of Science, 8*(2), 93–103.

Francis, L. J., & Greer, J. E. (2001). Shaping adolescents' attitudes towards science and religion in Northern Ireland: The role of scientism, creationism and denominational schools. *Research in Science & Technological Education, 19*(1), 39–53.

Fulljames, P., & Francis, L. J. (1988). The influence of creationism and scientism on attitudes towards Christianity among Kenyan secondary-school students. *Educational Studies, 14*(1), 77–96.

Graf, D., & Lammers, C. (2011). Evolution und Kreationismus in Europa. In D. Graf (Ed.), *Evolutionstheorie – Akzeptanz und Vermittlung im europäischen Vergleich* (pp. 9–28). Heidelberg: Springer.

Graf, D., & Soran, H. (2011). Einstellung und Wissen von Lehramtsstudierenden zur Evolution – ein Vergleich zwischen Deutschland und der Türkei. In D. Graf (Ed.), *Evolutionstheorie – Akzeptanz und Vermittlung im europäischen Vergleich* (pp. 141–161). Heidelberg: Springer.

Hammann, M. (2006). Naturwissenschaftliche Kompetenz: PISA und Scientific Literacy. In U. Steffens & R. Messner (Eds.), *PISA macht Schule. Konzeptionen und Praxisbeispiele zur neuen Aufgabenkultur.* Wiesbaden: Hessisches Kultusministerium. Institut für Qualitätsentwicklung.

Klose, B. (2009). Kreationismus und Wissenschaftsgläubigkeit – empirisch erfasst!? *Theo-Web. Zeitschrift für Religionspädagogik, 8,* 75–79.

Klose, B. (2011). Kreationismus, Wissenschaftsgläubigkeit und Werthaltung Jugendlicher. In H. Bayrhuber, A. Faber, & R. Leinfelder (Eds.), *Darwin und kein Ende? Kontroversen zu Evolution und Schöpfung* (pp. 146–151). Seelze: Klett.

Kutschera, U. (2008). Creationism in Germany and its possible cause. *Evolution: Education & Outreach, 1,* 84–86.

Lederman, N. G., Abd-El-Khalick, F., Bell, R. L., & Schwartz, R. S. (2002). Views of nature of science questionnaire: Toward valid and meaningful assessment of learners' conceptions of nature of science. *Journal of Research in Science Teaching, 39*(6), 497–521.

Liang, L. L., Chen, S., Chen, X., Kaya, O. N., Adams, A. D., Macklin, M. et al. (2006). *Student understanding of science and scientific inquiry (SUSSI): Revision and further validation of an assessment instrument.* Paper presented at the Annual Conference of the National Association for Research in Science Teaching (NARST), San Francisco.

Losh, S. C., & Nzekwe, B. (2011). Creatures in the classroom: Preservice teacher beliefs about fantastic beasts, magic, extraterrestrials, evolution and creationism. *Science & Education, 20,* 473–489.

Miller, J. D., Scott, E. C., & Okamoto, S. (2006). Public acceptance of evolution. *Science, 313*(5788), 765–766.

*Newsweek (2004).*The Christmas Miracle (04.12.2004).

Rehfus, W. D. (Ed.). (2003). *Handwörterbuch Philosophie.* Stuttgart: Vandenhoek & Ruprecht.

Retzlaff-Fürst, C., & Urhahne, D. (2009). Evolutionstheorie, Religiosität und Kreationismus und wie Schüler darüber denken. *MNU, 62*(3), 173–183.

Ritter, J., Gründer, K., & Gabriel, G. (Eds.). (2001). *Historisches Wörterbuch der Philosophie* (Vol. 12). Basel: Schwabe.

Rothgangel, M. (2011). Kreationismus und Szientismus: Didaktische Herausforderungen. In H. Bayrhuber, A. Faber, & R. Leinfelder (Eds.), *Darwin und kein Ende? Kontroversen zu Evolution und Schöpfung* (pp. 154–169). Seelze: Klett Kallmeyer.

Smith, E. R., & Mackie, D. M. (2007). *Social psychology.* New York: Psychology Press.

Stenmark, M. (2001). *Scientism: Science, ethics and religion.* Aldershot: Ashgate.

Stenmark, M. (2004). *How to relate science and religion: A multidimensional model.* Michigan: Eerdmans.

Stürmer, S. (2009). *Sozialpsychologie.* München: Ernst Reinhardt (UTB).

Waschke, T. (2009). Moderne Evolutionsgegner – Kreationismus und Intelligentes Design. In C. Antweiler, C. Lammers & N. Thies (Eds.), *Die unerschöpfte Theorie. Evolution und Kreationismus in Wissenschaft und Gesellschaft* (pp. 75–98). Aschaffenburg: Alibri.

Ralf Merkel/Annette Upmeier zu Belzen

Vernetzung im Bereich des fachdidaktischen Lehrerprofessionswissens in der Ausbildung von Biologielehrern – Einsatz der Fallmethode

Zusammenfassung

Durch die Strukturierung der Lehrerausbildung[1] in fachwissenschaftliche, pädagogisch-psychologische und fachdidaktische Studienanteile nehmen die Studierenden ihre Ausbildung als weitgehend unverbunden wahr (Hilligus & Schmidt-Peters, 1998). Dies ist ein Grund für die Schwierigkeiten angehender Lehrkräfte beim Umgang mit komplexen Problemsituationen im Unterricht. Um die Fähigkeit des vernetzten Denkens der Studierenden praxisnah zu fördern, wurde die Fallmethode im Master of Education im Fach Biologie an der Humboldt-Universität zu Berlin eingesetzt. Die Evaluierung erfolgte in Bezug auf die Entwicklung des vernetzten Denkens der Studierenden. Den theoretischen Rahmen bilden eine biologiespezifische Strukturierung des fachdidaktischen Lehrerprofessionswissens und ein Modell des vernetzten Denkens. Der Fokus der fallbasierten Intervention liegt auf der Förderung der Fähigkeit, theoriebasiert alternative vernetzte Handlungsmöglichkeiten für Unterrichtssituationen entwickeln zu können. Im Rahmen der Intervention wurden unterrichtsnahe Interventionsfälle zu vier verschiedenen Zeitpunkten in einem Semester eingesetzt. Zur Evaluation der Intervention analysierten Studierende der Interventions- und Kontrollgruppe zu Beginn und zum Ende des Semesters Testfälle, in denen praxisrelevante problemorientierte Unterrichtssituationen dargestellt sind. Begleitend wurden Interviews mit den Studierenden der Interventionsgruppe zu ihrer Wahrnehmung und Verarbeitung der Fallmethode durchgeführt. Die Daten wurden mit der qualitativen Inhaltsanalyse ausgewertet.

Zum einen zeigen die Ergebnisse, dass die Fähigkeiten der Studierenden, problematische Unterrichtssituationen analysieren zu können, im Masterstudium

---

1 Aus Gründen der besseren Lesbarkeit wird sowohl für die Wörter Lehrer als auch für Schüler das maskuline Genus für beide Geschlechter verwendet, meint aber die männliche und weibliche Form gleichermaßen.

bereits auf einem hohen Niveau liegen. Die Daten der schriftlichen Fallanalysen und der Interviews verdeutlichen zudem, dass die Fähigkeit zur Entwicklung von Handlungsalternativen, in denen verschiedene fachdidaktische Kategorien vernetzt werden, durch den Einsatz der Fallmethode weiterentwickelt werden kann.

Abstract

Teacher education in Germany is divided in specialized branches of content knowledge, general pedagogical knowledge and pedagogical content knowledge. This division may lead to students' fragmented knowledge and, consequently, to the lack of student teachers' ability to comprehend complex problem situations. To foster the students' cross-linked thinking ability, the case-method of teaching was implemented and evaluated in one master course of biology teacher education.

The subdivision of biology specific pedagogical content knowledge into different categories and the model of cross-linked thinking (Möller, 1999) served as the theoretical background of this study. The central aim is to develop students' capability to find cross-linked alternatives for teaching incidents, which corresponds to the highest level of cross-linked thinking. In this study, intervention-cases were used in a master module for four times. The effect of the intervention was evaluated by analyzing students' solutions of written test-cases at the beginning and at the end of the semester. Furthermore, interviews were carried out during the semester. To evaluate the data, qualitative text analysis (Mayring, 2010) was used. The findings showed that students are capable to analyze problematic teaching incidents on a high level. The results of the written cases and the interviews indicated that the use of the case method of teaching leads to an increased capability to generate cross-linked alternatives.

Einleitung

Die Lehrerausbildung in Deutschland setzt sich aus fachwissenschaftlichen-, fachdidaktischen- und erziehungswissenschaftlichen bzw. pädagogisch-psychologischen Studienanteilen zusammen (Terhart, 2000). Aufgrund dieser Strukturierung nehmen die angehenden Lehrer ihre Ausbildung oft als fragmentiert und wenig vernetzt wahr. Diese Fragmentierung ist ein Grund für die Schwierigkeiten Studierender beim Umgang mit und der Reaktion in komplexen, problemhaltigen Unterrichtssituationen (Well, 1999). Ähnlich der Einteilung der Lehrerausbildung wird das Lehrerprofessionswissen in fachwissenschaftliches, fachdidaktisches und allgemeinpädagogisches Lehrerprofessionswissen unterteilt (Baumert & Kunter,

2006). Aufgrund des integrativen Charakters des fachdidaktischen Lehrerprofessionswissens, in dem sowohl das Fachwissen als auch Teile des allgemeinpädagogischen Wissens fachbezogen zusammenfließen, scheint das fachdidaktische Lehrerprofessionswissen geeignet, um die Vernetzungsfähigkeit der Studierenden zu fördern. Daher soll diese Studie einen Beitrag zur Verbesserung des Umgangs mit komplexen und problematischen Unterrichtssituationen leisten, indem die Vernetzungsfähigkeit von Studierenden im Bereich des biologisch-fachdidaktischen Lehrerprofessionswissens gefördert wird.

Unter Verwendung der Fallmethode nach Shulman (1986) wurde eine Intervention mit dem Ziel einer stärkeren Vernetzung verschiedener Kategorien des fachdidaktische Lehrerprofessionswissens konzipiert, durchgeführt und in Bezug auf die Förderung vernetzten Denkens evaluiert. Durch die Interventionsstudie soll die Frage beantwortet werden, inwiefern die Vernetzungsfähigkeit der Studierenden durch den Einsatz der Fallmethode in Verbindung mit verschiedenen Kategorien des fachdidaktischen Lehrerprofessionswissens gefördert werden kann.

In der fallbasierten Interventionsstudie von Harrington (1995) konnte die Anzahl an Quellen, welche durch die Studierenden zur Entscheidungsfindung herangezogen werden, gesteigert werden. Aufgrund dieser Ergebnisse wird eine Verbesserung der Fähigkeiten der Studierenden in Bezug auf die Fähigkeit zur Informationsaufschlüsselung und darauf aufbauend zur Generieren verknüpfter Handlungsalternativen für fachdidaktische Problemsituationen vermutet.

Theoretischer Rahmen

In verschiedenen nationalen und internationalen Studien hat sich, basierend auf der Arbeit von Shulman (1986), eine Einteilung des Lehrerprofessionswissens durchgesetzt, die mit der Strukturierung der Lehrerausbildung in Deutschland vergleichbar ist. Baumert und Kunter (2006) unterscheiden drei Wissensdomänen des Lehrerprofessionswissens: Fachwissen (content knowledge, CK), allgemeinpädagogisches Wissen (pedagogical knowledge, PK) und fachdidaktisches Lehrerprofessionswissen (pedagogical content knowledge, PCK).

Das CK ist für die Ausbildung des Professionswissens von Lehrern grundlegend, es ist jedoch nicht der alleinige Bedingungsfaktor für qualitativ hochwertigen Unterricht (Terhart, 2000). Auch das fachunspezifische PK ist eine Kernkompetenz von Lehrern und wichtiger Bestandteil professionellen Lehrerwissens. Das PCK führt das CK und Teile des PK fachbezogen in Form einer eigenen Wissensfacette zusammen. Für eine differenzierte Strukturierung des biologiespezifischen fachdidaktischen Lehrerprofessionswissens lassen sich auf der Basis verschiedener Studien (z. B. Baumert & Kunter, 2006; Schmelzing, Wüsten, Sandmann & Neuhaus, 2008) zehn Kategorien konkretisieren: Steuerdokumente und Vorgaben, Operationalisierung von Lernzielen, Lerntheoretische Grundlagen, Schülervorstellungen, Interesse und Motivation, Diagnose von Schülerleistungen und Rückmeldungen im Unterricht, geeignete Unterrichtsmethoden und Sozialformen, Einsatz fachspezifischer Medien, fachgemäße (biologische) Arbeitsweisen sowie Planung und Strukturierung von Unterricht (Merkel & Upmeier zu Belzen, 2011).

Um die Vernetzung dieser fachdidaktischen Kategorien beschreiben zu können, bildet ein Modell zum vernetzten Denken (Möller, 1999) eine weitere theoretische Säule dieser Arbeit. Es unterscheidet die Dimensionen Differenziertheit, Diskriminiertheit und Integriertheit. Differenziertheit bezeichnet die Fähigkeit, in einer (Unterrichts-)situation verschiedene Kategorien identifizieren zu können. Als Diskriminiertheit wird die Fähigkeit bezeichnet, innerhalb einer Kategorie verschiedene Aspekte benennen zu können. Beide Dimensionen werden auch als Fähigkeit zur Informationsaufschlüsselung zusammengefasst. Die höchste Komplexitätsstufe ist die Dimension Integriertheit. Sie beinhaltet die Fähigkeit Verknüpfungen zwischen erkannten Kategorien herzustellen und daraus alternative Handlungsmöglichkeiten für den Unterricht zu entwickeln.

Im Sinne des Modells des vernetzten Denkens schafft die aus dem angloamerikanischen Raum stammende case method of teaching eine fokussierte Analyse und Reflexion von Unterrichtssituationen dahingehend, dass die Komplexität des Unterrichts auf einen Ausschnitt der unterrichtlichen Wirklichkeit reduziert wird (Perry & Talley, 2001). Weiterhin können Handlungsalternativen, in denen verschiedene Aspekte fachdidaktischen Lehrerprofessionswissens miteinander vernetzt sind, entwickelt und diskutiert werden. Grundlegend für den Falleinsatz ist die durch Shulman (1992) vorgeschlagene Fallstrukturierung in drei Acts. Act I beschreibt die Rahmenbedingungen, die Unterrichtsplanung sowie die für die Unterrichtsstunde aufgestellten Ziele. Im zweiten Act ist die Unterrichtsstunde mit unerwarteten Schwierigkeiten und Problemen dargestellt. Nach der Analyse dieser zwei Acts dient der dritte Act zur Generierung von Lösungsmöglichkeiten für die in Act I und Act II identifizierten Probleme.

Stand der Forschung

Für das als inhaltliche Grundlage verwendete biologisch-fachdidaktische Lehrerprofessionswissen wurde in verschiedenen Studien gezeigt, dass dieses eine positive Auswirkung auf die Qualität des Unterrichts sowie auf die Lernfortschritte der Schüler hat (Baumert & Kunter, 2006; Hill, Rowan & Loewenberg Ball, 2005).

In einer Untersuchung, in der die Fähigkeit zur Problemlösebewältigung im Fokus stand, zeigte Seiler (1986) eine Abhängigkeit des Lösungsniveaus vom Komplexitätsgrad der Individuen. Möller (1999) konnte einen positiven Effekt der Leittextmethode in Bezug auf die Förderung vernetzten Denkens für den wirtschaftswissenschaftlichen Bereich zeigen. Beiden Untersuchungen lag das Konstrukt der kognitiven Komplexität bzw. des vernetzten Denkens zugrunde. Hammerness und Darling-Hammond (2002) zeigten mit ihrer fallbasierten Intervention eine Verbesserung der Fähigkeit von Studierenden, Verknüpfungen zwischen verschiedenen unterrichtsrelevanten Komponenten zu realisieren. Auch die Zahl der Studierenden, die verschiedene Quellen zur Entscheidungsfindung in Bezug auf die Generierung von Handlungsalternativen für Unterrichtssituationen heranziehen, wurde in der fallbasierten Interventionsstudie von Harrington (1995) deutlich gesteigert.

Zielstellung

Basierend auf dem dargestellten Theoriehintergrund ist das Ziel dieser Arbeit, das vernetzte Denken von Studierenden im biologisch-fachdidaktischen Bereich zu fördern, um einen Beitrag zur Verbesserung des Umgangs der Studierenden mit komplexen Problemsituationen im Unterricht zu leisten. Daraus leitet sich die folgende Forschungsfrage ab:

Inwiefern können durch den Einsatz der Fallmethode in Verbindung mit den Kategorien des PCK die Fähigkeiten des vernetzten Denkens im Sinne von Differenziertheit, Diskriminiertheit und Integriertheit der Studierenden gefördert werden?

Aufgrund der positiven Resultate verschiedener Studien zum Einsatz der Fallmethode wird vermutet, dass die Fähigkeiten der Studierenden zur Identifizierung von Problemen verschiedener fachdidaktischen Kategorien verbessert werden kann (Differenziertheit und Diskriminiertheit). Weiterhin wird vermutet, dass die Studierenden durch die Fallbearbeitung eine höhere Anzahl an verknüpften Handlungsalternativen für fachdidaktische Problemsituationen generieren (Integriertheit).

Untersuchungsdesign und Methoden

Die Fallmethode wurde im Wintersemester 2010/2011 im Mastermodul „Schulpraktische Studien" an der Humboldt-Universität zu Berlin (HU) eingesetzt. Das Modul umfasst einen zeitlichen Aufwand von 330 Stunden, was insgesamt 11

Leistungspunkten entspricht (Abbildung 1). In den drei Teilveranstaltungen des Moduls erfolgte der Einsatz von insgesamt vier Interventionsfällen.

Zu Beginn und zum Ende des Semesters analysierten die Studierenden schriftlich anhand von Leitfragen jeweils einen „Messfall". Neben den zehn Studierenden der Interventionsgruppe (IG) der HU (IG: schriftliche Erhebung n=9, Interviewstudie n=10) nahmen 38 Studierende der Freien Universität Berlin (FU) als Kontrollgruppe (KG) an der Studie teil. Die Probanden der FU waren ebenfalls Studierende des Master of Education der Biologie, die das in Aufbau und Struktur ähnliche Modul „Schulpraktische Studien" der Biologiedidaktik der FU belegten.

Neben den Vor- und Nachtests wurden mit den zehn Studierenden der IG zu drei Zeitpunkten im Semester insgesamt 22 Interviews mit einer durchschnittlichen Dauer von 20 Minuten zur Einschätzung und Verarbeitung der Fallmethode durchgeführt (Abbildung 1). Fünf Studierende nahmen an allen drei Interviews teil, zwei Studierende an zwei Interviews und drei Studierende nahmen an nur einem Interview teil.

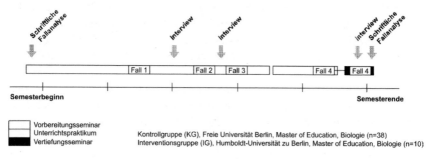

Abbildung 1: Design der Untersuchung – Ablauf der Intervention und Evaluation.

Intervention

Als Grundlage für die entwickelten Fälle wurden in einem ersten Schritt narrative Interviews mit sieben Lehrern durchgeführt. Diese Interviews beginnen mit einer offenen Eingangsfrage, die der Offenlegung von Unterrichtserfahrungen der Interviewten dient (Lamnek, 2002). Dabei wurden problematische Situationen in ihrem Biologieunterricht thematisiert. Bei der Interviewauswertung erfolgte eine theoriebasierte Zuordnung der geschilderten Problemsituationen zu Kategorien des PCK. Auf dieser Grundlage konnten, unter Einbeziehung der Fallstruktur nach Shulman (1992), praxisnahe theoriebasierte Fälle entwickelt werden. Die so gegliederten Fälle wurden im Sommersemester 2010 im Mastermodul „Schulpraktische Studien" der HU pilotiert und anschließend einer Expertenbeurteilung in Bezug auf die Praxisnähe der Fälle durch zwei Biologielehrer (Novize und Experte) unterzogen.

Die Fälle fokussieren auf unterschiedliche fachdidaktische Kategorien. In den Fällen 1 und 2 (Abbildung 1) werden Unterrichtsstunden der siebten und neunten Jahrgangsstufe zu den Themen „Zwiebelzelle" und „Pflanzenbestimmung" thematisiert. Den dritten Fall generierten die Studierenden auf der Grundlage theoretischen Wissens im Modul „Schulpraktische Studien". Basierend auf eigenen Problemsituationen des Unterrichtspraktikums erstellten die Studierenden den vierten Fall, der im Vertiefungsseminar des Moduls als Grundlage für die Reflexion diente. Der Falleinsatz orientierte sich an dem von Hammerness und Darling-Hammond (2002) verwendeten Design, in dem die Studierenden zuerst Fälle fremder Autoren analysierten und zum Ende der Intervention eigene Fälle generierten.

In den nach Shulman (1992) gegliederten Fällen werden durch die Studierenden problematische fachdidaktische Aspekte des Unterrichtsentwurfs (Act I) bzw. der dargestellten Unterrichtssituation (Act II) identifiziert. Dies dient zur Förderung der Diskriminiertheit. Ein weiteres Ziel der Analyse von Act I und Act II ist die Beachtung möglichst verschiedener fachdidaktischer Kategorien und die Gruppierung identifizierter Aspekte zu fachdidaktischen Kategorien. Dieses Vorgehen fördert die Fähigkeiten der Studierenden im Bereich der Differenziertheit. Aufbauend auf der Analyse dieser beiden Acts sind die Studierenden aufgefordert, in Act III alternative Handlungsmöglichkeiten zu entwickeln. In Bezug auf das Modell des vernetzten Denkens sollen Alternativen entwickelt werden, in denen fachdidaktische Kategorien miteinander vernetzt sind. Dieser dritte Act zielt auf die Förderung der Integriertheit (Abbildung 2).

Der Einsatz eines „Interventionsfalls" ist jeweils für ein Seminar von 90 Minuten konzipiert. Für jeden Act sind 30 Minuten eingeplant, die sich aus Einzel- und Gruppenarbeitsphasen zusammensetzen.

Fallbestandteil	Act I	Act II	Act III
Förderung (vernetztes Denken)	Differenziertheit, Diskriminiertheit		Integriertheit
Fallbearbeitung	Aufschlüsselung von Informationen, Gruppierung nach fachdidaktischen Bereichen		Entwicklung von Handlungs- alternativen
Inhalt	Kontext	Unterrichtssituation	Problemlösung
Umsetzung	Informationen: räumliche und schulische Rahmen- bedingungen, Unterrichtsziele, Unterrichtsverlauf, Unterrichts- materialien	Darstellung Unerwarteter Probleme und Schwierigkeiten	Handlungs- alternativen für identifizierte Probleme und Schwierigkeiten
Materialien	schriftliche Dokumente	schriftliche Dokumente (Fließtext)	Entwicklung im Seminar

Abbildung 2: Fallbestandteile, Fallbearbeitung und mögliche Umsetzung.

Datenerhebung

In Anlehnung an das Studiendesign verschiedener fallbasierter Interventionsstudien (Hammerness und Darling-Hammond, 2002; Harrington, 1995) sowie vor dem Hintergrund der Fragestellung wurden unterschiedliche qualitative Erhebungsmethoden gewählt.

Die „Messfälle" bestehen wie die im Seminar eingesetzten „Interventionsfälle" aus schriftlich zur Verfügung stehenden Dokumenten zu Act I und Act II. Die „Messfälle" wurden im Rahmen des BMBF-geförderten Projektes LehrOptim[2] entwickelt und für die hier durchgeführte Studie angepasst.

Um einen Einblick in den Entwicklungsprozess des vernetzten Denkens der Studierenden durch den Einsatz der Fallmethode zu erhalten, wurden mit der IG semesterbegleitend halbstrukturierte Interviews zu ihrer Einschätzung und Verarbeitung der Fallmethode durchgeführt (Gläser & Laudel, 2006). Die ersten drei Teile des Interviews sind an den Komponenten des Modells des vernetzten Denkens (Möller, 1999) orientiert und in ihrer Reihenfolge nach der Strukturierung

---

2   BMBF-gefördertes Projekt: „Effizienz und Effektivität der neuen gestuften Lehrerbildung - curriculare Lehr-Lern-Prozessgestaltung, Kompetenzerwerb und Effektverstetigung im Master of Education" – *LehrOptim an der Humboldt-Universität zu Berlin.*

der eingesetzten Fälle in Act I, Act II und Act III (Shulman, 1996) gegliedert. Ein sich anschließender Gesprächsblock erfragt, inwieweit der Einsatz der Fallmethode als sinnvoll erlebt wurde. Ein abschließender Block thematisiert die verschiedenen Bereiche des für die Fallbearbeitung verwendeten Lehrerprofessionswissens (Baumert & Kunter, 2006).

Datenauswertung

Die Auswertung der Vor- und Nachtests wurde in Anlehnung an Mayring (2010) mit der strukturierenden qualitativen Inhaltsanalyse durchgeführt. Dem im Lehr-Optim-Projekt auf Grundlage der fachdidaktischen Kategorien deduktiv entwickelte Grundgerüst wurden die von den Studierenden bei den Fallanalysen identifizierten Probleme und generierten Lösungsansätze zugeordnet (induktiver Ansatz). Auf der Grundlage dieser Zuordnungen konnte im Wintersemester 2009/2010 und im Sommersemester 2010 ein Kodiermanual entwickelt werden (Mayring 2010). Das Manual enthält eine Definition jeder fachdidaktischen Kategorie mit zugehörigen Unterkategorien und aussagekräftige Ankerbeispielen. Dieses bildet die Grundlage für die Auswertung der Vor- und Nachtests. Die Auswertung führten zwei voneinander unabhängige Kodierer durch. Bei der anschließenden diskursiven Validierung wurden die Resultate beider Bearbeiter verglichen und mögliche Abweichungen diskutiert. Anschließend erfolgte eine Zusammenführung der gemeinsamen Ergebnisse beider Kodierer (Mayring, 2010). Mit dem für die Auswertung verwendeten Kategoriensystem konnte eine Übereinstimmung beider Rater von $\kappa=.89$ erreicht werden (Wirtz & Caspar, 2002). Die Werte sind zufrieden stellend für die vorliegende Untersuchung.

Nach dem Modell des vernetzten Denkens sind die bei der Fallanalyse angesprochenen fachdidaktischen Kategorien Ausdruck der Differenziertheit der Studierenden. Die dabei angesprochenen fachdidaktischen Probleme bilden die Diskriminiertheit der Probanden ab. Bei den Fallanalysen dargestellte alternative Handlungsmöglichkeiten dienen als Beleg für die Integriertheit der Studierenden. Ein weiterer Aspekt der Integriertheit sind die in den alternativen Handlungsmöglichkeiten vorgenommenen Verknüpfungen fachdidaktischer Bereiche. Zusätzlich wurden die von den Studierenden generierten Handlungsalternativen in Anlehnung an Gläser-Zikuda (2001) in Bezug auf die Verknüpfung fachdidaktischer Bereiche skaliert. Dafür wurde ein Kategoriensystem mit drei Stufen entwickelt (Tabelle 1). Auch für dieses Kategoriensystem steht ein Kodiermanual mit aussagekräftigen Ankerbeispielen zur Verfügung.

Tabelle 1: Kategoriensystem für die Verknüpfungen fachdidaktischer Kategorien innerhalb der alternativen Handlungsmöglichkeiten.

Stufe	Definition	Ankerbeispiel
3	Generierung von Handlungsalternativen, in denen mindestens drei fachdidaktische Bereiche miteinander verknüpft sind	Ein besseres Beispiel [als die verwendeten Abbildungen] wäre ein[en] Samen in Gips einzuschließen und zu beobachten, wie der Block zerbricht und sich dann z.B. [zu] fragen, woran das liegt. Das führt bei vielen Schülern sicher zu [...] einer Herausforderung, dem Problem auf den Grund zu gehen und Nachforschungen zu betreiben. (Proband 6, verknüpfte Kategorien: Fachgemäße (biologische) Arbeitsweisen, Einsatz fachspezifischer Medien, Interesse und Motivation)
2	Generierung von Handlungsalternativen, in denen zwei fachdidaktische Bereiche miteinander verknüpft sind	Die L. sollte vor Beginn der Experimentierphase den Kontrollansatz als notwendige Bedingung Thematisieren und in ihren Arbeitsauftrag integrieren. (Proband 5, verknüpfte Kategorien: Fachgemäße (biologische) Arbeitsweisen, Methoden und Sozialformen)
1	Generierung von Handlungsalternativen mit einem fachdidaktischen Aspekt	In einer Folgestunde muss dann dieses Vorgehen noch mal geübt werden. (Proband 4, Kategorie: Fachgemäße (biologische) Arbeitsweisen)

Die Auswertung der Interviews erfolgte mit der strukturierenden qualitativen Inhaltsanalyse. Dazu wurde ein Kodiermanual erstellt, dessen Kategoriensystem durch neue relevante Aspekte erweitert wurde (Gläser & Laudel, 2006).

Ergebnisse

Vor- und Nachtest

Bei der Auswertung der Fallanalysen der Studierenden wurden 1356 Aussagen kodiert (IG (n=9): Vortest 170 Kodierungen, Nachtest 183 Kodierungen; KG (n=38): Vortest 466 Kodierungen, Nachtest 537 Kodierungen).

In allen Bereichen des vernetzten Denkens lagen die Studierenden der IG verglichen mit der KG auf einem höheren Ausgangsniveau.

Für die Dimensionen Differenziertheit und Diskriminiertheit lassen sich bei einem Vergleich der Ergebnisse von Vor- und Nachtest der KG und IG nur geringe Unterschiede erkennen. 44 Prozent der IG (4 Studierende) und 53 Prozent der KG (20 Studierende) erkannten im Nachtest mehr fachdidaktische Probleme. Auch im Bereich der Differenziertheit sind die Veränderungen vom Vor- zum Nachtest in beiden Studierendengruppen ähnlich. 33 Prozent der IG (3 Studierende) und 29 Prozent der KG (11 Studierende) identifizierten zum Semesterende Probleme aus einer höheren Anzahl fachdidaktischer Bereiche.

Eine Steigerung der Anzahl an Handlungsalternativen vom Vor- zum Nachtest wurde für beide Studierendengruppen erreicht. 67 Prozent der IG (6 Studierende) generierten bei der Fallanalyse zum Ende des Semesters mehr Alternativen als am Anfang. Bei der KG entwickelten 55 Prozent der Studierenden (21 Studierende) im Nachtest mehr Alternativen. Neben der Anzahl entwickelter Handlungsalternativen wurde die Qualität der generierten Alternativen in Bezug auf die in ihnen verknüpften fachdidaktischen Bereiche untersucht. 89 Prozent der IG (8 Studierende) entwickelten nach der Intervention eine höhere Anzahl verknüpfter Handlungsalternativen (Beispiel Tabelle 2 auf der nächsten Seite). Dagegen lag dieser Anteil der Studierenden bei der KG bei 32 Prozent (12 Studierende).

In einem weiteren Auswertungsschritt wurden die von den Studierenden entwickelten Handlungsalternativen nach den Niveaustufen eins bis drei aus dem Modell des vernetzten Denkens ausgewertet. Für Niveau 1, das Handlungsalternativen mit einem fachdidaktischen Aspekt beschreibt, wird zwischen den Studierenden von KG und IG kein Unterschied festgestellt. Niveau 2, in dem innerhalb einer Handlungsalternative zwei fachdidaktische Aspekte verknüpft sind, erreichten im Vortest 56 Prozent der IG und 37 Prozent der KG. Somit war das Ausgangsniveau bei den Probanden der IG höher als das der KG. Im Nachtest erreichten die Studierenden der IG eine Steigerung um 33 Prozentpunkte, wogegen sich die Studierendenzahl der KG, die Niveau 2 erreichten, nur um 22 Prozentpunkte anstieg. Ähnliche Aussagen lassen sich zu Niveau 3, in dem mindestens drei fachdidaktische Aspekte für eine alternative Handlungsmöglichkeit verknüpft sind, treffen.

Für die IG wurde im Posttest eine Steigerung um 11 Prozentpunkte, für die KG eine Steigerung um 5 Prozentpunkte erreicht (Abbildung 3).

Tabelle 2: Beispiele für Handlungsalternativen.

Unverknüpfte Handlungsalternative	Verknüpfte Handlungsalternative
Wenn der Lehrer es als zentral erachtet, dass die SuS [Schülerinnen und Schüler] ein Experiment mit Kontrolle gestalten, muss das auch verbalisiert werden. (Proband 1)	Ein besseres Beispiel [als die verwendeten Abbildungen] wäre ein[en] Samen in Gips einzuschließen und zu beobachten, wie der Block zerbricht und sich dann z.B. [zu] fragen, woran das liegt. Das führt bei vielen Schülern sicher zu […] einer Herausforderung, dem Problem auf den Grund zu gehen und Nachforschungen zu betreiben. (Proband 6)
Verwendete fachdidaktische Kategorien	
Fachgemäße (biologische) Arbeitsweisen	Fachgemäße (biologische) Arbeitsweisen Einsatz fachspezifischer Medien Interesse und Motivation

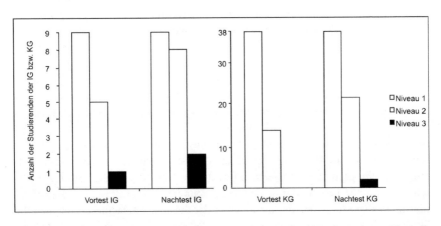

Abbildung 3: Darstellung der Erreichung von Niveau 1 bis -3 durch Studierende von Kontroll- und Interventionsgruppe im Vor- und Nachtest (N=47).

Interviews

Im Bereich der Informationsaufschlüsselung schätzten die Studierenden die Identifizierung von Problemen ab dem ersten Interview als hilfreich für die Fallbearbeitung ein. Die sechs Studierenden, die an allen drei Interviews teilnahmen, entwickelten von einer anfänglich eher kritischen Haltung gegenüber dem Gruppieren identifizierter Probleme in fachdidaktische Kategorien eine zum Ende hin positive Einschätzung dieses Vorgehens bei der Fallbearbeitung. Über den Entwicklungsprozess der restlichen vier Studierenden kann, aufgrund der Teilnahme an nur einem bzw. zwei Interviews, keine Aussage getroffen werden.

Verknüpfungen zwischen den fachdidaktischen Bereichen wurden, bis auf Proband 10 (Teilnahme nur an einem Interview), von allen Studierenden der IG bereits in den ersten Interviews genannt. Weiterhin beschrieben die Probanden nach Abschluss der fallbasierten Intervention ihr Vorgehen in Bezug auf den Umgang mit problematischen Unterrichtssituationen als strukturierter, reflektierter, fokussierter oder fachdidaktisch tiefgründiger.

Diskussion

Die Ergebnisse aus den Vor- und Nachtests sind im Bereich der Fähigkeit zur Informationsaufschlüsselung (Differenziertheit, Diskriminiertheit) bei beiden Studierendengruppen als gleich bleibend zu bezeichnen. Obwohl die Studierenden der IG in den Interviews die Wichtigkeit der Identifizierung von Problemen und deren Gruppierung in fachdidaktische Kategorien in Bezug auf die Fallbearbeitung herausstellen, konnten sie im Vergleich von Vor- und Nachtest keine Verbesserungen erzielen. Dies deutet darauf hin, dass sich die Studierenden bereits zu Beginn der fallbasierten Intervention auf einem hohen Niveau in diesen Bereichen des vernetzten Denkens befanden. Diese Vermutung wird durch die Ergebnisse der Studien von Kleinfeld (1991) und Levin (1995) gestützt. Im Zusammenhang mit fallbasierten Interventionen zeigten sie, dass der Falleinsatz in der Ausbildung von Lehrern einen größeren Einfluss auf Studierende am Anfang des Studiums hat. Die Studierenden des Master of Education der hier durchgeführten Studie können als erfahren bezeichnet werden. Sie befanden sich bei der Studiendurchführung hauptsächlich im ersten Semester ihres Masterstudiums. Somit hatten sie bereits ein lehramtsbezogenes Bachelor-Studium mit sechs Semestern Regelstudienzeit absolviert.

Die besseren Ergebnisse der IG im Nachtest (im Vergleich zum Vortest sowie im Vergleich mit den Ergebnissen der KG), speziell die Fähigkeit verschiedene fachdidaktische Bereiche innerhalb einer Lösungen miteinander zu vernetzen (Integriertheit), können durch das von den Studierenden in den Interviews genannte, veränderte Umgehen mit problematischen Unterrichtssituationen begründet werden. Auch Hammerness und Darling-Hammond (2002) stellen eine professionellere Perspektive der Studierenden auf die eigenen Unterrichtserfahrungen durch den Einsatz von Fällen in ihrer Studie fest. Weiterhin zeigen die Studenten ebenfalls eine Verbesserung der Fähigkeit Verknüpfungen zwischen verschiedenen unterrichtsrelevanten Komponenten zu realisieren. Auch in Bezug auf die vor- und nachtestbasierte Evaluation der Fallmethode finden sich in der Literatur zu den vorliegenden Resultaten analoge Ergebnisse. Beispielsweise erzielt Harrington (1995) in ihrer fallbasierten Interventionsstudie mit Studierenden für das Grundschullehramt vergleichbare Ergebnisse. Die Zahl der Studierenden, die verschiedene Quellen zur Entscheidungsfindung in Bezug auf die Generierung von Lösungen für den dargestellten Fall heranzogen, konnte in der Studie von Harrington (1995) durch die fallbasierte Intervention, wie auch in der hier durchgeführten Studie, deutlich gesteigert werden. Auch die Resultate von Kleinfeld (1991) bestätigen die hier vorliegenden Ergebnisse. Sie zeigt in ihrer Studie mit Pädagogikstudierenden eine Verbesserung der Fähigkeit, Alternativen für Unterrichtssituationen zu entwickeln, und führt dieses Ergebnis auf eine fallbasierte Intervention zurück. Ebenfalls können die Resultate dieser Studie durch die Arbeiten des Kognitionspsychologen Rand Spiro, der eine kognitive Flexibilität durch den Einsatz der Fallmethode nachweist (Spiro, Coulson, Feltovich & Anderson, 1988), bestätigt werden.

Vor dem Hintergrund der vorliegenden Ergebnisse scheint die Fallmethode besonders geeignet zu sein, die Fähigkeiten der Studierenden im Bereich der Integriertheit weiterzuentwickeln. Weiterhin bestätigen die Resultate die Aussagen verschiedener Autoren, wonach das hier vorliegende hohe Niveau in den Bereichen Differenziertheit und Diskriminiertheit die Voraussetzung für eine hohe Leistung in der Dimension Integriertheit darstellt (Schroder, Driver & Streufert, 1975).

In Bezug auf die Forschungsfrage konnte in der hier durchgeführten Studie das vernetzte Denken im Bereich der Integriertheit, also die Fähigkeiten zur Generierung vernetzter alternativer Handlungsmöglichkeiten für problematische Unterrichtssituationen unter Einbeziehung verschiedener fachdidaktischer Kategorien, durch die fallbasierte Intervention gefördert werden. Die Fähigkeiten zur Informationsaufschlüsselung blieben durch die fallbasierte Intervention auf einem gleich bleibenden Niveau.

Da sich die IG und die KG in mehr als nur einer Variable unterscheiden, ist ein Vergleich beider Gruppen nur bedingt aussagekräftig. Weiterhin können aufgrund der Stichprobengröße und der im Rahmen der Studie gewonnenen qualitativen Daten die Schlussfolgerungen nicht verallgemeinert werden. Aus den Daten können dennoch Tendenzen und Empfehlungen für den Einsatz der Fallmethode in der Ausbildung von Lehrern, speziell in der Biologie, abgeleitet werden.

Ausblick

Basierend auf den dargestellten Ergebnissen erscheint der Einsatz der unterrichtsbasierten Fallmethode in der Lehrerausbildung in Bezug auf die Förderung der Fähigkeit, vernetzte Handlungsalternativen für den Unterricht unter Einbeziehung verschiedener fachdidaktischer Aspekte generieren zu können, sinnvoll. Aufgrund des relativ hohen Ausgangsniveaus Studierender im Master of Education ist dieser Einsatz speziell im Bachelor-Studium sinnvoll, insbesondere in Bezug auf die Förderung der Fähigkeiten zur Informationsaufschlüsselung, so dass kumulative Lernprozesse im Studiumsverlauf initiiert werden können. Weiterhin ist die Erstellung eines Fallarchivs denkbar, in dem theoriebasierte, praxisnahe Fälle auf der Grundlage von Erfahrungen der Studierenden mit Problemsituationen im eigenen Unterrichtspraktikum gesammelt werden. Die Verwendung videobasierter Fälle im Modul „Schulpraktische Studien" könnte zusätzlich zu einer Bereicherung der Seminare beitragen (Krammer & Reusser, 2004).

Literatur

Baumert, J., & Kunter, M. (2006). Stichwort: Professionelle Kompetenz von Lehrkräften. *Zeitschrift für Erziehungswissenschaften*, 9(4), 469–520.

Gläser-Zikuda, M. (2001). *Emotionen und Lernstrategien in der Schule: Eine empirische Studie mit qualitativer Inhaltsanalyse*. Weinheim: Beltz; Studienverlag.

Gläser, J., & Laudel, G. (2006). *Experteninterviews und qualitative Inhaltsanalyse als Instrument rekonstruierender Untersuchungen*. Wiesbaden: VS Verlag für Sozialwissenschaften.

Hammerness, K., & Darling-Hammond, L. (2002). Toward expert thinking: How curriculum case-writing prompts the development of theory-based professional knowledge in student teachers. *Teaching Education*, 13(2), 219–243.

Harrington, H. L. (1995). Fostering reasoned decisions: Case-based pedagogy and the professional development of teachers. *Teaching & Teacher Education*, 11(3), 203–214.

Hilligus, A. H., & Schmidt-Peters, A. (1998). Lehrerbildung für die Sekundarstufe II. In S. Blömeke (Ed.), *Reform der Lehrerbildung. Zentren für Lehrerbildung: Bestandsaufnahme, Konzepte, Beispiele* (pp. 63–83). Bad Heilbrunn: Klinkhardt.

Hill, H. C., Rowan, B., & Loewenberg Ball, D. (2005). Effects of teachers' mathematical knowledge for teaching on student achievement. *American Educational Research Journal, 42*(2), 371–406.

Kleinfeld, J. (1991). *Changes in problem solving abilities of students taught through case methods.* Paper presented at the annual meeting of the American Educational Research Association, Chicago.

Krammer, K., & Reusser, K. (2004). Unterrichtsvideos als Medium der Lehrerinnen- und Lehrerbildung. *Seminar Lehrerbildung und Schule, 4,* 80–101.

Lamnek, S. (2002). Qualitative Interviews. In E. König & P. Zedler (Eds.), *Qualitative Forschung. Grundlagen und Methoden* (pp. 157–193). Weinheim: Beltz.

Levin, B. B. (1995). Using the case method in teacher education: The role of discussion and experience in teachers' thinking about cases. *Teaching & Teacher Education, 11*(1), 63–79.

Mayring, P. (2010). *Qualitative Inhaltsanalyse. Grundlagen und Techniken.* Weinheim: Beltz.

Möller, D. (1999). *Förderung vernetzten Denkens im Unterricht: Grundlagen und Umsetzung am Beispiel der Leittextmethode.* Münster: LIT.

Merkel, R., & Upmeier zu Belzen, A. (2011). Die Fallmethode in der Lehrerausbildung. In D. Krüger, A. Upmeier zu Belzen, P. Schmiemann, & A. Sandmann (Eds.), *Erkenntnisweg Biologiedidaktik 10* (pp. 7–22). Duisburg-Essen, Mühlheim a. d. R.: Universitätsdruckerei Kassel.

Perry, G., & Talley, S. (2001). Online video case studies and teacher Education. A new tool for preservice education. *Journal of Computing in Teacher Education, 17*(4), 26–31.

Schmelzing, S., Wüsten, S., Sandmann, A., & Neuhaus, B. (2008). Evaluation von zentralen Inhalten der Lehrerbildung: Ansätze zur Diagnostik des fachdidaktischen Wissens von Biologielehrkräften. *Lehrerbildung auf dem Prüfstand, 1*(2), 617–638.

Schroder, H. M., Driver, M. J., & Streufert, S. (1975). *Menschliche Informationsverarbeitung.* Weinheim: Beltz.

Seiler, T. B. (1986). Kognitive Komplexität. In W. Sarges & R. Fricke (Eds.), *Psychologie für die Erwachsenenbildung/Weiterbildung. Ein Handbuch in Grundbegriffen* (pp. 282–289). Göttingen: Hogrefe.

Shulman, L. S. (1986). Those who understand: Knowledge growth in teaching. *Educational Researcher, 15*(4), 4–14.

Shulman, L. S. (1992). Toward a pedagogy of cases. In J. H. Shulman (Ed.), *Case Methods in Teacher Education* (p. 1–30). New York London: Teachers College Press.

Shulman, L. S. (1996). Just in case: Reflections on learning from experience. In J. A. Colbert, P. Desherg, & K. Trimble (Eds.), *The Case of Education: Contemporary for Using Case Methods* (pp. 197–217). Boston: Allyn Bacon Pearson Education.

Spiro, R. J., Coulson, R. L., Feltovich, P. J., & Anderson, D. K. (1988). Cognitive flexibility theory: Advanced knowledge acquisition in ill-structured domains. In Cognitive Science Society (Eds.), *Tenth annual conference of the cognitve science society* (pp. 377–383). Hillsdale New York: Lawrence Erlbaum.

Terhart, E. (2000). *Perspektiven der Lehrerbildung in Deutschland: Abschlussbericht der von der Kultusministerkonferenz eingesetzten Kommission*. Weinheim: Beltz.

Well, N. (1999). *Theorie und Praxis der Lehramtsausbildung: Fallorientierte Beispiele. Praxishilfen Schule: Pädagogik*. Neuwied: Luchterhand.

Wirtz, M., & Caspar, F. (2002). *Beurteilerübereinstimmung und Beurteilerreliabilität: Methoden zur Bestimmung und Verbesserung der Zuverlässigkeit von Einschätzungen mittels Kategoriensystemen und Ratingskalen*. Göttingen: Hogrefe.

Gaitano Franke/Franz X. Bogner

Wie beeinflusst die Berücksichtigung von Alltagsvorstellungen die situationsbezogenen Emotionen von Schülerinnen und Schülern im Laborunterricht?

Zusammenfassung

Wir erfassten die situationsbezogenen Emotionen Interesse, Wohlbefinden und Angst von 291 Schülerinnen und Schülern der 10. Jahrgangsstufe nordbayerischer Realschulen im Anschluss an einen Praktikumsunterricht in einem außerschulischen Labor. Dies erfolgte mithilfe eines 12 Item umfassenden Fragebogens nach Laukenmann und von Rhöneck (2003). Zwei verschiedene Instruktionsgruppen (I-1, I-2) nahmen an derselben Unterrichtseinheit über Gentechnik teil. Die Schülerinnen und Schüler aus I-2 wurden zusätzlich mit einigen ihrer Alltagsvorstellungen und derer anderer Realschülerinnen und -schüler der gleichen Jahrgangsstufe zu dieser Thematik konfrontiert, um einen Konzeptwechsel zu erreichen. Schülerinnen und Schüler aus I-2 zeigten ein signifikant höheres situationsbedingtes Interesse und Wohlbefinden. Die negative Emotion Angst war in beiden Gruppen praktisch nicht existent. Schülerinnen und Schüler, die den Experimentalunterricht mit positiven Emotionen verbunden haben, zeigten auch langfristig ein hohes Interesse an der Gentechnik. Jungen fühlten sich im Unterricht stets wohler als die Mädchen. Konfrontierte man die Jungen zusätzlich noch mit Alltagsvorstellungen, so war ihr Wohlbefinden signifikant höher als das ihrer Kollegen in I-1.

Abstract

We examined selected situational emotions (interest, well-being and anxiety) of 291 medium achieving 10th graders of North-Bavarian secondary schools after a hands-on lesson in an out-of-school laboratory. Therefore, we used a modified 12-item scale provided by Laukenmann and von Rhöneck (2003). Two different instruction groups (I-1, I-2) participated in the same teaching unit about gene technology. Pupils of I-2 were additionally confronted with their own alternative conceptions and those of their peers to central issues and processes of gene technology. Pupils within I-2 scored higher in the positive emotions interest and well-being. The negative emotion anxiety was practically non-existent in both instruction groups. Pupils who have connected the experimental lessons with positive emotions also showed a high interest in gene technology showed in the long term. Boys always felt finer in the lessons than the girls. If boys were additionally confronted with alternative conceptions, their well-being was significantly higher than that of their peers in I-1.

Theoretische Grundlagen und Fragestellung

Schülerinnen und Schüler besuchen den Schulunterricht nicht als „unbeschriebenes Blatt". Aufgrund von alltäglichen Erlebnissen und Erfahrungen, z. B. durch die Medien oder den Freundeskreis, haben sie bereits feste Vorstellungen zu bestimmten Themen des Unterrichts entwickelt. Diese Alltagsvorstellungen unterscheiden sich oft sehr stark von den fachwissenschaftlichen Vorstellungen (z. B. Morrison & Lederman, 2003; Palmer, 1999). Dies ist eine mögliche Ursache dafür, dass Schülerinnen und Schüler den gelehrten Unterrichtsstoff nicht in der Weise verstehen, wie es die Lehrperson eigentlich erwartet. Den Schülerinnen und Schülern fehlt dabei oft der Bezug zur eigenen Lebenswelt. Eine international bekannte Theorie zur Veränderung von Alltagsvorstellungen stammt von Posner, Strike, Hewson und Gertzog (1982). Nach dieser „Theorie des Konzeptwechsels" („Conceptual change"-Theorie) ist die Übernahme von fachwissenschaftlichen Vorstellungen durch die Schülerinnen und Schüler am ehesten möglich, wenn einige Rahmenbedingungen erfüllt sind: Zuerst muss eine Unzufriedenheit der Schülerinnen und Schüler mit ihren „alten" Vorstellungen bestehen. Die „neue" Vorstellung muss logisch verständlich und einleuchtend sein sowie sich in neuen Situationen als fruchtbar erweisen. Nur so kann sie überhaupt von den Schülerinnen und Schülern übernommen werden. Einige Wissenschaftler (z. B. Pintrich, Marx & Boyle, 1993) kritisierten an dem klassischen Modell des Konzeptwechsels vor allem dessen einseitige Ausrichtung auf kognitive Aspekte, während affektive Faktoren nicht berücksichtigt werden. Modernere Forschungsansätze berücksichtigen neben kognitiven Aspekten auch die ontologischen Überzeugungen der Schülerinnen und Schüler (z. B. Duit & Treagust, 2003; Treagust & Duit, 2008) sowie motivational-psychologische Faktoren (z. B. Pintrich, Marx & Boyle, 1993). Weiterhin findet der kulturelle Kontext (z. B. Caravita & Halldén, 1994; Säljö,

1999) und die Lernumgebung (z. B. Vosniadou, Ioannides, Dimitrakopoulou & Papademetriou, 2001) Berücksichtigung. In diesem Zusammenhang wurde ein „multidimensional interpretive framework" für den Konzeptwechsel entwickelt (Tyson, Venville, Harrison & Treagust, 1997), in dem ontologische, soziale, affektive und epistemologische Faktoren beachtet werden.

Auch in anderen Untersuchungen über schulische Lehr- und Lernsituationen wurden zunächst ausschließlich kognitive Vorgänge analysiert, während die Bedeutung emotionaler Faktoren vernachlässigt wurde (z. B. Anderson, 1980; Lefrancois, 1992). Inzwischen liegen aber eine Vielzahl von Untersuchungen über Emotionen vor, hauptsächlich über die Angst (z. B. Hembree, 1988; Izard, 1994; Laux, Glanzmann, Schaffer & Spielberger, 1981). Allerdings wurden zumeist nur Einzelemotionen ohne Zusammenhang zu den vermittelten Unterrichtsinhalten untersucht (Laukenmann et al., 2003). Erst in der jüngeren Vergangenheit wurde die tatsächliche Bedeutung des Zusammenwirkens von Emotionen, Motivation und Kognition in Lernprozessen erkannt (Meyer & Turner, 2002). Schülerinnen und Schüler erleben in unterrichtlichen Lern- und Leistungssituationen eine Vielzahl von Emotionen, sowohl positive, wie z. B. Freude, Interesse oder Erleichterung, als auch negative, wie z. B. Ärger, Angst oder Langeweile (Pekrun, 1998). Emotionen spielen eine große Rolle bei der Motivationsbildung, der Beeinflussung des Lernverhaltens sowie metakognitiver Prozesse (Pekrun & Schiefele, 1996). Weiterhin haben sie auch eine große Bedeutung bei der Unterstützung von conceptual change (Treagust & Duit, 2008). Nach Ulich und Mayring (1992) lassen sich Emotionen in situationsbezogene sowie persönlichkeitsbezogene Emotionen unterteilen. Überdauernde Emotionen kann man auch als individuelle Persönlichkeitsdispositionen bezeichnen, die sich z. B. auf das Schulfach oder Themengebiet beziehen. Situationsbezogene Emotionen sind aktuelle Gefühlszustände einzelner Personen und z. B. vom Kontext der augenblicklichen Unterrichtsstunde abhängig. Dazu liegen verschiedene Studien vor, in denen die Ausprägung situationsbezogener Emotionen wie Wohlbefinden, Interesse, Angst und Langeweile bei Schülerinnen und Schülern in verschiedenen Fächern untersucht wurden (z. B. Gläser-Zikuda, 2001, Gläser-Zikuda, Fuß, Laukenmann, Metz & Randler, 2005; Gläser-Zikuda & Mayring, 2003; Laukenmann & von Rhöneck, 2003). Vereinzelt ließen sich dabei auch Unterschiede in der Stärke der empfundenen Emotionen (Interesse, Wohlbefinden) zwischen Schülerinnen und Schülern nachweisen (z. B. Fuß & Gläser-Zikuda, 2003; Gläser-Zikuda & Fuß, 2004; Hoffmann & Lehrke, 1986).

Laukenmann et al. (2003) grenzen beispielsweise Interesse von reinen emotionalen Variablen, wie dem Wohlbefinden, Angst oder Langeweile, ab und ordnet es den kognitiv-emotionalen Variablen zu. Krapp (2002) führt drei Merkmalskomponenten des Interesses auf, eine emotionale, eine epistemische sowie eine wertbezogene Komponente. Bei der emotionalen Komponente tritt Interesse in Verbindung mit positiven Gefühlen auf, es ist daher eher situationsbezogen. Hat der Interessengegenstand eine herausragende subjektive Bedeutung für Jemanden, so spricht man von der wertbezogenen Komponente. Die epistemische Komponente entspricht der „kognitiv-rezeptive(n) Form von Interesse" (Finke, 1998, S. 60) und dient zur Wissenserweiterung. Mit dieser Interessenskomponente beschäftigten sich Häussler und Hoffmann in verschiedenen Studien über schulischen Physikunterricht (z. B. Häussler, 1987; Hoffmann, 2002).

In dieser Arbeit wurden verschiedene situationsbezogene Emotionen im Experimentalunterricht im Schülerlabor erfasst und mit dem epistemischen Interesse (individuelle Persönlichkeitsdisposition) am Thema Gentechnik in Beziehung gesetzt. Dies sollte in Verbindung mit der Berücksichtigung von Alltagsvorstellungen zum Thema Gentechnik erfolgen, da diese Methodik erwiesenermaßen zu signifikant besseren Leistungen im kognitiven Bereich geführt hat (Franke & Bogner, 2011a; Franke & Bogner, 2011b). Die Fragestellungen lauteten daher: (a) Hat die Auseinandersetzung mit Alltagsvorstellungen im Unterricht positive Auswirkungen auf das situationsbezogene Interesse, Wohlbefinden und die Angst der Schülerinnen und Schüler? (b) Zeigen sich dabei geschlechtsspezifische Unterschiede? (c) Gibt es eine Verbindung zwischen den situationsbezogenen Emotionen und dem epistemischen Interesse der Schülerinnen und Schüler am Thema Gentechnik?

Methodik

An der Untersuchung nahmen insgesamt 291 Schülerinnen und Schüler der 10. Jahrgangsstufe (133 Mädchen, 158 Jungen) von zehn verschiedenen nordbayerischen Realschulen teil (Alter: M=16,1; SD=0,76). Das Untersuchungsdesign mit einer Kontroll- (I-1) und einer Treatmentgruppe (I-2) wurde verwirklicht: I-1 (n=136) nahm am siebenstündigen Unterricht zum Thema Gentechnik in einem außerschulischen Labor teil. Die Schülerinnen und Schüler dieser Gruppe führten jeweils nach einer theoretischen Einführung die experimentellen Aufgaben durch. Dabei handelte es sich um insgesamt vier grundlegende gentechnische Experimente (Restriktion von DNA, Ligation von DNA, Transformation von DNA und Ausplattieren von Bakterien). I-2 (n=155) erhielt denselben experimentellen Unterricht wie auch die Interventionsgruppe 1 mit dem Unterschied, dass den Schülerinnen und Schüler zusätzlich einige ihrer Alltagsvorstellungen und derer anderer Realschülerinnen und -schüler der gleichen Jahrgangsstufe zu fünf Begriffen (Bakterien-Erbgut, Gen, Gentechnik, Klon, Enzym) und drei Vorgängen der Gentechnik (Veränderung von Erbgut, Vererbung von Eigenschaften, Übertragung von Erbgut) präsentiert wurden, um einen Konzeptwechsel zu erzielen. Dazu wurde eine an den Unterricht angepasste „constructivist teaching sequence" (Driver, 1989) eingesetzt, die auf die folgenden vier Phasen reduziert wurde: (1) Präsentation einiger Schülervorstellungen zu Begriffen oder Vorgängen der Gentechnik, (2) Aufzeigen von Widersprüchen, um einen kognitiven Konflikt hervorzurufen, (3) Vorstellen der fachwissenschaftlichen Vorstellung und (4) Anwendung des neuen Wissens in einer folgenden Experimentierphase. Als zentrales Medium wurde hierzu eine Powerpoint-Präsentation eingesetzt. Die verwendeten Vorstellungen stammten von einem Teil der Schülerinnen und Schüler, die auch am experimentellen Unterricht im außerschulischen Labor teilnahmen. Sie wurden einige Monate zuvor im Rahmen einer anderen Studie ermittelt (Franke, Scharfenberg & Bogner, 2012). Die Erfassung der situationsbezogenen Emotionen Interesse, Wohlbefinden und Angst erfolgte bei beiden Gruppen direkt im Anschluss an den Experimentalunterricht mithilfe eines Fragebogens (12-Item-Skala; Laukenmann et al., 2003 und Laukenmann & von Rhöneck, 2003; Cronbach's α=0,78, siehe Anhang 1). Das Interesse der Schülerinnen und Schüler am Thema Gentechnik wurde mit einer, auf der Basis von Häußler (1987) und Hoffmann (2002) adaptierten Skala zu drei Testzeitpunkten gemessen (T-1: eine Woche vor dem Unterricht, T-2: direkt nach dem Unterricht, T-3: sechs Wochen später; α ≥ 0,80, siehe Anhang 2).

Ergebnisse

(a) Die Mehrzahl der Teilnehmer zeigte ein hohes Interesse und Wohlbefinden beim experimentellen Arbeiten im außerschulischen Lernort Labor. Angst wurde nahezu nicht verspürt. Es stellte sich heraus, dass das Eingehen auf die Vorstellungen der Schülerinnen und Schüler zu einem signifikant höheren Interesse und Wohlbefinden führte, wobei die negative Emotion davon anscheinend nicht beeinflusst worden war (siehe Abb. 1).

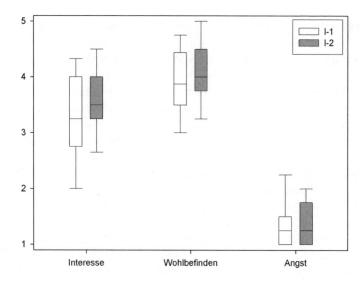

Abbildung 1: Vergleich der Werte der situationsbezogenen Emotionen Interesse, Wohlbefinden und Angst zwischen I-1 und I-2

(b) Die Jungen beider Gruppen fühlten sich im Unterricht stets wohler als die Mädchen. Außerdem war das Wohlbefinden der Jungen in I-2 signifikant größer als in I-1 (siehe Tabelle 1).

Tabelle 1: Median und 1./4. Quartile der Werte der situationsbezogenen Emotionen in I-1 und I-2.

Gruppen	Median (1./4. Quartile)		
	Werte der situationsbezogenen Emotionen		
	Interesse	Wohlbefinden	Angst
Mädchen			
I-1 (n=62)	3.3 (2.8/3.8)	3.8 (3.3/4.0)	1.3 (1.0/1.5)
I-2 (n=71)	3.5 (3.3/4.0)	4.0 (3.5/4.3)	1.3 (1.0/1.5)
Jungen			
I-1 (n=71)	3.3 (2.5/4.0)	4.0 (3.5/4.5)	1.3 (1.0/1.5)
I-2 (n=87)	3.5 (3.3/4.0)	4.3 (3.8/4.8)	1.3 (1.0/1.8)

(c) Schülerinnen und Schüler, die bereits ein hohes epistemisches Interesse an der Thematik hatten, zeigten ein ebenso hohes situationsbezogenes Interesse und Wohlbefinden im Unterricht selbst. Weiterhin wiesen Schülerinnen und Schüler, die den Laborunterricht mit positiven Emotionen verbunden haben, auch langfristig ein hohes Interesse an der Gentechnik auf (siehe Tabelle 2).

Tabelle 2: Korrelationen zwischen situationsbezogenen Emotionen und dem individuellen Interesse der Schülerinnen und Schüler an Gentechnik (Spearman-Rho.)

	Individuelles Interesse (Vortest)	Individuelles Interesse (Nachtest)	Individuelles Interesse (Behaltenstest)
Situationsbezogenes Interesse	.471***	.622***	.530***
Situationsbezogenes Wohlbefinden	.292***	.399***	.399***

*** $p < .001$

Diskussion und Schlussfolgerungen

Es hat sich gezeigt, dass die Erfassung und Einbeziehung von Schülervorstellungen in den Unterricht, die von Didaktikern immer wieder gefordert wurde (z. B. Kattmann, Duit, Gropengießer & Komorek, 1997), jeweils ein erhöhtes situationsbezogenes Interesse und Wohlbefinden der Schülerinnen und Schüler bewirkt hat. Nach Scott, Asoko und Driver (1991, S. 324) ist es wichtig, dass sich Schülerinnen und Schüler in ihrer Lernumgebung sicher fühlen. Diese „safety factor[s]" sind z. B. notwendig, wenn mit kognitiven Konflikten im Unterricht gearbeitet wird. Dies ist z. B. der Fall, wenn versucht wird, einen Konzeptwechsel zu erzielen. Somit wäre eine gute Grundlage zur Unterstützung von conceptual change gelegt, da hierzu nach Auffassung von Treagust und Duit (2008) Emotionen der Schülerinnen und Schüler eine wichtige Rolle spielen. Eine ähnliche Auffassung vertreten Pintrich, Marx und Boyle (1993), wonach der Erfolg von conceptual change durch die Nichtberücksichtigung von affektiven Faktoren gemindert wird. Zembylas (2005) stuft die affektiven Faktoren sogar als gleichwertig zu den kognitiven ein. Die Bedeutung des erhöhten situationsbezogenen Interesses und Wohlbefindens der Schülerinnen und Schüler für conceptual change wurde tatsächlich in einer von uns durchgeführten Parallelstudie nachgewiesen. Hier veränderten die Schülerinnen und Schüler aus der Treatmentgruppe (I-2) auch langfristig ihre Alltagsvorstellungen über Begriffe und Vorgänge der Gentechnik zugunsten der fachwissenschaftlichen Vorstellung, wenn eine unterrichtliche Auseinandersetzung mit ihren Vorstellungen stattgefunden hat (Franke & Bogner, 2011a).

Vergleicht man beide Geschlechter hinsichtlich ihrer Emotionswerte, so zeigten sich nur im Wohlbefinden signifikante Unterschiede. Jungen fühlten sich im Unterricht stets wohler als die Mädchen, unabhängig davon, welcher Experimentalgruppe sie angehörten. Ein ebenso höheres Wohlbefinden bei Jungen konnten Gläser-Zikuda und Fuß (2004) im Physik-Unterricht der achten Jahrgangsstufe an verschiedenen Schulen in Baden-Württemberg feststellen.

Letztendlich zeigten die Schülerinnen und Schüler mit hohem, bereits vorhandenem individuellen Interesse an gentechnischen Fragen im Treatment ein besonders hohes situationsbezogenes Interesse und längerfristig ein erhöhtes individuelles Interesse. Dies weist auf eine Konsolidierung des situationsbezogenen Interesses durch die explizite Berücksichtigung der Schülervorstellungen im Sinne des Vierphasen-Modells der Interessenentwicklung (Hidi & Renninger, 2006) hin, nach welchem eine Weiterentwicklung vom situationsbezogenen zum individuellen Interesse möglich ist.

Zusammenfassend kann man sagen, dass sich der außerschulische Lernort in Verbindung mit der Thematik Gentechnik insgesamt förderlich auf die positiven Emotionen der Schülerinnen und Schüler auswirkte, wobei sich das Wohlbefinden bei Einbeziehung von Schülervorstellungen nochmals erhöhte. Dieser Effekt war bei Jungen besonders ausgeprägt.

Literatur

Anderson, J. R. (1980). *Cognitive psychology and its implications.* San Francisco: Freeman.

Caravita, S., & Halldén, O. (1994). Re-framing the problem of conceptual change. *Learning and Instruction, 4,* 89–111.

Driver, R. (1989). Changing conceptions. In P. Adey, J. Bliss, J. Head, & M. Shayer (Eds.), *Adolescent development and school science* (pp. 79–104). New York: The Falmer.

Duit, R., & Treagust, D. F. (2003). Conceptual change: a powerful framework for improving science teaching and learning. *International Journal of Science Education, 25,* 671–688.

Franke, G., & Bogner, F. X. (2011a). Conceptual change in students' molecular biology education: Tilting at windmills? *Journal of Educational Research, 104,* 7–18.

Franke, G., & Bogner, F. X. (2011b). Cognitive influences of students' alternative conceptions within a hands-on gene technology module. *Journal of Educational Research, 104,* 158–170.

Franke, G., Scharfenberg, F.-J., & Bogner, F. X. (2012). Investigation of pupils' alternative conceptions of fundamental terms and processes of gene technology. *Journal of Biological Education,* eingereicht.

Finke, E. (1998). *Interesse an Humanbiologie und Umweltschutz in der Sekundarstufe I. Empirische Untersuchung zu altersbezogenen Veränderungen und Anregungsfaktoren.* Hamburg: Verlag Dr. Kovac.

Fuß, S., & Gläser-Zikuda, M. (2003). Emotionen und Lernleistungen in den Fächern Deutsch und Physik. *Lehren und Lernen, 4,* 5–11.

Gläser-Zikuda, M. (2001). *Emotionen und Lernstrategien in der Schule.* Weinheim: Beltz Verlag.

Gläser-Zikuda, M., & Fuß, S. (2004). Wohlbefinden von Schülerinnen und Schülern im Unterricht. In T. Hascher (Ed.), *Schule positiv erleben. Ergebnisse und Erkenntnisse zum Wohlbefinden von Schülerinnen und Schülern* (pp. 27–48). Bern: Haupt.

Gläser-Zikuda, M., Fuß, S., Laukenmann, M., Metz, K., & Randler, C. (2005). Promoting students' emotions and achievement – Instructional design and evaluation of the ECOLE-approach. *Learning and Instruction, 15,* 481–495.

Gläser-Zikuda, M., & Mayring, P. (2003). A qualitative oriented approach to learning emotions at school. In P. Mayring & C. von Rhöneck (Eds.), *Learning emotions* (pp. 103–126). Frankfurt: Peter Lang.

Häussler, P. (1987). Measuring students' interest in physics – design and results of a cross-sectional study in the Federal Republic of Germany. *International Journal of Science Education, 9*, 79–92.
Hembree, R. (1988). Correlates, causes, effects, and treatment of test anxiety. *Review of Educational Research, 58*, 47–77.
Hidi, S., & Renninger, A. K. (2006). The four-phase model of interest development. *Educational Psychologist, 41*, 111–127.
Hoffmann, L. (2002). Promoting girls' interest and achievement in physics classes for beginners. *Learning and Instruction, 12*, 447–465.
Hoffmann, L., & Lehrke, M. (1986). Eine Untersuchung über Schülerinteresse an Physik und Technik. *Zeitschrift für Pädagogik, 32*, 189–204.
Izard, C. E. (1994). *Die Emotionen des Menschen: eine Einführung in die Grundlagen der Emotionspsychologie*. Weinheim: Beltz.
Kattmann, U., Duit, R., Gropengießer, H., & Komorek, M. (1997). Das Modell der Didaktischen Rekonstruktion – Ein Rahmen für naturwissenschaftsdidaktische Forschung und Entwicklung. *Zeitschrift für Didaktik der Naturwissenschaften, 3*, 3–18.
Krapp, A. (2002). Structural and dynamic aspects of interest development: theoretical considerations from an ontogenetic perspective. *Learning and Instruction, 12*, 383–409.
Laukenmann, M., Bleicher, M., Fuß, S., Gläser-Zikuda, M., Mayring, P., & von Rhöneck, C. (2003). An investigation of the influence of emotional factors on learning in physics instruction. *International Journal of Science Education, 25*, 489–507.
Laukenmann, M., & von Rhöneck, C. (2003). The influence of emotional factors on learning in physics instruction. In P. Mayring & C. von Rhöneck (Eds.), *Learning emotions* (pp. 67–80). Frankfurt: Peter Lang.
Laux, L., Glanzmann, P., Schaffer, P. & Spielberger, C. D. (1981). *Das State-Trait-Angstinventar. Theoretische Grundlagen und Handlungsanweisungen*. Weinheim: Beltz.
Lefrancois, G. R. (1992). *Psychology for teaching*. Belmont, CA: Wadsworth.
Meyer, D. K., & Turner, J. C. (2002). Discovering emotion in classroom motivation research. *Educational Psychologist, 37*, 107–114.
Morrison, J. A., & Lederman, N. G. (2003). Science teachers' diagnosis and understanding of students' preconceptions. *Science Education, 87*, 849–867.
Palmer, D. H. (1999). Exploring the link between students' scientific and non-scientific conceptions. *Science Education, 83*, 639–653.
Pekrun, R. (1998). Schüleremotionen und ihre Förderung: Ein blinder Fleck der Unterrichtsforschung. *Psychologie in Erziehung und Unterricht, 45*, 230–248.

Pekrun, R., & Schiefele, U. (1996). Emotions- und motivationspsychologische Bedingungen der Lernleistung. In F. E. Weinert (Ed.), *Psychologie des Lernens und der Instruktion. Enzyklopädie der Psychologie, I, 2,* (pp. 152–179). Göttingen: Hogrefe.

Pintrich, P. R., Marx, R. W., & Boyle, R. A. (1993). Beyond cold conceptual change: The role of motivational beliefs and classroom contextual factors in the process of conceptual change. *Review of Educational Research, 63,* 167–199.

Posner, G. J., Strike, K. A., Hewson, P. W., & Gertzog, W. A. (1982). Accomodation of a scientific conception: Toward a theory of conceptual change. *Science Education, 66,* 211–227.

Säljö, R. (1999). Concepts, cognition and discourse. From mental structures to discursive tools. In W. Schnotz, S. Vosniadou, & M. Carretero (Eds.), *New perspectives on conceptual change* (pp. 81–90). Amsterdam: Pergamon.

Scott, P., Asoko, H., & Driver, R. (1991). Teaching for conceptual change: A review of strategies. In R. Duit, F. Goldberg, & H. Niedderer (Eds.), *Research in physics learning: Theoretical issues and empirical studies* (pp. 310–329). Kiel: Institute for Science Education at the University of Kiel.

Treagust, D. F., & Duit, R. (2008). Conceptual change: a discussion of theoretical, methodological and practical challenges for science education. *Cultural studies of Science Education, 3,* 297–328.

Tyson, L. M., Venville, G. J., Harrison, A. G., & Treagust, D. F. (1997). A multidimensional framework for interpreting conceptual change events in the classroom. *Science Education, 81,* 387–404.

Ulich, D., & Mayring, P. (1992). *Psychologie der Emotionen.* Stuttgart: Kohlhammer.

Vosniadou, S., Ioannides, C., Dimitrakopoulou, A., & Papademetriou, E. (2001). Designing learning environments to promote conceptual change in science. *Learning and Instruction, 11,* 381–419.

Zembylas, M. (2005). Three perspectives on linking the cognitive and the emotional in science learning: Conceptual change, socio-constructivism and poststructuralism. *Studies in Science Education, 41,* 91–116.

Anhang 1

Fragebogen zu den situationsbezogenen Emotionen

Denke an den heutigen Unterricht und kreuze bitte an!

	sehr hoch	hoch	mittelmäßig	gering	sehr gering
1. Der Unterricht hat mich interessiert.					
2. Der Unterricht hat mir Freude gemacht.					
3. Ich fand das Thema wichtig.					
4. Ich habe mich im Unterricht unter Druck gefühlt.					
5. Ich war mit dem Unterricht zufrieden.					
6. Der Unterricht hat mir Angst gemacht.					
7. Ich möchte noch mehr über das Thema erfahren.					
8. Was ich über das Thema erfahren habe, bringt mir etwas.					
9. Es war für mich guter Unterricht.					
10. Der Unterricht hat mir Spaß gemacht.					
11. Im Unterricht haben mich einige Dinge beunruhigt.					
12. Der Unterricht hat mich verunsichert.					

Anhang 2

Fragebogen zum Interesse an der Gentechnik

Wie groß ist dein Interesse daran …

	sehr hoch	hoch	mittelmäßig	gering	sehr gering
1. Bakterien-DNS zu vermehren?					
2. fremdes Erbgut in ein Bakterium einzubringen?					
3. über die ethische Beurteilung von gentechnischen Anwendungen zu diskutieren?					
4. mehr über die Erfolge der medizinischen Anwendungen beim Menschen zu erfahren?					
5. mehr über die gentechnische Veränderung von Keimzellen zur Verhinderung von Erbkrankheiten zu erfahren?					
6. mehr über die Entwicklung gentechnisch hergestellter Medikamente zu erfahren?					
7. über das Verbot bestimmter gentechnischer Anwendungen in Deutschland zu diskutieren?					
8. mehr über die aktive Veränderung von defektem Erbgut beim Menschen zu erfahren?					
9. Bakterien-DNS zu zerschneiden?					
10. über die moralische Begründung von Grenzen der Gentechnik zu diskutieren?					
11. verschiedene DNS-Stücke miteinander zu verknüpfen?					

Svenja Affeldt/Jorge Groß/Dennis Stahl

Die Artansprache verstehen – eine evidenzbasierte Analyse des Bestimmungsprozesses

Zusammenfassung

Lebewesen einer Artengruppe zuordnen zu können ist eine zentrale biologische Arbeitsweise, die Lerner vor eine Vielzahl von Herausforderungen stellt. Bei der Artansprache beobachten Lerner verschiedene Merkmale oder deren Ausprägungen an Lebewesen (Referenten), die sie auf Basis ihrer Vorstellungen beispielsweise mit Texten und Grafiken (Zeichen) von Bestimmungsinstrumenten vergleichen. Die geäußerten Vorstellungen werden aus fachdidaktischer Perspektive geklärt und anhand eines evidenzbasiert entwickelten Prozessmodells der Artansprache interpretiert. Am Beispiel von marinen Muscheln und Bäumen werden die vorhandenen Vorstellungen von Fachwissenschaftlern und Lernern miteinander verglichen und in Beziehung gesetzt. Das Modell der Didaktischen Rekonstruktion dient dabei als Forschungsrahmen. Ausgehend von der Analyse der Vorstellungen werden Leitlinien formuliert. Diese werden in einem didaktisch strukturierten Lernangebot angewendet, rekursiv überprüft und diskutiert.

Abstract

Assigning animals to a group of species is a central biological method that challenges learners. While identifying species, learners observe different kinds of characters or character states on animals or plants (object), which they compare with texts and graphics (sign) of identification tools based on their conceptions. The learners' conceptions are clarified from an educational perspective and presented in form of an evidence-based process model of species identification. Learners' and scientists' conceptions of marine clams and trees are repeatedly related and compared based on the model of educational reconstruction. The guidelines, which are deduced from the analysis of conceptions, are tested recursively with the help of a didactically structured learning environment and discussed.

Einleitung

Tier- und Pflanzenarten einen Namen zu geben und sie anhand ihrer Merkmale gezielt ansprechen zu können ist ein Weg, die Biodiversität der Erde zu entdecken. Es besteht aus fachdidaktischer Perspektive Handlungsbedarf, um die Kenntnisse über und die Wertschätzung der Organismen zu fördern (vgl. Lindemann-Matthies, 1999). Viele Studien beschäftigen sich daher mit Artenkenntnissen und deren Vermittlung (u. a. Bebbington, 2005; Bromme, Stahl, Bartholomé & Pieschl, 2004; Jäkel & Schaer, 2004; Lindemann-Matthies, 2002; Randler & Bogner, 2006 Schaal & Randler, 2004; Stahl, Bromme, Pieschl, Hölzenbein, & Kiffe, 2005). Sie zeigen, dass die Kenntnisse der Schülerinnen und Schüler über Tier- und Pflanzenarten als gering eingestuft werden können. Aus der Analyse der Studien lässt sich außerdem ableiten, dass die Artansprache bislang nur unzureichend untersucht wurde, obwohl sie eine zentrale biologische Arbeitsweise darstellt. Eine intensive Beschäftigung mit den Individuen kann die Kenntnisse über Arten aber fördern (Lindemann-Matthies, 2002). Grundlage dafür ist zunächst eine Artansprache, für die Artmerkmale und ihre Ausprägungen erkannt und mithilfe eines Bestimmungsinstruments zugeordnet werden müssen. Daher werden ausgewählte Lernervorstellungen zu marinen Muscheln sowie Bäumen untersucht und in diesem Artikel erläutert. Sie werden mit der fachlichen Perspektive hinsichtlich ihrer Gemeinsamkeiten und Verschiedenheiten verglichen und dienen als Grundlage für Didaktische Strukturierungen.

Der Prozess der Artansprache wird analysiert, indem Beziehungen zwischen den bestimmungsrelevanten Komponenten beschrieben und theoriegeleitet untersucht werden. Ziel ist es, den Prozess der Artansprache zu klären und auf Grundlage einer qualitativen Analyse evidenzbasierte Leitlinien für die Gestaltung von Bestimmungsinstrumenten zu formulieren. Diese werden in dem interaktiven Bestimmungsinstrument „iKosmos" umgesetzt und formativ evaluiert, um zu untersuchen, wie sie den Lerner bei der Artansprache unterstützen. Mithilfe dieser entwickelten Lernumgebung sollen gezielt Erfahrungen mit den Lebewesen gestiftet werden.

Folgende Fragestellung ist für das Forschungsvorhaben leitend:
Welche fachdidaktischen Herausforderungen ergeben sich im Prozess der Artansprache und wie können sie überwunden werden?

Daraus ergeben sich drei Untersuchungsaufgaben:
1. Erhebung und Analyse der Vorstellungen zu Merkmalen von Arten bei Fachwissenschaftlern und Lernern
2. Fachdidaktische Analyse des Prozesses der Artansprache unter Nutzung der relevanten Merkmale
3. Theorie- und empiriegeleitete Entwicklung und Evaluation von Lernhilfen, die aus dem Vergleich der Ergebnisse in 1. und 2. konstruiert werden

Theoretischer Rahmen

Um Lernervorstellungen bei der Artansprache zu untersuchen, ist eine theoretische Erklärung der „Verstehensprozesse" erforderlich. Diese Studie basiert auf einem moderaten Konstruktivismus (z. B. Duit, 1995; Gerstenmaier & Mandl, 1995). Lerner werden als Individuen verstanden, welche ihr Wissen in einem aktiven und selbstgesteuerten Vorgang auf der Basis von vorhandenen Vorstellungen konstruieren. Nach diesem epistemologischen Ansatz kann der Lernprozess nicht von außen kontrolliert, wohl aber durch Lernumgebungen wie einem Bestimmungsinstrument ausgelöst werden. Zur Klärung des Lernprozesses wird die Theorie des erfahrungsbasierten Verstehens (Gropengießer, 2006; Lakoff & Johnson, 1999) herangezogen. Um Einblicke in die Lernervorstellungen zu erhalten, wird eine Beziehung zwischen Erfahrungen und Denken über die Sprache hergestellt. Begriffe werden dabei als „verkörpert" bezeichnet, wenn aus körperlichen sensomotorischen Erfahrungen kognitive Strukturen erwachsen sind. Die Bedeutung dieser Begriffe verstehen wir aufgrund von Interaktions-Erfahrungen mit den Objekten. Daher können verkörperte Basis-Begriffe wie z. B. die Begriffe „Zahn" oder „Blatt" direkt verstanden werden. Basis-Begriffe bilden aber keinen direkten Sachverhalt der Realität ab, sondern werden individuell vom Körper in der Auseinandersetzung mit der physischen und sozialen Umwelt konstituiert. In diesem Artikel wird auf das Verständnis von für die Artansprache relevanten Merkmalen und die damit verbundenen Basis-Begriffe fokussiert, um darauf aufbauend Lernangebote zu entwickeln.

Der Prozess der Artansprache wird in Anlehnung an die Komplexitätsebenen von Vorstellungen nach Gropengießer (2006) in drei Ebenen gegliedert:
1. *Zeichen:* Texte, Schemazeichnungen und Videos zu Merkmalen und Merkmalsausprägungen
2. *Vorstellungen:* Lernervorstellungen zu Merkmalen und Merkmalsausprägungen
3. *Referenten:* Original-Objekte mit unterschiedlichen Merkmalen und Merkmalsausprägungen

Hierbei gilt es zu beachten, dass der nicht direkt zugängliche gedankliche Bereich (Vorstellung) von dem sprachlichen Bereich (Zeichen) und dem gegenständlichen Bereich (Referenten) zu trennen ist. Im semiotischen Dreieck (Abbildung 1) wird in Anlehnung an De Saussure (2001) die Beziehung zwischen bildlichen, textlichen oder gesprochenen Worten und den damit bezeichneten Dingen oder Vorgängen sowie den dazugehörigen Vorstellungen, die diese Zeichen und Referenten evozieren, dargestellt.

Danach gibt es jeweils direkte Erfahrungen mit den Zeichen und mit den Referenten. Die Beziehung zwischen Zeichen und Referenten ist jedoch lediglich eine gedachte. Zugang zu den Vorstellungen bietet uns wiederum die Sprache. Auf dieser Grundlage können die gebildeten Vorstellungen und ihre Veränderungen interpretativ erfasst werden.

Abbildung 1: Das semiotische Dreieck mit der Beziehung zwischen Zeichen, Vorstellung und Referenten

Der grundlegenden Strukturierung folgend, steht der Lerner mit seinen Vorstellungen im Mittelpunkt dieser Studie. Bei der Artansprache setzt er auf Grundlage seiner Vorstellungen den Referenten (z. B. eine Muschelschale oder ein Blatt) mit einem Zeichen (z. B. einem Video) in Beziehung (siehe Abbildung 2). Auf Grundlage der wechselseitigen Beobachtung von Referent und Zeichen entwickelt der Lerner eine Vorstellung über Ähnlichkeiten. Die Herausforderung bei der Artansprache ist, dass der Referent verschiedene Merkmale mit den jeweiligen Merkmalsausprägungen besitzt, auf die der Lerner fokussieren kann. Es bedarf daher eines kriterienstehen Kategoriensystems (vgl. Hammann, 2002), das einen fachlich geleiteten Vergleich zwischen Referenten und Zeichen fördert.

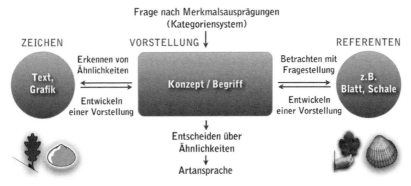

Abbildung 2: Das Prozessmodell der Artansprache mit den drei Komponenten Zeichen, Vorstellung und Referenten

Methode

Das Modell der Didaktischen Rekonstruktion (Gropengießer & Kattmann, 2009) dient als theoretischer und methodischer Rahmen für fachdidaktische Lehr-/Lernforschung. Um Lernangebote didaktisch strukturiert entwickeln zu können, werden fachliche Termini sowie relevante wissenschaftliche Vorstellungen geklärt. Diese werden gegenüber den Lernervorstellungen als gleichberechtigt angesehen. Sie werden wiederholt miteinander in Beziehung gesetzt und wechselseitig verglichen.

Das Modell der Didaktischen Rekonstruktion wurde in diesem Forschungsvorhaben entsprechend genutzt, um didaktisch Lernangebote zur Artansprache von marinen Muscheln sowie Bäumen zu entwickeln, empirisch zu evaluieren und prozessbegleitend zu optimieren (vgl. Groß, 2007; Riemeier, 2005). Es wurden ausgewählte bestimmungsrelevante Merkmale und Merkmalsausprägungen fachlich geklärt. Um möglichst heterogene Artengruppen zu untersuchen, wurden marine Muscheln als zoologisches Beispiel und Bäume als botanisches Beispiel ausgewählt, die in dieser Reihenfolge Grundlage der Untersuchung in dem vorliegenden Artikel sind. Im Fokus standen dabei diejenigen Merkmale, welche im Freiland und im Schulkontext ohne Hilfsmittel zur Artansprache genutzt werden können.

Da Lebewesen wie Muscheln oder Bäume durch ihre Merkmale und deren spezifische Ausprägungen definiert werden, wurden in der ersten Untersuchungsphase Vorstellungen der Lerner in leitfadenstrukturierten Einzelinterviews erhoben, die sie bei der Beschreibung der betreffenden Merkmale äußerten. Aufbauend auf den Ergebnissen des wechselseitigen Vergleichs der Vorstellungen der Lerner und der Fachwissenschaftler wurden in der zweiten Phase Vermittlungsexperimente (teaching experiments) zur Evaluation der didaktisch strukturierten Lernangebote durchgeführt (vgl. Steffe & D'Ambrosio, 1996). Es wurden insgesamt sechs Einzelinterviews und 28 Vermittlungsexperimente à 60–75 Minuten mit Schülerinnen und Schülern unterschiedlicher Gymnasien im Alter von 10–15 Jahren durchgeführt und videographiert. Die Vermittlungsexperimente fanden jeweils in 2er-Gruppen statt. Die Stichprobengröße richtete sich dabei nach dem Sättigungsprinzip auf Ebene der Vorstellungen: Es wurden so lange Vorstellungen von Lernern erfasst, bis keine wesentlichen neuen Vorstellungen mehr geäußert wurden. Durch Einbezug mehrerer Lerner in die Vermittlungsexperimente wurde eine unterrichtsnahe Situation erreicht. Eine dialogische Kommunikation zwischen den Beteiligten wurde somit ermöglicht. Die Interaktionen und Diskussionen wurden genutzt, um in der Analyse und Auswertung ein genaueres Verständnis der Genese von Lernervorstellungen im Prozess der Artansprache zu erlangen. Diese qualitative Untersuchungsmethode wurde gewählt, da sie es ermöglicht, sowohl ermittelnde als auch vermittelnde Elemente in Interviewsituationen zu kombinieren. Dementsprechend konnten Lernervorstellungen zu verschiedenen Merkmalen erhoben sowie auf Schwierigkeiten im Umgang mit den Lernangeboten reagiert werden. Die Auswertung der Daten erfolgte mittels qualitativer Inhaltsanalyse. Ziel war es, die Vorstellungen der Fachwissenschaftler und Lerner auf Ebene der Konzepte miteinander vergleichen zu können (Gropengießer, 2005; Mayring, 2010).

Ergebnisse

Die Auswertung der Interviews ergab einerseits, dass die Lerner sowohl bei Muschelschalen als auch bei Bäumen viele bestimmungsrelevante Merkmale wie Farbe, Größe oder Form beschreiben. Andererseits zeigen die Ergebnisse, dass unterschiedliche Lernhürden auftreten: Bei der Beschreibung von Muscheln werden beispielsweise Schalenmerkmale wie Zähne, welche aus fachwissenschaftlicher Perspektive zur Bestimmung notwendig sind, von den Lernern weder genannt noch als Artmerkmal verstanden. Im Folgenden stehen daher Vorstellungen von Fachwissenschaften und Lernern zum Schalenmerkmal „Zähne" exemplarisch im Fokus der didaktischen Rekonstruktion. Bei alltagsnahen Artengruppen wie Bäumen ergibt sich hingegen eine andere Situation: Die Schülerinnen und Schüler beschreiben zunächst die wesentlichen bestimmungsrelevanten Baummerkmale, die auch von Fachwissenschaftlern beschrieben werden. Eine Kategorisierung der Lerneraussagen verdeutlicht, welche Merkmale bei der Beschreibung durch Lerner gehäuft auftraten (siehe Tabelle 1).

Tabelle 1: Häufigkeit der Beschreibung von Merkmalen und deren Ausprägungen aus den Einzelinterviews zusammengefasst zu Kategorien

Kategorie	Blätter	Äste	Früchte	Habitus	Borke	Knospen	Sonstige
Anzahl der Nennungen	27	24	16	15	11	1	11

Wie aus der Tabelle 1 ersichtlich wird, lassen sich die beschriebenen Merkmalsausprägungen sieben Kategorien zuordnen: Blätter, Äste, Früchte, Habitus, Borke, Knospen und Sonstige. Der Fokus der exemplarisch dargestellten didaktischen Rekonstruktion liegt auf den Blattmerkmalen.

Fachliche Vorstellungen zu Zähnen

Zähne von Muschelschalen befinden sich dorsal auf der Schaleninnenseite in der Nähe des Wirbels. Muschelschalen besitzen meist sowohl zentral liegende Haupt- oder Cardinalzähne als auch seitlich liegende Seiten- oder Lateralzähne (Storch & Welsch, 2004). Zusammen bilden sie das sogenannte „Schloss" der Muschelschale. Das Schloss sowie die Zähne dienen als taxonomische Merkmale und sind aus fachlicher Perspektive geeignet, um Muschelarten zu bestimmen.

Die unterschiedliche Gestaltung des Schlosses bei Muschelschalen reicht von taxodont (viele gleichartige Zähne) über heterodont (wenige unterschiedliche Zähne) bis hin zu dysodont (stark reduziert bis gar keine Zähne). Die Funktion der Zähne besteht laut Storch und Welsch (2004) darin, das seitliche Verschieben der Schalen gegeneinander einzuschränken; beide Schalenhälften können sich dadurch passgenau schließen.

Zentrale fachliche Vorstellungen zum Merkmal Zähne lassen sich wie folgt strukturieren:

Vorstellung zur Verortung:
Zähne befinden sich in der Nähe des Wirbels auf der Schaleninnenseite.

Vorstellung zur Struktur:
Zähne können unterschiedliche Formen und Größen haben.

Vorstellung zur Funktion:
Zähne dienen als Stützelement beim Öffnen und Schließen der Schalenklappen.

Betrachtet man diese fachlich beschriebene Funktion der Merkmale Zähne und Schloss kritisch, so ist die Bezeichnung „Zähne" als lernhinderlich zu beurteilen: Zwar greifen die Zähne der Muschelschale ineinander, jedoch ist die Funktion des Schlosses eher mit der eines Scharniers zu vergleichen.

Ergebnisse der Vermittlungsexperimente zu Zähnen

Die Lerner wurden in den Vermittlungsexperimenten darauf hingewiesen, dass Muschelschalen Strukturen besitzen, welche Fachwissenschaftler als Zähne bezeichnen. Kasten 1 verdeutlicht exemplarisch, welche Vorstellungen Lerner daraufhin zu dem Muschelmerkmal Zähne äußerten.

> „Ich weiß nicht, weil man hat die ja auch hier vorne [deutet auf ihren Mund] oder zum Beispiel bei einem Hai, wo es eben aufgeht der Mund [nimmt eine Muschelschale und macht Klappenbewegung mit flacher Hand], wenn man das als Mund bezeichnen kann. Wenn es hier vorne aufgeht, da ist es irgendwie logisch bei fast jedem Tier sind die Zähne hier vorne zum Beißen [nimmt zwei Muschelschalen und öffnet und schließt diese und deutet auf gezackten Muschelrand]."

Kasten 1: Äußerungen von Lissi (14 Jahre) zum Muschelmerkmal Zähne

Lernervorstellungen zum Bestimmungsmerkmal Zähne lassen sich wie folgt strukturieren:

Vorstellung zur Verortung:
Zähne befinden sich vorne am Rand der Schale.

Vorstellung zur Struktur:
Zähne sind Zacken am vorderen Rand der Schale.

Vorstellung zur Funktion:
Zähne dienen als Beißinstrument.

Die Daten des Beispiels „Zähne" (vgl. Kasten 1) geben Hinweise darauf, dass aufgrund des fachlichen Terminus Lernhürden bei der Artansprache von Muscheln auftreten können. Lerner haben andere Vorstellungen zum Basis-Begriff Zahn als Fachwissenschaftler. Diese Vorstellungen übertragen die Lerner auf die Muschelschale, wodurch Lernhürden entstehen können. Lerner benötigen daher gezielte Unterstützung im Prozess der Artansprache, um die entsprechenden Merkmale richtig ansprechen zu können.

Im Kasten 2 sind exemplarisch Äußerungen der Lerner zum Merkmal Zähne dargestellt. In diesem Vermittlungsexperiment haben die Lerner Schwierigkeiten, das Merkmal Zähne an der Schale zu lokalisieren und einer entsprechenden Schemazeichnung zuzuordnen. Ein didaktisch strukturiertes Lernangebot in Form eines Videos zum Merkmal sollte sie dabei unterstützen. Im Video wird die Lage des Merkmals anhand von Abbildungen dargestellt. Der gesprochene Text der Hilfestellung lautet wie folgt: „Eins, zwei oder drei? Du findest auf der Schaleninnenseite unter der Spitze meist mehrere Höcker. Diese bilden zusammen mit den seitlichen Leisten das Scharnier der Muschel und verhindern ein seitliches Verrutschen der beiden Schalenhälften". Die folgenden Aussagen verdeutlichen, wie die Hilfestellung die Lerner unterstützt (siehe Kasten 2).

„Wir dachten nämlich erst nur dieser Höcker sozusagen hier [deutet auf Wirbel], das wäre der Hauptzahn, aber es sind ja eigentlich hier die Spitzen, die darunter sind [deutet auf Hauptzähne]." (Alfred)

„Ich würde sagen so wie bei einer Maschine, die so zusammengeht [verkeilt Finger ineinander]. Das immer da so einzelne Zacken sind und die genau ineinander reinpassen." (Kurt)

„Wenn die Schalen sich aufmachen, können die halt nicht zur Seite wegrutschen." (Kurt)

Kasten 2: Postinstruktionale Äußerungen von Kurt (13 Jahre) und Alfred (14 Jahre) zur Lage, Struktur und Funktion der Zähne der Muschelschale

Die postinstruktionalen Lernervorstellungen zum Merkmal Zähne lassen sich wie folgt strukturieren:

Vorstellung zur Verortung:
Zähne befinden sich unter der Spitze auf der Schaleninnenseite.

Vorstellung zur Struktur:
Zähne sind einzelne ineinander passende Zacken.

Vorstellung zur Funktion:
Zähne dienen als Stützelement beim Öffnen und Schließen der Schalenhälften.

Fachliche Vorstellungen zu Blättern

Die unterschiedlichen Formen der Blätter lassen sich alle auf einen gemeinsamen Organtyp, das Phyllom zurückführen. Das Laubblatt mit ungeteilter Spreite gliedert sich in das Unterblatt mit verbreitertem Blattgrund, soweit vorhanden Nebenblättern (Stipulae) und das Oberblatt mit Blattstiel (Petiolus) und Blattspreite (Lamina). Über den Blattgrund sind die Blätter mit der Sprossachse verbunden. In dieser Blattachsel befindet sich immer mindestens eine Achselknospe (Bresinsky, Körner, Kadereit, Neuhaus, & Sonnewald, 2008).

Eine morphologische Besonderheit stellen die Fiederblätter dar. Bei Fiederblättern ist die Mittelrippe als Verlängerung des Blattstiels ausgebildet und wird als Blattspindel (Rhachis) bezeichnet, an der die Seitenfiedern und gegebenenfalls eine Endfieder sitzen.

Zentrale fachliche Vorstellungen Blättern lassen sich wie folgt strukturieren:

Vorstellungen zu Blättern:
Einfache Blätter haben eine ungeteilte Spreite.
Fiederblätter sind aus Seitenfiedern und meist einer Endfieder zusammengesetzt.

Vorstellungen zum Erkennen einzelner Blätter:
Einzelne Blätter sind über den Blattgrund mit der Sprossachse verbunden.
Einzelne Blätter haben in ihren Blattachseln Achselknospen.

In der Fachliteratur finden sich die entsprechenden Vorstellungen zu Blättern und deren Differenzierung in unterschiedlichen Zusammenhängen wie dem Bau oder der Entwicklung des Blattes. Jedoch zeigt eine genauere Analyse, dass diese Vorstellungen nicht als Informationen zum Identifizieren einzelner Blätter zusammengefasst werden. Vielmehr lässt sich die für die Lerner hilfreiche Zusammenstellung von Informationen nur indirekt den allgemeinen Beschreibungen der Blätter entnehmen.

Ergebnisse der Vermittlungsexperimente zu Blättern

Die Lernervorstellungen zur Morphologie des Blattes verdeutlichen, dass Lerner eine Vielzahl an Blattmerkmalen und deren Ausprägungen beschreiben. Sie verwenden dafür zwar alltagsweltlich geprägte Termini, die aber grundsätzlich fachlichen Vorstellungen zur Artansprache nicht widersprechen (siehe Kasten 3):

> „[Das Blatt] es ist länglich, hat eine dunkelgrüne Farbe und solche Hügel an den Blatträndern."

Kasten 3: Beschreibungen von Corinna (11 Jahre) zum Blatt der Stieleiche (Quercus robur)

Anhand dieser Lerneraussage zeigt sich, dass Schülerinnen und Schüler die Merkmale und Merkmalsausprägungen prinzipiell erkennen und detailliert ansprechen können. In ihren Beschreibungen verwenden sie zwar nicht immer fachlich angemessene Termini, beziehen sich aber auf viele Merkmalsausprägungen, die auch Fachwissenschaftler verwenden.

Allerdings ergeben die Daten auch, dass an wiederkehrenden Stellen im Prozess der Artansprache Vorstellungen auftreten, die von denen der Fachwissenschaftler abweichen.

Vorstellung zu Blättern:
Blätter sind grüne, einfach geformte Strukturen mit einem Stiel.

Als Herausforderung erweist sich für Lerner die Unterscheidung von Fieder- und einfachen Blättern. Der Großteil der Lerner beschreibt Fiederblätter als einfache, nicht zusammengesetzte Blätter, wie Abbildung 3 exemplarisch zeigt.

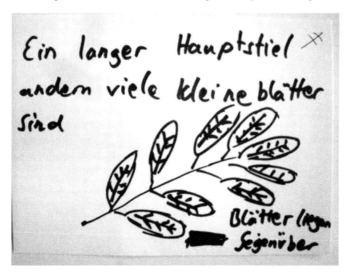

Abbildung 3: Zeichnung eines Schülers (12 Jahre) von einem gefiederten Blatt der Robinie (Robinia pseudoacacia)

Fiederblätter werden demnach von den Schülerinnen und Schülern als einfache Blätter gedeutet und eben nicht, wie es Fachwissenschaftler beschreiben, als Teile eines zusammengesetzten Blattes. Erhalten Lerner an dieser Stelle des Bestimmungsprozesses keine gezielte Unterstützung, können viele Baumarten auf Basis von Blättern mithilfe bestehender Bestimmungsinstrumente nicht zutreffend bestimmt werden. Daher wurde an dieser Stelle eine didaktisch strukturierte Hilfestellung mit dem folgenden Inhalt entwickelt: *„Blatt oder Blättchen? Du erkennst ein einzelnes Blatt daran, dass der Blattstiel an der Verbindungsstelle zum Zweig breiter wird und sich direkt über der Verbindungsstelle eine Knospe befindet"*. Zusätzlich dazu erhielten die Lerner eine Abbildung, welche die Inhalte veranschaulicht. Die exemplarisch gewählte Aussage von Alex (12 Jahre) zeigt die Reaktion auf die Hilfestellung bei der Identifikation des zusammensetzen Blattes (siehe Kasten 4):

> „Es ist dieses Blatt [zeigt auf die Abbildung eines zusammengesetzten Blattes], da ich direkt über dem Stiel einen kleinen Huckel sehen kann, das könnte die Knospe gewesen sein."

Kasten 4: Postinstruktionale Aussage von Alex (12 Jahre) bei der Zuordnung eines Robinienblattes (Robinia pseudoacacia) zu einer entsprechenden Schemazeichnung

Diese Lerneraussage macht deutlich, dass den Lernern die didaktisch strukturierte Hilfestellung zur Identifikation einzelner Blätter geholfen hat. Die postinstruktionalen Lernervorstellungen zu Blättern lassen sich daher ergänzen:

Vorstellung zum Erkennen einzelner Blätter:
Einzelne Blätter haben über dem Stiel eine kleine Knospe.

Anhand der Daten wird ersichtlich, dass durch die Lernangebote weniger ein Umdenken bei den Lernern stattfindet, sondern vielmehr bestehende Vorstellungen und Basis-Begriffe in eine fachliche Richtung erweitert werden.

Diskussion

Die empirischen Daten zeigen, dass Lerner grundsätzlich eine Vielzahl von Merkmalen an Muschelschalen und Blättern erkennen. Hieraus zu folgern, dass die Vermittlung der Artansprache im schulischen Kontext einfach sei, wäre allerdings ein Trugschluss: Die Daten dieser Untersuchungen und vorliegender Publikationen (u. a. Bromme et al., 2004; Lindemann-Matthies, 2002) geben Hinweis darauf, dass die Artansprache eine große Herausforderung darstellt und Lerner nur geringe Artenkenntnisse besitzen.

Bei der Artansprache von Muscheln sind die von den Lernern beschriebenen Merkmale wie Farbe, Größe oder Struktur der Schale wegen ihrer Variabilität oder starken Ähnlichkeit nur begrenzt verwendbar. Zudem sind die von Fachwissenschaftlern genutzten Merkmale zur Muschelbestimmung für Lerner schwer zugänglich und werden meist nicht beachtet oder beschrieben. Um eine Art eindeutig ansprechen zu können, müssen daher fachliche, den Schülerinnen und Schülern ferne Merkmale wie beispielsweise Zähne, Mantellinie oder Schloss im Fokus der Didaktischen Strukturierung stehen und somit für die Lerner erfahrbar und verständlich gemacht werden.

Bei der Artansprache von Bäumen werden mehrheitlich Blattmerkmale genutzt, um Arten anzusprechen. Hierbei haben sich die Unterscheidungen spezifischer Merkmalsausprägungen wie beispielsweise von einfachen und zusammengesetzten Blättern und die damit verbundene Vorstellungen als Lernhürden herausgestellt. Die meisten Lerner beschreiben ihre Vorstellung von Blättern als einfach geformte, grüne Strukturen mit einem Stiel. Weichen fachliche Vorstellungen wie bei zusammengesetzten Blättern von diesem Konzept ab, erfolgt eine Interpretation, die mit herkömmlichen Instrumenten zu Fehlbestimmungen führt.

Die Daten zeigen, dass es den Lernern an entsprechenden Erfahrungen und Vorstellungen mangelt, um Referent und Zeichen miteinander in eine Beziehung zu setzen. Ausgehend von der Theorie des erfahrungsbasierten Verstehens (Lakoff & Johnson, 2007) werden Erfahrungen und die Bildung von Basis-Begriffen als Grundlage unseres kognitiven Systems verstanden. Aus den Vermittlungsexperimenten wird deutlich, dass Lerner bei der Artansprache auf ihre entsprechenden Alltagsvorstellungen zurückgreifen, welche sie mit den jeweiligen Zeichen verbinden. Dadurch assoziieren sie mit den Fachbegriffen teilweise völlig andere Strukturen als die Fachwissenschaftler: Die Zähne der Muschelschale werden beispielsweise analog einem Gebiss dort vermutet, wo die Schale sich öffnet und nicht unter dem Wirbel der Schale. Lerner übertragen ihre Vorstellungen von einem Ursprungsbereich (Zähne), der ihnen direkt zugänglich ist, imaginativ auf einen Zielbereich (Schloss der Muschelschale), zu dem ihnen im Gegensatz zu Wissenschaftlern die entsprechenden Erfahrungen fehlen. Dieses zeigt sich auch an den Lernervorstellungen zu Blättern, die nicht nur durch Form, Farbe und Stiel, sondern auch über das Vorhandensein einer Achselknospe identifiziert werden können. Lerner tragen demnach ihre Vorstellungen an den Referenten heran, die von den fachlichen abweichen können.

Es bedarf daher nicht nur der Kenntnisse über die fachlichen oder Lernervorstellungen im Prozess der Artansprache, sondern eben auch eines wechselseitigen Vergleichs. Auf Grundlage dieser Didaktischen Strukturierung können Lernangebote entwickelt, entsprechende Erfahrungen gestiftet sowie Vorstellungen bezeichnet oder erweitert werden.

Fazit und Ausblick

Es lässt sich anhand der Ergebnisse deuten, dass Lerner bei der Artansprache Unterstützung durch didaktisch strukturierte Lernangebote benötigen. Herausforderung ist hierbei, dass das hier entwickelte Bestimmungsinstrument eine selbstinstruierende Lernumgebung ist, d. h. prinzipiell ohne direkte Unterstützung durch einen Vermittler auskommen muss. Zur Unterstützung können im Lernangebot entweder Erfahrungen gestiftet und/oder Vorstellungen bezeichnet werden (vgl. Gropengießer, 2006; Groß, 2007). In Übereinstimmung mit dem Modell der Didaktischen Rekonstruktion erweist es sich als lernförderlich, die folgenden Leitlinien bei der Entwicklung eines Bestimmungsinstruments zu berücksichtigen:

1. *Vorstellungen zu bestimmungsrelevanten Merkmalen im Vorfeld analysieren.* Aus dem Vergleich von fachlichen Vorstellungen und Schülervorstellungen zu den jeweiligen Merkmalen der Artengruppen können Lernhürden im Prozess der Artansprache identifiziert werden (vgl. Gropengießer & Kattmann, 2009). Lerner stellen sich unter den Begriffen „Zahn" oder „Blatt" etwas anderes vor als Fachwissenschaftler. Wie die Daten dieser Untersuchung zeigen, können fachliche Termini und deren Darstellung Lerner im Bestimmungsprozess fehlleiten. Lerner benötigen beispielsweise bei dem Merkmal Zähne oder der Identifikation einzelner Blätter spezifische Hilfestellungen, um das Merkmal richtig ansprechen und zuordnen zu können.

2. *Didaktisch strukturierte Zeichen entwickeln.* Auf Grundlage der Erkenntnisse der Vorstellungsanalyse können entsprechende Hilfestellungen entwickelt werden. Hilfestellungen können beispielsweise didaktisch strukturierte Videos sein, die entsprechend an den zuvor erhobenen Lernhürden ansetzen.

3. *Didaktisch strukturierte Lernangebote formativ evaluieren.* Die Erprobung und Evaluation der Hilfestellungen sollte in Vermittlungsexperimenten erfolgen, sodass die Wirksamkeit prozessorientiert weiter verbessert werden kann. So wurde

am Beispiel des Merkmals Zähne von Muschelschalen erkennbar, dass Lerner didaktisch strukturierte Lernangebote nutzen, um das Merkmal entsprechend der fachwissenschaftlichen Vorstellung an der Schale zu verorten und eine Verknüpfung zwischen Struktur und Funktion herzustellen. Bei den Bäumen wurde am diskutierten Beispiel des Blattaufbaus deutlich, dass Achselknospen als Differenzierungsmerkmal von Blatt und Blättchen geeignet sind. Nachdem Lerner didaktisch strukturierte Hilfestellungen (siehe Abbildung 4) erhalten haben, gelingt es ihnen ein einzelnes Blatt anhand der Achselknospen zu identifizieren.

Gesprochene Erläuterung im Video:

„Blatt oder Blättchen? Du erkennst ein einzelnes Blatt daran, dass der Blattstiel an der Verbindungsstelle zum Zweig breiter wird und sich direkt über der Verbindungsstelle eine Knospe befindet."

Abbildung 4: Achselknospen als Differenzierungsmerkmal zwischen Blättern und Blättchen (Ausschnitt aus einem Video)

Die Ergebnisse verdeutlichen, welche Herausforderung die Artansprache darstellt. Außerdem geben sie Hinweise darüber, welche Anstrengungen von Vermittlern bei der Entwicklung von selbstinstruierenden Lernangeboten zur Artansprache vorgenommen werden müssen, damit sie schulischen als auch im außerschulischen Kontext erfolgreich angewendet werden können. Diese Anstrengungen sind notwendig, um Lernern eine ansprechende und zeitgemäße Möglichkeit zu geben, die Vielfalt der Lebewesen zu entdecken und sie in einem weiteren Schritt zum Schutz und Erhalt unserer Biodiversität zu bewegen.

Literatur

Bebbington, A. (2005). The Ability of A-level Students to Name Plants. *Journal of Biological Education, 39*(2), 62–67.

Bresinsky, A., Körner, C., Kadereit, J. W., Neuhaus, G., & Sonnewald, U. (2008). *Strasburger – Lehrbuch der Botanik.* Heidelberg: Spektrum Akademischer Verlag.

Bromme, R., Stahl, E., Bartholomé, T., & Pieschl, S. (2004). The case of plant identification in biology: When is a rose a rose. In P. P. A Boshuizen, R. Bromme, & H. Gruber (Eds.), *Professional learning: Gaps and transitions on the way from novice to expert* (pp. 53–71). Dodrecht: Kluwer Academic Press.

De Saussure, F. (2001). *Grundfragen der allgemeinen Sprachwissenschaft.* Berlin: Walter de Gruyter.

Duit, R. (1995). Zur Rolle der konstruktivistischen Sichtweise in der naturwissenschaftsdidaktischen Lehr-Lernforschung. *Zeitschrift für Pädagogik, 41*(6), 905–926.

Gerstenmaier, J., & Mandl, H. (1995). Wissenserwerb unter konstruktivistischer Perspektive. *Zeitschrift für Pädagogik, 41*(6), 867–888.

Gropengießer, H. (2005). Qualitative Inhaltsanalyse in der fachdidaktischen Lehr-Lernforschung. In P. Mayring & M. Gläser-Zikuda (Eds.), *Die Praxis der Qualitativen Inhaltsanalyse* (pp. 172–189). Weinheim: Beltz Verlag.

Gropengießer, H. (2006). *Lebenswelten, Denkwelten, Sprechwelten. Wie man Schülervorstellungen verstehen kann.* Beiträge zur Didaktischen Rekonstruktion, Bd. 4. Oldenburg: Didaktisches Zentrum.

Gropengießer, H., & Kattmann, U. (2009). Didaktische Rekonstruktion – Schritte auf dem Weg zu gutem Unterricht. In B. Moschner, R. Hinz, & V. Wendt (Eds.), *Unterrichten professionalisieren. Schulentwicklung in der Praxis* (pp. 159–164). Berlin: Cornelsen Verlag.

Groß, J. (2007). *Biologie verstehen: Wirkungen außerschulischer Lernangebote.* (Vol. 16). Oldenburg: Didaktisches Zentrum.

Hammann, M. (2002). *Kriteriengeleitetes Vergleichen im Biologieunterricht.* Innsbruck: Studienverlag.

Jäkel, L., & Schaer, A. (2004). Sind Namen nur Schall und Rauch? Wie sicher sind Pflanzenkenntnisse von Schülerinnen und Schülern? In M. Hesse & M. Ewig (Eds.), *Berichte des Instituts für Didaktik der Biologie* (pp. 1–24.). Münster: IDB.

Lakoff, G., & Johnson, M. (1999). *Philosophy in the Flesh.* New York: Basic Books.

Lakoff, G., & Johnson, M. (2007). *Leben in Metaphern. Konstruktion und Gebrauch von Sprachbildern.* Heidelberg: Carl-Auer Verlag.

Lindemann-Matthies, P. (1999). *Childrens Perception of Biodiversity in Everyday Life and their Preferences of Species.* Dissertation Universität Zürich.

Lindemann-Matthies, P. (2002). The Influence of an Educational Program on Children's Perception of Biodiversity. *The Journal of Environmental Education, 33*(2), 22–31.

Mayring, P. (2010). *Qualitative Inhaltsanalyse.* Weinheim: Beltz Verlag.

Randler, C., & Bogner, F. X. (2006). Cognitive achievements in identification skills. *Journal of Biological Education, 40*(4), 161–165.

Riemeier, T. (2005). *Biologie verstehen: Die Zelltheorie.* (Vol. 7). Oldenburg: Didaktisches Zentrum.

Schaal, S., & Randler, C. (2004). Konzeption und Evaluation eines computergestützten kooperativen Kompaktseminars zur Systematik der Blütenpflanzen. *Zeitschrift für Hochschuldidaktik, 4*(1), 1–18.

Stahl, E., Bromme, R., Pieschl, S., Hölzenbein, S., & Kiffe, K. (2005). Qualitätsentwicklung bei der Lernsoftware-Entwicklung durch partizipative, formative Evaluation: Das Projektbeispiel „Cyperaceae-Online". *Zeitschrift für Psychologie, 213*(1), 23–33.

Steffe, L. P., & D'Ambrosio, B. S. (1996). Using teaching experiments to understand students' mathematics. In D. Treagust, R. Duit, & B. Fraser (Eds.), *Improving teaching and learning in science and mathematics* (pp. 65–76). New York: Teacher College Press.

Storch, V., & Welsch, U. (2004). *Systematische Zoologie* (6. Aufl.). Heidelberg: Spektrum Akademischer Verlag.

Das Projekt wird gefördert von der Deutschen Bundesstiftung Umwelt (DBU). iKosmos wird in Kooperation mit der Franckh-Kosmos Verlags-GmbH & Co. KG, Stuttgart, der Apple GmbH und der itour city guide GmbH entwickelt.

Dagmar Hilfert-Rüppell/Dagmar Hinrichs/Maike Looß

Zeitlupenfilmen und -analysieren als neue Methoden im naturwissenschaftlichen Unterricht – eine empirische Studie

Zusammenfassung

Mit Hilfe der digitalen Zeitlupentechnik können Schüler schnelle Bewegungen filmen und analysieren. Dabei entwickeln sie Fähigkeiten zum wissenschaftlichen Denken und Arbeiten. Die aktuellen technischen Entwicklungen ermöglichen eine zeitgemäße methodische und mediendidaktische Implementierung in den Unterricht und neue Formen des Lehrens und Lernens. Die preiswerten Digitalkameras sind leicht zu bedienen und filmen mit einer Bildrate bis zu 1200 Bildern/sec. Damit können Schüler selbständig allerschnellste Bewegungen sichtbar machen und Zeit- und Geschwindigkeitsmessungen vornehmen. So ist es den Schülern möglich, faszinierende naturwissenschaftliche Phänomene, die mit dem bloßen Auge unsichtbar sind und bisher im Unterricht so nicht behandelt werden konnten, exemplarisch durch experimentelles Arbeiten zu erforschen. In einer Pilotstudie (N=144 Schüler) filmte und analysierte die Hälfte der Probanden fallende Ahornsamen in einem hypothesengeleiteten Experiment, die andere Hälfte der Schüler analysierte fertige Filme des gleichen Inhalts mit Computern. Wenn die Schüler die Kameras benutzten und die Film selbst herstellten, waren sie höher motiviert und an dem Phänomen stärker interessiert. Ihr themenspezifisches Wissen hielt länger an als bei den Schülern, die nur die fertigen Filme analysiert hatten.

Schlüsselwörter: Digitale Medienkompetenz, Zeitlupenvideo, Experimentieren, Wissenschaftliches Problemlösen

Abstract

A new attractive technic for nature science lessons is presented: digital slow motion for filming and analyzing quick movements of objects and animals. The development of an adequate understanding of nature of science (NOS) is one major educational goal of nature science instructions. The current technical developments demand both methodical and media implementation in schools and render new forms of learning and instruction possible. Today's new digital cameras are easy to handle. They capture frames of up to 1200 per second and are replacing older, much more expensive and large-scale technologies using film material. Since the cameras capture images at specific frame rates, students can study motion and practice time and distance measurements. The cameras and their easy use in science classrooms are introduced. In a pilot study (144 students) every half of 6 classes filmed and anlaysed the falling of maple seeds in variable-controlled experiments following hypothesis, while the other half only watched and analyzed videos of the same content on laptops. All participants were asked in a paper and pencil test in pre-post-test-design for their digital competence, motivation while working with the camera resp. film, experimenting, and knowledge. The use of the camera was more motivating. The students rated the self-determined experimenting positively and would like to work more often with slow motion cameras in school.

Keywords: Digital media competence, Slow Motion Video, Experimentation, Problem-solving knowledge

Theoretischer Hintergrund und Hypothese

In der heutigen Gesellschaft ist Medienkompetenz (digital literacy), d. h. Wissen und Fertigkeiten im Umgang mit Medien sowie deren Nutzung eine Schlüsselqualifikation (Gui & Argentin, 2011). Die Spezifikationen der Merkmale der digitalen Literacy der heutigen Gesellschaft zeigen, dass diese sich kontinuierlich aufgrund der zunehmenden Präsenz von Computern und digitalen Geräten verändern (Cartelli, 2010). Die Integration neuer Medien und die Verbindung mit innovativen Lehr- und Lernformen fordert z. B. Gysbers (2008). Da das Wissen über Medien und Fähigkeiten, diese zu bedienen, immer wichtiger werden, muss die Stärkung der Medienkompetenz und die aktive Einbeziehung von Schülern ein wesentliches Ziel des Unterrichts allgemein (Le Boterf, 1990) wie auch des Biologieunterrichts sein. Nach Padilla (1990) beinhalten basale Wissenschaftsfähigkeiten (basic science process skills) „beobachten, manipulieren, messen, kommunizieren, klassifizieren und vorhersagen". Darüber hinaus beinhalten integrierte Wissenschaftsfähigkeiten (integrated process skills) „Variablen kontrollieren, Hypothesen formulieren, Daten interpretieren, Experimentieren und Modelle aufstellen". Durch das Herstellen und Analysieren von eigenen digitalen Zeitlupenaufnahmen haben Schüler die Möglichkeit, sowohl die basalen als auch die integrierten Wissenschaftsfähigkeiten zu trainieren. Nach Mayer (2007) findet Erkenntnisgewinnung als wissenschaftliches Problemlösen statt. Neben der Einführung einer neuen Lehr-Lern-Technik ermöglicht das Herstellen und Analysieren von Zeitlupenfilmen exemplarisch eine aktive Beschäftigung mit wissenschaftlichen Methoden und eine kreative Umsetzung in Experimenten. Schüler entdecken selbständig biologische Vorgänge, generieren Daten und interpretieren diese. Motivierte Schüler erzielen durch selbstreguliertes Lernen ein tieferes Verständnis (Pintrich, 1999). Unsere Hypothese ist, dass durch Eigenverantwortung beim eigenständigen Filmen die Motivation erhöht und die Erkenntnis vertieft wird.

Methode und Stichprobe

Mit 6 Zeitlupenkameras wurde von Schülern in Klassen von Realschulen (Jahrgangsstufe 8 und 9) und Integrierten Gesamtschulen (Jahrgangsstufe 10) (N=144 Schüler) der Flug von Ahornsamen gefilmt und analysiert. Zwei Hypothesen wurden überprüft: 1. Nasse Früchte fallen schneller als trockene, 2. Beschädigte Früchte fallen ohne Propellerflug zu Boden. Die Hälfte der Schüler filmte selbst mit den Kameras und analysierte die Filme (n=73), die andere Hälfte der Schüler (n=71) analysierte nur fertige Filme auf Laptops. Paper-and-pencil tests im pre-post-test-design wurden eingesetzt, um Daten zum Wissen der Probanden über Pflanzensamen (themenspezifisches Faktenwissen), digitale Medienkompetenz (Medieninteresse und Medienwissen) und Motivation zu gewinnen. Die Skalen hatten ein vierstufiges Antwortformat (Tabelle 1). Motivation wurde mit einer Adaptation der short scale intrinsic motivation (KIM) (Wilde, Bätz, Kovaleva & Urahne, 2009), einer zeitökonomischen Version des „intrinsic motivation inventory" von Deci & Ryan (2003) erhoben. Diese Skalen hatten daher ein fünfstufiges Antwortformat (Tabelle 2).

Tabelle 1: Beispielhafte Fragen des Pre-Tests zur Medienkompetenz

Frage	Skala			
Wie häufig <u>arbeitest</u> (spielen und chatten ist nicht gemeint) du mit dem Computer?	Nie ❏	Selten ❏	Manchmal ❏	Immer ❏
Wie gut kennst du dich mit Digitalkameras aus?	Gar nicht ❏	Eher schlecht ❏	Mittelmäßig ❏	Sehr gut ❏

Tabelle 2: Beispielhafte Fragen des Motivationstests (KIM)

Frage	Skala				
	Trifft gar nicht zu	Trifft wenig zu	Trifft teils-teils zu	Trifft ziemlich zu	Trifft völlig zu
Ich fand das <u>Auswerten</u> der Filmabschnitte am Computer vollkommen uninteressant.	❏	❏	❏	❏	❏
Beim Auswerten der Filmabschnitte fühlte ich mich angespannt.	❏	❏	❏	❏	❏

Zu Beginn der Intervention wurde der Vortest mit Fragen zum Medieninteresse und zu Lernpräferenzen sowie der Wissenstest zum Faktenwissen über Pflanzensamen verteilt. Nach einer 20-minütigen Einführung zur Verbreitung von Pflanzensamen wurden die Probanden per Los in die Gruppen „Selbstfilmer" und „Fertige Filme" eingeteilt. Nach dem Herstellen und Analysieren der Filme durch die Selbstfilmer bzw. nur Analysieren der fertigen Filme durch die anderen Schüler, welches etwa 100 Minuten dauerte, wurde der Nachtest eingesetzt, der sowohl Fragen zum Interesse und zur Motivation als auch den gleichen Wissenstest wie im Vortest enthielt.

Mit dem Follow-up-Test nach drei Wochen wurde das themenspezifische Faktenwissen der Probanden erneut erhoben. Dieser Wissenstest war identisch zu den Wissenstests des Vor- und Nachtests.

Die Auswertung der Daten erfolgte mit dem Programm SPSS 18.0. Nach der Analyse auf Normalverteilung wurden Nichtparametrische Tests zum Prüfen auf Mittelwertunterschiede (Kruskall-Wallis-Test, Mann-Whitney-U-Test, Wilcoxon-Test) bzw. der T-Test angewendet (Bortz & Döring, 2009). Kreuztabellen wurden bei der Prüfung der Merkmale Selbstfilmer/Fertige Filmer und Empfehlung Zeitlupenkameras im Unterricht einzusetzen (ja/nein) eingesetzt (Cramer's-V) (Kähler, 2004). Die Prüfung auf Zusammenhänge zweier ordinalskalierter Merkmale erfolgte durch Spearman-Rang-Korrelationen (Kähler, 2004). Eine Kanonische Korrespondenzanalyse wurde mit dem Programm „Past" (freeware) erstellt. Dabei werden zwei Variablenkomplexe gleichzeitig miteinander in Verbindung gesetzt (Bortz & Döring, 2009). Die Korrespondenzanalyse bündelt die abhängigen Variablen gemäß ihrer Interkorrelation zu Faktoren. Sie leitet dabei einen theoretischen Gradienten ab, der am besten die Variation in den abhängigen Variablen erklärt (Leyer & Wesche, 2007). Die elf abhängigen Variablen entstammen der Fragen zur Motivation, die unabhängigen Variablen setzten sich zusammen aus: Gruppe (Selbstfilmer bzw. fertige Filme), Geschlecht, Alter, Lieblingsfach (Naturwissenschaften, Mathe und Technik gegenüber allen anderen Fächern), Note im Fach Biologie, Selbsteinschätzung der Kenntnisse und Leistungen im Fach Biologie sowie Interesse am Fach Biologie. Da die Analyse nur diejenigen Schüler berücksichtigt, bei denen in diesen unabhängigen und abhängigen Variablen keine Lücken auftraten, reduzierte sich der Datensatz hier auf n=124 Schüler.

Ergebnisse

Fragebogendaten von 6 Schulklassen zeigten, dass die technischen Anforderungen solcher Aufnahmen leicht bewältigt wurden und bei allen Schülern eine Steigerung der Motivation schon nach der ersten Anwendung der Zeitlupenfilmmethode festzustellen war. Es war möglich, in einem zeitlichen Rahmen von 4 Schulstunden, eigenständig experimentelle Fragestellungen mit sehr guten Ergebnissen zu bearbeiten. Das Medieninteresse, das im Vortest erhoben wurde, war in beiden Gruppen (Selbstfilmer und fertige Filme, zufällig ausgelost) gleich: Es gab keine signifikanten Unterschiede zwischen diesen Gruppen bezüglich der Fragen „Wie häufig arbeitest Du mit dem Computer?", „Arbeitest Du gerne mit dem Computer?", „Wie gut kannst Du mit dem Computer umgehen?", „Wie gut kennst Du Dich mit Digitalkamera aus?" und „Wie häufig hast Du schon mit einer Kamera gefilmt?" (Mann-Whitney-U-Test, p> 0,05). Die Skala weist trotz ihrer Kürze für beide Gruppen eine befriedigende Reliabilität auf (Selbstfilmer α=0,785; Gruppe mit fertigen Filmen α=0,738). Daher kann das Medieninteresse als Einflussgröße auf die weiteren Ergebnisse ausgeschlossen werden. Bei den Selbstfilmern wurde zusätzlich geprüft, ob es Zusammenhänge zwischen der Kompetenz mit digitalen Kameras umgehen zu können und dem empfundenen Spaß beim Filmen mit den Zeitlupenkameras gab. Die Fragen „Wie gut kennst Du Dich mit Digitalkamera aus?" und „Wie häufig hast Du schon mit einer Kamera gefilmt?" korrelierten jeweils nicht signifikant mit der Frage „Wie hat Dir das Filmen mit der Kamera gefallen?" bzw. mit der Aussage „Das Filmen mit der Kamera hat mir Spaß gemacht." (Spearman-Rang-Korrelation, p> 0,05).

Während im ersten Wissenstest die Achtklässler signifikant weniger Punkte erreichten als die Schüler der neunten Klasse (Mann-Whitney-U-Test, p≤ 0,01) und der zehnten Klasse (Mann-Whitney-U-Test, p≤ 0,01), unterschied sich das Vorwissen der Neunt- und Zehntklässler nicht.

In den Wissenstests wurden 16 Fragen zu Pflanzensamen, deren Verbreitung und Flugverhalten gestellt. In diese Auswertung werden jedoch nur die Fragen einbezogen, bei denen ein Wissenszuwachs mit der Technik in Verbindung gebracht werden kann. Insgesamt haben beide Schülergruppen vom 1. Wissenstest zum Follow-up-Test signifikant dazugelernt (Selbstfilmer Wilcoxon, p≤ 0,01, Fertige Filme Wilcoxon, p≤ 0,01). Der Vergleich des Wissenstests im Nachtest ergab zwar keine signifikanten Unterschiede (Mann-Whitney-U-Test; p=0,058) zwischen den beiden Gruppen (Abbildung 1). Die Schüler, die selbst gefilmt hatten, erreichten jedoch im Mittel eine höhere Punktzahl im follow-up-test (Abbildung 2). Von ihnen erzielten 29,9 % volle Punktzahl, hingegen nur 18,5 % von den Schülern, die die fertigen Filme ansahen.

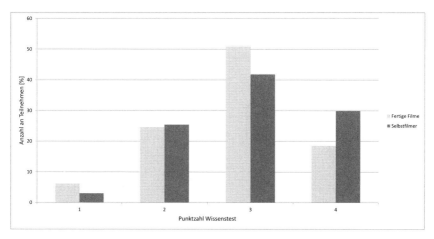

Abbildung 1: Punktezahl im Wissenstest von Schülern, die fertige Filme analysierten (Fertige Filme) und Schülern, die selbst gefilmt hatten (Selbstfilmer) (N=144 Schüler).

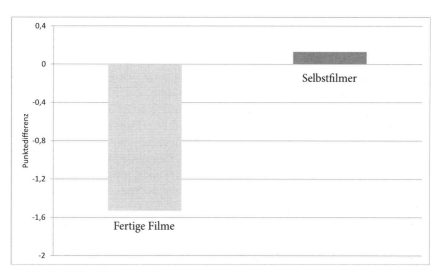

Abbildung 2: Punktedifferenz zwischen dem Follow-up-test und dem 2. Wissenstest von Schülern, die fertige Filme analysierten (Fertige Filme) und Schülern, die selbst gefilmt hatten (Selbstfilmer) (N=144 Schüler).

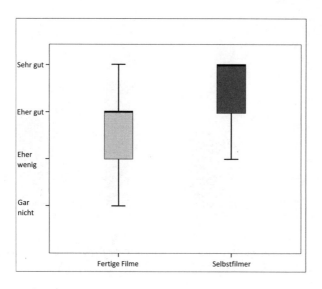

Abbildung 3: Verteilung der Antworten der Schüler mit fertigen Filmen auf die Frage: „Wie hat Dir das das Auswerten der Filme am Computer gefallen?" bzw. der Antworten der Schüler, die selbst gefilmt hatten: „Wie hat Dir das Filmen mit der Kamera gefallen?"

Bei der Frage nach der Reihung „Womit lernst Du am besten" ergab sich zwischen „Film" im Mittel mit 1,8 ±0,8 und „Originale" mit im Mittel 1,9 ±0,8 kein signifikanter Unterschied, während das Medium „Buch" mit 2,3 ±0,8 signifikant am schlechtesten abschnitt (Kruskal-Wallis-Test, p=0,00). Mehr als 90 % gaben an, dass Zeitlupenfilme Bewegungen verständlicher machten. Wie sehr den Schülern der Unterricht gefiel, beantworteten diejenigen, die mit den Kameras gearbeitet hatten auf einer Skala von „überhaupt nicht"=1; „sehr gut"=4 im Mittel mit 3,4 (n=73) signifikant positiver als die Probanden, die die fertigen Filme analysiert hatten (MW=2,8; n=71) (T=-4,6, p ≤ 0,01) (Abbildung 3).

Um den multiplen Zusammenhangskomplex zwischen den unabhängigen Variablen und den abhängigen Variablen der Fragen zur Motivation zu prüfen, wurde eine Kanonische Korrespondenzanalyse (CCA) durchgeführt. Die Gruppierung der abhängigen Variablen im Variablenplot (Abbildung 4a) zeigt, dass eine Gruppe aus „Druck, Anspannung, Interesse und Gelingen" besteht. Demgegenüber bildet sich eine andere Gruppe aus „Spaß beim Betrachten der Filme, Spaß beim Auswerten der Filme, Eigenverantwortliches Vorgehen, selbständige Auswertung, Geschicklichkeit bei der Auswertung sowie Zufriedenheit". Isoliert davon steht das „Interesse bei der Auswertung" (genaue Fragenformulierung s. Tabelle 3, 11

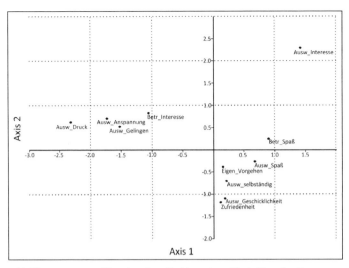

Abbildung 4a: Variablenplot der elf abhängigen Variablen der Fragen zu Motivation und Schülerwerten. Kanonische Korrespondenzanalyse (CCA), (n=124 Schüler). Erklärung siehe Text.

Items, Selbstfilmer α=0,517; Gruppe mit fertigen Filmen α=0,682). Es wird allgemein vorgeschlagen, dass, wenn α unter 0,65 ist, mittels multivariater Analysen geprüft werden sollte, ob sich die Items auf mehrere Faktoren verteilen. Abbildung 4b zeigt die Gruppierung der Schülerwerte in demselben Gradienten. Schüler mit den Zahlen 1–63 codieren die Schüler, die selbst gefilmt haben. Zahlen größer als 63 codieren Schüler, die fertige Filme analysierten. Schüler, die selbst filmten (Zahlen < 64) ordnen sich in der unteren Hälfte der Grafik an, in denen auch die abhängigen Variablen „Spaß beim Betrachten der Filme, Spaß beim Auswerten der Filme, Eigenverantwortliches Vorgehen, selbständige Auswertung, Geschicklichkeit bei der Auswertung sowie Zufriedenheit" auftauchen. Diejenigen Schüler, die fertige Filme analysierten (Zahlen> 63) erscheinen eher in der oberen Hälfte der Grafik. Die Schüler erlebten bei der Durchführung, ebenso wie die Selbstfilmer, kaum Druck oder Angespanntheit. Es zeigte sich, dass diejenigen Schüler, die selbst gefilmt hatten, signifikant mehr Spaß beim Ansehen, jedoch weniger beim Auswerten der Filmabschnitte hatten. Wenn dieses Item entfallen würde, erhöht sich bei den Selbstfilmern der Reliabilitätswert auf α=0,619, hingegen sinkt er bei der Gruppe, die fertige Filme analysierte, auf α=0,648. Das Medieninteresse hatte hierauf keinen Einfluss, denn zwischen den beiden Gruppen gab es diesbezüglich keine Unterschiede (s. oben). Auch das eigenverantwortliche Vorgehen erlebten sie signifikant positiver als die Schüler, die die fertigen Filme analysierten (Tabelle 3).

Tabelle 3: Fragen des Motivationstests (KIM) und die Mediane sowie die 25/75 Perzentile der zugehörigen Antworten der Selbstfilmer bzw. der Schüler, die Fertige Filme analysierten (1=Trifft gar nicht zu; 2=Trifft wenig zu; 3=Trifft teils- teils zu; 4=Trifft ziemlich zu; 5=Trifft völlig zu). Signifikante Mittelwertunterschiede des U-Tests sind mit ***=0,00; **≤ 0,01 gekennzeichnet, (N=144 Schüler).

Frage	Selbstfilmer Median Perzentile 25/75	Fertige Filme Median Perzentile 25/75	Signifikanz
1. Das <u>Ansehen/das Filmen</u> der Filmabschnitte hat mit Spaß gemacht.	5 3/5	3 2/4	***
2. Das <u>Auswerten</u> der Filmabschnitte hat mit Spaß gemacht.	4 4/5	3 2/4	***
3. Ich fand <u>das Filmen</u> mit der Kamera/<u>Ansehen</u> der Filmabschnitte sehr interessant.	3 1/4	3 2/4,5	
4. Ich fand das <u>Auswerten</u> der Filmabschnitte vollkommen uninteressant.	4 3/4	2 1/2	***
5. Mit meiner Leistung beim Auswerten der Filmabschnitte bin ich zufrieden	4 3/5	4 3/4	
6. Beim <u>Auswerten</u> der Filmabschnitte stellte ich mich geschickt an.	4 4/5	4 3/4	
7. Ich konnte das <u>Auswerten</u> der Filmabschnitte selbständig organisieren.	4 3/5	4 3/4,75	
8. Beim <u>Auswerten</u> der Filmabschnitte fühlte ich mich unter Druck.	1 ± 1/2	1 1/2,25	
9. Beim <u>Auswerten</u> der Filmabschnitte fühlte ich mich angespannt.	1 1/2	1 1/2	
10. Ich hatte Bedenken, ob mir das <u>Auswerten</u> der Filmabschnitte gut gelingt.	2 1/3	2 1/2,5	
11. Das eigenverantwortliche Vorgehen hat mir gut gefallen.	4,5 4/5	4 3/5	**

Die Gruppierungen der unabhängigen Variablen (Abbildung 4b, Linien) zeigen, dass das Alter erwartungsgemäß mit der Klassenstufe aber auch mit dem Interesse am Fach Biologie korreliert. Eine zweite Gruppierung bilden die Variablen „Geschlecht, Lieblingsfach, Note im Fach Biologie, Selbsteinschätzung der Kenntnisse und Leistungen im Fach Biologie". Die Gruppe (Selbstfilmer bzw. Fertige Filme) steht isoliert, was zeigt, dass die zufällige Verteilung der Schüler auf die beiden Durchführungsformen gelungen ist.

Etwas mehr als 54 % der Fertigen-Film-Gruppe empfahl Lehrkräften den Einsatz von Zeitlupenkameras im Unterricht zum Thema Flugfrüchte, jedoch 72 % von denjenigen, die selbst gefilmt hatten (Cramer's-V, n. s.). Mehr als 80 % der Schüler würden gerne die Kameras auch in anderen Schulfächern nutzen.

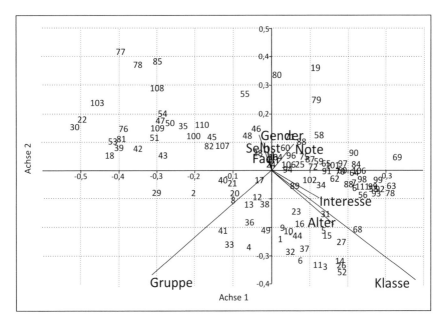

Abbildung 4b: Gruppierungen der Schülerwerte (Zahlen) auf Grund ihrer elf Antworten auf die Fragen zur Motivation (s. Tabelle 3) und unabhängige Variablen (Geschlecht (Gender), Lieblingsfach (Fach), Note im Fach Biologie (Note), Selbsteinschätzung der Kenntnisse und Leistungen im Fach Biologie (Selbst), Interesse am Fach Biologie (Interesse), Alter, Klasse, Gruppe (Selbstfilmer oder fertige Filme) (Linien)). Kanonische Korrespondenzanalyse (CCA), Eigenwerte erste Achse 0,012, Erklärungswahrscheinlichkeit 51,26 %; zweite Achse 0,006, Erklärungswahrscheinlichkeit 26,46 %, (n=124 Schüler).

Diskussion sowie pädagogische Relevanz

Die neuen digitalen Fotokameras mit Zeitlupenfunktion ermöglichen exemplarisch einen einfachen und attraktiven Zugang zur Wissenschaft, indem sie „Aufstellen einer Hypothese", „Planen und Ausführen von Experimenten" in reproduzierbaren und korrekten Schritten (control-of-variables strategy) und „Datenanalyse" (Park, 2009) zulassen und so einen wesentlichen Beitrag zum Kompetenzzuwachs im Bereich Erkenntnisgewinnung leisten können (Hammann, Phan, Ehmer & Grimm, 2008). Untersuchungen von schnellen Bewegungen, die bislang im Unterricht so nicht erforscht werden konnten, können nun von Schülern mit geringem Zeitaufwand durchgeführt werden (Hilfert-Rüppell, 2011).

Digitale Technologien ermöglichen neue Formen der Nutzung und des Designs im multimedialen Bereich (Maiwald, 2005). Durch Diskussion und Reflektion können Schüler ihre Medienkompetenz aufbauen und stärken (Messaris, 1994). Sie haben einen höheren Lernzuwachs, wenn sie aktiv einbezogen werden (Ueckert & Gess-Newsome, 2006), insbesondere, wenn die Schüler die Möglichkeit erhalten, Variablen zu verändern und selbst Untersuchungen bzw. Experimente durchzuführen (Tunnicliffe & Ueckert, 2007). Die vorliegende Untersuchung zeigt und bestätigt die eingangs formulierte Hypothese, dass die Schüler, wenn sie die Filme selbst herstellten, höher motiviert waren. Der Trend, dass ihr Wissen länger anhielt als bei den Schülern, die die fertigen Filme analysiert hatten, ist erkennbar, wenn auch dieses Ergebnis knapp über dem Signifikanzniveau von $p=0{,}05$ liegt. Dabei scheint die Gruppenzugehörigkeit Selbstfilmer bzw. Fertige-Film-Gruppe den größten Einfluss auf die Motivation zu haben. Dass die Selbstfilmer das Auswerten der Filmabschnitte uninteressanter fanden als die Schüler, die fertige Filme analysierten, kann daran liegen, dass für diese nach dem Filmen das Auswerten vergleichsweise uninteressanter war als für Schüler, die gar nicht gefilmt hatten. Andererseits gaben die Selbstfilmer an, dass das Auswerten ihnen Spaß gemacht hatte (im Mittel „trifft ziemlich zu"), während die Schüler mit fertigen Filmen dieser Aussage nur teilweise zustimmten. Nach Martin (2005) umfasst digitale Literacy verschiedene Schlüsselelemente, eines von ihnen ist fähig zu sein, erfolgreich digitale Aktionen der Lebenswelt auszuführen, die auch Lernen beinhalten „… being able to carry out successful digital actions embedded within life situations, which may include learning". Der Vorteil von bewegten Bildern beim Lernen ist in verschiedenen Studien belegt, z. B. auch von Höffler & Leutner (2007). Bei der Reihung der Medien, die zum Lernen bevorzugt werden, gaben die Schüler Filmen und Originalobjekten den Vorzug gegenüber Schulbüchern. Die Fertige-Film-Gruppe bewertete das Auswerten der Filmabschnitte signifikant interessanter als die Selbstfilmer. Wenn Schüler filmten und auswerteten, wurde das eigenständige Experimentieren mit der Kamera also als interessanter empfunden als das Auswerten am Computer. Die Mehrheit der Befragten dieser Studie gaben an, dass sie gerne mit der Kamera arbeiteten und dass sie dies gerne häufiger und auch in anderen Unterrichtsfächern täten. Diese Aussagen korrelierten nicht mit dem zuvor erhobenen Medieninteresse, das heißt, alle Schüler würden gleichermaßen gerne mit den Kameras Phänomene untersuchen. Auch die Kompetenz mit Kameras zu arbeiten, erhoben mit den Fragen wie häufig mit digitalen Kameras schon gefilmt worden war und wie gut die Kenntnisse bezüglich digitaler Kameras sei, korrelierte nicht mit dem Gefallen und dem Spaß. Es ist also möglich, auch Schüler mit geringer Erfahrung im Medienbereich für die Zeitlupentechnik durch ihre einfache Handhabung zu begeistern. Durch die Anwendung der Zeitlupentechnik wird die methodische Vielfalt erweitert, mit der Schüler die Vorgehensweise in einem wissenschaftlichen (biologischen) Experiment erarbeiten können. Wenn die Schüler die Kameras benutzten und die Filme selbst herstellten, waren sie höher motiviert und an dem Phänomen stärker interessiert.

Literatur

Bortz, J., & Döring, N. (2009). *Forschungsmethoden und Evaluation* für Human- und Sozialwissenschaftler. Berlin: Springer-Verlag.

Cartelli, A. (2010). Frameworks for Digital Competence Assessment: Proposals, Instruments, and Evaluation. *Proceedings of Informing Science & IT Education Conference* (InSITE).

Deci, E. L., & Ryan, R. M. (2003). *Intrinsic Motivation Inventory*. http://www.psych.rochester.edu/SDT/measures/IMI_description.php (25.04.12).

Gui, M., & Argentin, G. (2011). Digital skills of internet natives: Different forms of digital literacy in a random sample of northern Italian high school students. *New Media & Society, 13*(6), 963–980.

Gysbers, A. (2008). Lehrer-Medien-Kompetenz. Eine empirische Untersuchung zur Medienpädagogischen Kompetenz und Performanz Niedersächsischer Lehrkräfte. *Schriftenreihe der NLM*, Band 22.

Hammann, M., Phan, T. T. H., Ehmer, M., & Grimm T. (2008). Assessing pupils' skills in experimentation. *Journal of Biological Education, 42*(2), 66–72.

Hilfert-Rüppell, D. (2011). Unsichtbares sichtbar machen durch Zeitlupenfilm – Herstellung und Analyse als neue Aufgabe in der Schule. Praxis der Naturwissenschaften, *Biologie in der Schule 60*(2), 37–42.

Höffler, T., & Leutner, D. (2007). Instructional Animation versus Static Pictures. *Learning and Instruction 17*, 722–738.

Kähler, W.-M. (2004). *Statistische Datenanalyse. Verfahren verstehen und mit SPSS gekonnt einsetzen.* Wiesbaden: Vieweg & Sohn Verlag.

Le Boterf, G. (1990). *De la competence. Essai sur un attracteur étrange.* Paris: Les Ed. De l'organisation.

Leyer, I., & Wesche, K. (2007). *Multivariate Statistik in der Ökologie. Eine Einführung.* Berlin: Springer Verlag.

Maiwald, K. (2005). *Wahrnehmung – Sprache – Beobachtung. Eine Deutschdidaktik bilddominierter Medienangebote.* KoPäd Verlag Habilitationsschrift.

Martin, A. (2005). DigEuLit – a European framework for digital literacy: A progress report. *Journal of eLiteracy 2*(2), 130–136.

Mayer, J. (2007). Erkenntnisgewinnung als wissenschaftliches Problemlösen. In D. Krüger & H. Vogt (Eds.), *Theorien in der biologiedidaktischen Forschung.* (pp. 177–186). Berlin: Springer Verlag.

Messaris, P. (1994). *Visual Literacy: Image, Mind and Reality.* Westview Press, USA: HarperCollins.

Padilla, M. J. (1990). The Science Process Skills. Research Matters – to the Science Teacher, No. 9004. http://www.educ.sfu.ca/narstsite/publications/research/skill.htm (25.03.12).

Park, J. (2009). Teaching with digital video in the science classroom. *Society for Information Technology & Teacher Education International Conference* (SITE), 3819–3824.

Pintrich, P. R. (1999). The role of motivation in promoting and sustaining self-regulated learning. *International Journal of Educational Research, 31*, 459–470.

Tunnicliffe, S. D. & Ueckert, C. (2007). Teaching biology – the great dilemma. *Journal of Biological Education, 41*(2), 51–52.

Ueckert, C., & Gess-Newsome, J. (2006). *Active Learning in the College Scince Classroom.* In J. J. Mintzes & W. H. Leonard (Eds.), Handbook of College Science Teaching. Arlington, VA: NSTA press.

Wilde, M., Bätz, K., Kovaleva, A., & Urhahne, D. (2009). Überprüfung einer Kurzskala intrinsischer Motivation (KIM). *Zeitschrift für Didaktik der Naturwissenschaften, 15*, 31–45.

Autorenverzeichnis

Affeldt, Svenja 185
Alfs, Neele 117
Asshoff, Roman 133
Bogner, Franz X. 171
Brinkmann, Sabine 133
Franke, Gaitano 171
Groß, Jorge 185
Grünkorn, Juliane 9
Hammann, Marcus 133
Hilfert-Rüppell, Dagmar 203
Hinrichs, Dagmar 203
Hößle, Corinna 117
Konnemann, Christiane 133
Krüger, Dirk 9
Looß, Maike 203
Mayer, Jürgen 63, 81, 99
Meier, Monique 81
Merkel, Ralf 153
Nick, Muriel 133
Orsenne, Juliane 29
Patzke, Christiane 45
Schwanewedel, Julia 99
Stahl, Dennis 185
Terzer, Eva 45
Upmeier zu Belzen, Annette 29, 45, 153
Wellnitz, Nicole 63

Ute Harms/
Iris Mackensen-Friedrichs (Hrsg.)

Lehr- und Lernforschung in der Biologiedidaktik

Band 4

224 Seiten
€ 24.00
ISBN 978-3-7065-5005-5

Fachdidaktik ist ein essentieller Bestandteil der Lehrerausbildung in allen Bereichen; im Hinblick auf die bekannte Misere in der deutschen Bildungslandschaft ist ihre Ausweitung dringend notwendig. Diese Forderung wird nicht nur von FachdidaktikerInnen erhoben, sondern z. B. auch von ReferendarInnen und jungen Lehrerinnen und Lehrern sowie von Bildungspolitikerinnen und -politikern.

Eine fundierte Ausbildung kann nur auf wissenschaftlicher Grundlage erfolgen. Verschiedene Ansätze, in welcher Weise und auf welchen Gebieten die Didaktik der Biologie hierzu einen Beitrag leisten kann, zeigt der vorliegende Sammelband auf. Zu folgenden Bereichen werden Forschungsarbeiten vorgestellt:

Bedingungsfaktoren von Biologieunterricht
Diagnostizieren im Biologieunterricht
Kompetenzförderung im Biologieunterricht
Evolution im Biologieunterricht

Aktuelle Forschungsfragen werden auf der Grundlage fundierter Theorien bearbeitet. Die Ergebnisse werden zumeist sowohl auf ihre Bedeutung für die Weiterentwicklung von Theorien als auch auf die Relevanz für die Praxis interpretiert. Damit ist dieser Band unverzichtbar für alle, die sich mit Didaktik der Biologie beschäftigen – sei es als Wissenschaftlerinnen und Wissenschaftler oder als Lehrende.

Informationen zu weiteren Bänden finden Sie unter:
www.studienverlag.at